Thomas Kornbichler

WAHN UND WÜRDE DES MENSCHEN

Acht Gespräche mit
JOSEF RATTNER

Verlag Volk & Welt
Berlin

(Von Fan. Kessel 7/97)

Inhalt

Vorbemerkung

Sigmund Freud versuchte 1930 *Das Unbehagen in der Kultur* zu erklären. Er glaubte an einen Destruktionstrieb, der von Eros, dem kulturschaffenden Lebenstrieb, nur mühsam im Zaum gehalten werde. Diese Hypothese war bereits zu Freuds Lebzeiten heftig umstritten und wird auch heute von den meisten Psychologen abgelehnt.

Bei genauerer Analyse zeigt sich, daß es gewisse kulturelle Lebensformen selbst sind, die das Destruktionspotential unserer Zeit schaffen. Wir fühlen uns in unserer Kultur unbehaglich, weil diese Kultur unzulänglich, autoritär, vorurteilsbeladen, nationalistisch, militaristisch, feindselig – mit einem Wort *krank* ist.

Gemessen am *Sinn des Lebens*, wie Alfred Adler ihn in seinem Alterswerk formulierte, war unsere Kultur des 20. Jahrhunderts kaum in der Lage, eine produktive Antwort auf die Aufgaben des Lebens zu geben. Es bedarf der gemeinsamen Anstrengungen aller friedliebenden Menschen, soll das *Experiment Menschheit* im 21. Jahrhundert doch noch gelingen.

Die acht Gespräche über »Wahn und Würde des Menschen« wurden von 1988 bis 1992 geführt. Sie vermitteln in zwangloser Form einen Eindruck von der Idee und der Praxis einer *Verstehenden Tiefenpsychologie und Kulturanalyse,* wie sie von Josef Rattner in den letzten fünfundzwanzig Jahren im Rahmen des *Berliner Arbeitskreises für Tiefenpsychologie, Gruppendynamik und Gruppentherapie* ausgearbeitet und realisiert wurde.

Die Pioniere der Tiefenpsychologie, Sigmund Freud, Alfred Adler und C. G. Jung, schufen eine moderne Psychologie, die den Menschen ganzheitlich als leib-seelisch-geistige Einheit begreift. Die hier abgedruckten Gespräche knüpfen an die kulturkritische Tradition der Tiefenpsychologie an, die in vielen Bereichen der zeitgenössischen Psychotherapie leider weitgehend vernachlässigt wird. Wer die seelischen Krankheiten unserer Zeit verstehen will, sollte sich um ein Verständnis des kranken Zeitgeistes bemühen.

Die kritische Analyse der Kultur unserer Zeit dient der *Selbsterkenntnis*. Diese ist Voraussetzung für eine eigenverantwortliche Gestaltung des Lebens. In diesem Sinn vermitteln die Gespräche *Mut zum Selbstsein* und *Mut zum Leben*.

Thomas Kornbichler

Tiefenpsychologie, Gesellschaft und Kulturkrise

Herr Rattner, wenn wir von Kulturkrise und Seelenkrank-heit reden, laufen wir dann nicht Gefahr, in ein weitver-breitetes kulturpessimistisches Lamentieren zu verfallen?

Die Gefahr des Lamentierens ist immer groß. Vor allem ältere Menschen neigen dazu, die Vergangenheit zu glorifi-zieren, die Gegenwart düster zu finden und die Zukunft zu entwerten. Vielleicht bin auch ich nicht ganz frei von die-sen Tendenzen. Aber ich bemühe mich darum, sie unter Kontrolle zu halten.

Nun meine ich, daß die Kultur eigentlich immer in der Krise war. Es hat kaum Zeiten gegeben, in denen sie sich einer ruhigen und gedeihlichen Entwicklung erfreuen konnte. Die Geschichte der Menschheit ist voll von Kriegen, Ausbeutung, gesellschaftlicher Unterdrückung, religiösen Fanatismen, Volksverdummung und Not. Die Kultur blüht gleichsam nur am Rande jener Steppe, über die der eisige Hauch von Krankheit, Armut und Verzweiflung weht. Kul-turleistung war bisher stets ein großherziges »Dennoch«, abgetrotzt der Ungunst wirtschaftlicher und sozialer Ver-hältnisse. Und jene, die die wichtigsten Beiträge zur Kultur erbrachten, wurden nicht selten verfolgt und verfemt; sie endeten in nicht geringer Zahl im Elend und in der Unter-drückung.

Schlimm ist allerdings, daß dieses Faktum nicht nur fürs graue Altertum und dunkle Mittelalter gilt, sondern auch für die Neuzeit, die Epoche der grandiosen Wissenschaftsent-wicklung und der Demokratie. Man bedenke nur, was unser Jahrhundert an Barbarei hervorgebracht hat. Friedrich Schiller dichtete um 1800: »Wie schön, oh Mensch, mit deinem Palmenzweige, stehst du an des Jahrhunderts Neige, in deiner stolzen Herrlichkeit!« Wir Menschen an der Wende zum 21. Jahrhundert stehen nicht besonders »schön« da, und auch vom Palmenzweig – als Symbol des Friedens – ist nicht viel zu bemerken.

Albert Schweitzer schrieb nach dem Ersten Weltkrieg ein vieldiskutiertes Buch über *Verfall und Wiederaufbau der Kultur*. Faschismus und Bolschewismus sowie der Zweite Weltkrieg und alle seine Folgeerscheinungen haben auch uns einen beträchtlichen Kulturverfall beschert. Wir haben uns davon bis heute nicht erholt. Eine reiche und blühende Kultur muß erst noch geschaffen werden. Politiker, Wirtschaftsführer und Intellektuelle sollten sich darüber Gedanken machen, wie dies geschehen kann.

Zum Begriff »Kulturkrise« nachgefragt. Was bedeutet in diesem Zusammenhang »Kultur«? Und was macht die »Krise« aus, in der sie sich befindet?

Unter »Kultur« verstehe ich alles, was der Mensch zu seiner Daseinssicherung und zur Regelung der zwischenmenschlichen Beziehungen geschaffen hat. Das ist eine Definition, die Sigmund Freud auch in seinem Essay *Das Unbehagen in der Kultur* (1930) gegeben hat. Darüber hinaus möchte ich betonen, daß sich Kultur auch in allen Schöpfungen des »objektiven Geistes« (Hegel) zeigt, nämlich in Kunst, Wissenschaft, Philosophie, Ethos, Technik, Sitten und Gebräuchen, gesellschaftlichen Einrichtungen und so weiter. Auch die Sprache ist eine Errungenschaft des Allgemeingeistes, der uns wie eine Atmosphäre umgibt und uns ermöglicht, zu atmen und zu leben.

Der Geist der Menschheit hat eine schwierige Entwicklung hinter sich. Er hat rohe und abergläubische Ursprünge, die er bis heute nicht ganz abgestreift hat. Erst die Grie-

chen haben die Vernunft (den Logos) erfunden oder entdeckt. Aber das vernünftige Denken ist bis zum heutigen
Tag im Leben des einzelnen wie der Gesamtheit noch sehr
unzulänglich repräsentiert. In unseren zwischenmenschlichen Beziehungen reagieren wir heute noch überwiegend
wie »äffische Wesen«, das heißt triebhaft, verängstigt,
aggressiv und störrisch. Vor allem im gesellschaftlichen
Bereich – in Politik, Wirtschaft und Zukunftsplanung – ist
Vernunft nicht selten ein Fremdwort. Die Kategorien der
Macht sind mitunter die einzigen, mittels derer die Politiker
große und globale Probleme angehen. Kultur als Entfaltung
des Menschen hinsichtlich seiner hohen und höchsten
Möglichkeiten bleibt immer noch ein Desiderat für kommende Zeiten.

»Krise« nennen wir den Punkt in einer Entwicklung, von
dem aus es sowohl »hinauf als auch hinunter« gehen kann.
Krise ist sowohl Gefahr als auch Möglichkeit. Man muß sich
aber ihrer bewußt sein, um in ihr nicht unterzugehen.

Nietzsche hat immer wieder bedauert, daß man sich über
die (langfristige) Zukunft der Kultur zu wenig Gedanken
macht. Die meisten Menschen haben einen konservativen
Grundzug; es soll alles so weiterlaufen wie bisher. Aber
wenn die Menschen nicht humaner, geistvoller und lebens-
freundlicher werden, kann das Schiff der Kultur aus dem
Ruder laufen. Es hat ohnehin schon eine beträchtliche
Schlagseite. Die Frage ist berechtigt, ob die Menschheit
überleben wird.

*Was ist seelische Krankheit? Und in welchem Verhältnis ste-
hen seelisch kranke Menschen unserer Zeit zur Kulturkrise?*

Gesundheit und Krankheit sind meines Erachtens »Lei-
stungsbegriffe«. Wir nennen einen Organismus gesund,
wenn er die für ihn wichtigen oder gar lebenswichtigen Lei-

stungen vollbringen kann. Wenn ich zum Beispiel ein Bein gebrochen habe, kann ich nicht gehen; und das ist nach allgemeiner Meinung eine entscheidende Leistungsverminderung.

Auch »Seele« und »Geist«, was immer das sein mag, müssen gewissen Anforderungen genügen, wenn wir sie gesund nennen sollen. Ich schlage folgende pragmatische Definitionen vor:

1. Wir bezeichnen ein Seelenleben als gesund, wenn sich der Mensch in Zeit, Raum, sozial-kulturellen Beziehungen und in seinem Selbstverhältnis adäquat orientieren kann.

2. Geistige Gesundheit oder Vernunft besteht darin, daß der Mensch dialogfähig ist, Werte und Wahrheit, Schönheit und Humanität erkennen kann und sein Leben in Übereinstimmung mit dem bringt, was man im angelsächsischen Bereich Common sense nennt. Zur Vernunft gehören auch Liebesfähigkeit, Reichtum der Gefühle, Solidarität und Verantwortungsbewußtsein für sich selbst, für die Mitwelt und für kommende Geschlechter.

Vernunft heißt auch Abstand zu sich selbst, heißt Fähigkeit zur Abstraktion, Teilhabe an Ideen und »Ganzheitsschau«. Die Kultur ist nur lebensfähig, wenn ein Großteil der Menschen zumindest im Ansatz vernünftig ist, das heißt für sich selbst und andere arbeitet, friedlich mit anderen zusammenlebt und auch die Forderungen der Gegenwart und Zukunft in einen bestimmten Einklang bringt. Es lasten auf uns aber Traditionen der Vergangenheit und Lebens- wie auch Denkgewohnheiten, die ganz schlicht wider die Vernunft sind. So haben sich zum Beispiel die Menschen jahrtausendelang unkontrolliert vermehren dürfen, weil die Erde sehr viel Platz bot. Heute kann uns die Überbevölkerung zugrunde richten. Die Populationen wachsen vor allem in den armen Ländern schneller als der Reichtum. Armut und Hunger können dann zum Sprengsatz werden, der die Zivilisation destruiert. Auch Militarismus, Nationalismus, Rassismus, religiöser Fundamentalismus, Klassendenken und kapitalistische Ausbeutungsmentalität sind »Kulturhemmer«. Gesellschaftliche und individuelle Unvernunft sind zwei Halbkreise, die sich zu einem verhängnisvollen Teufelskreis zusammenschließen. Erich Fromm sagte: Weil die Kultur krank ist, sind die einzelnen verstört. Ein Satz, der sich auch umkehren läßt.

Das Ende des kalten Krieges, der Wegfall der Mauer, die europa- und weltweite Öffnung und Annäherung zwischen Ost und West geben eigentlich Anlaß, hoffnungsvoller in die Zukunft zu blicken. Gleichzeitig werden aber auch Erinnerungen an unheilvolle Zeiten wach, und die Aussicht auf ein friedliches Zusammenleben der Menschheit ist ungewisser denn je. Ausländerhaß, neonazistische Aktivitäten, Jugendkriminalität und diverse Spielarten destruktiver Aggressivität in Deutschland, sich täglich vermehrende lokale Konfliktherde, kleinere und größere Bürgerkriege, Terroranschläge und anderes mehr in aller Welt vermitteln eine deprimierende Perspektive. Wie stellt sich Ihnen aus psychologischer Sicht die Weltsituation heute dar?

Wir sind wohl alle froh über den Zusammenbruch des Bolschewismus und seiner autoritären Staatsordnungen. Der Kommunismus in seiner staatsgläubigen Gestalt und in seinem sozial-kulturellen Kollektivismus hat ausgespielt. Eine Utopie ist zusammengebrochen. Sie hat unsägliche Opfer gefordert.

Nun wäre es aber sehr naiv, zu meinen, daß Kapitalismus und »freie Marktwirtschaft« der Weisheit letzter Schluß sind. Man hat nicht zu Unrecht, wie zum Beispiel Erich Fromm, Kapitalismus und Kommunismus feindliche Brüder genannt. Der eine Bruder hat den Sieg davongetragen, aber man sollte sich daran erinnern, daß beide aus *einer* Familie stammen und damit gleichermaßen nicht sehr vertrauenerweckend sind.

Im gewissen Sinn war ja der Kommunismus ein Staatskapitalismus, der die Mängel der kapitalistischen Ordnung durch Bürokratie und Menschenverachtung ins Extreme trieb. Jetzt deckt man alle die Untaten der bolschewistischen Vergangenheit auf, aber dabei sollte nicht vergessen werden, daß auch der Kapitalismus eine unsäglich antihumane Geschichte aufweist.

Die Probleme, die auf uns zukommen, sind gewaltig. Der wirtschaftliche Teil wird vielleicht noch am ehesten zu lösen sein. Dazu wird es Zeit brauchen. Aber Wirtschaft und Technik sind Bereiche des rechnenden und kühl planenden Verstandes, der im Zeitalter der globalen Technik hochentwickelt ist.

Viel mehr Sorgen macht mir unser sozial-kultureller Schwachsinn, das heißt unsere mangelhafte Erziehung, unser schwerfälliges und zum Teil geistloses Bildungswesen, unser kulturarmer Medienbetrieb (von den Zeitungen bis zur Television), die Macht der Vorurteile, die Denkunfähigkeit der Menschen. Das sind die Hauptgefahren der nächsten fünfzig bis hundert Jahre. Ohne eine radikale geistige Weiterentwicklung wird die Sache der Menschheit gewiß schiefgehen.

Seit 1989 können sich die Menschen in Ost- und Westdeutschland nicht mehr bequem auf ihre Projektionen verlassen. Sie werden mehr und mehr mit Menschen aus den jeweils anderen Landesteilen konfrontiert. Ein Rückblick in gemeinsame Vergangenheit um einer sinnvollen Zukunftsgestaltung willen ist schwierig, denn hinter den Zeiten der Trennung taucht das Menetekel des Nationalsozialismus auf. Wie können in dieser Gesellschafts- und

Kulturkrise produktive Sinnbildungsprozesse realisiert werden? Welche Traditionslinien bieten sich den Menschen unserer Epoche für eine sinnvolle Zukunftsgestaltung an?

Nietzsche meinte zwar, der Philosoph sei ein »Arzt der Kultur«, aber angesichts der derzeitigen Probleme in Kultur und Gesellschaft ist wohl jeder Philosoph oder Psychologe überfordert, wenn er raten und helfen soll. Er kann sozusagen nur laut denken, und dann sollen andere sehen, ob sie mit seinen Gedanken etwas anfangen können.

Aus meiner Optik, die einseitig und begrenzt sein mag, wäre es eine schöne und nützliche Parole, wenn wir die »Bildungsgesellschaft« proklamieren würden. Menschenbildung soll das A und O aller unserer Unternehmungen sein. Das bedeutet unter anderem, daß die Geldmittel, die man bis heute zum Beispiel in die Rüstung steckt, der Kulturförderung zugute kommen müssen.

Die verkürzte Arbeitszeit führt derzeit wohl nur dazu, daß eine Nation von Fernsehvoyeuren herangezüchtet wird. Das Programm der Fernsehgesellschaften zielt meistens auf den durchschnittlichen Geschmack des Konsumenten. Ich bin oft erschüttert darüber, daß eine so wundervolle Erfindung wie die Television dazu mißbraucht wird, Gewalttaten, Pornographie, belanglose Unterhaltung, Kitsch und so weiter in den Äther hinauszusenden. Das kommt einer geistigen Umweltverschmutzung gleich, deren Entsorgung möglicherweise Jahrhunderte in Anspruch nehmen wird.

Wir müssen Methoden der Menschenbildung ausbauen, die sich die Erkenntnisse der Tiefenpsychologie zunutze machen. Tiefenpsychologie ist meines Erachtens eine »zweite Aufklärung«, die Vernunft nicht nur durch intellektuelles Reden und Schreiben, sondern durch die Selbsterforschung des Menschen verbreiten will. Dabei wird der Logos bis in die Tiefen der Person hinein inspiriert oder gar produziert. Die Wissenschaften vom Menschen (die eigentlichen Stiefkinder in der Geistesentwicklung der Neuzeit) müssen aktiviert und gefördert werden. Warum sollte die Menschheit im neuen Jahrtausend nicht eine »philosophische« werden?

Herr Rattner, Sie sind in Österreich geboren und seit kurzem deutscher Staatsbürger, Sie lebten viele Jahre in der Schweiz und arbeiten seit Ende der sechziger Jahre in Berlin. Wie analysieren und beurteilen Sie aus Ihrer Position eines distanzierten Insiders die gesellschaftliche und kulturelle Situation Deutschlands?

Ich habe schon einige Mühe, einzelne Menschen oder gar Paare zu beurteilen. Eine Nation mit wenigen diagnostischen Formulierungen treffend zu charakterisieren ist noch viel schwieriger. Ein Soziologe oder ein Politologe wäre da in einer besseren Ausgangsposition als ein Tiefenpsychologe und Psychotherapeut.

Die Bundesrepublik in ihrer derzeitigen Gestalt ist gewiß ein Stabilitätsfaktor in Europa und in der gesamten Welt. Die wirtschaftliche Situation des Landes ist durch die »Wiedervereinigung« schwierig geworden, aber die Probleme, die sich stellen, können mit Besonnenheit und Energie gelöst werden. Sobald sich der wirtschaftliche Status der neuen Bundesländer demjenigen der alten angeglichen hat, werden viele der heute bestehenden Spannungen leicht abzubauen sein. Ich spüre keine resignative Stimmung, und es sind sehr viele Menschen ehrlich bemüht, die Sache voranzubringen.

Das deutsche Kulturleben hat weder ein tieferes noch ein höheres Niveau als das der Nachbarländer. Aber das ist nicht unbedingt ein Kompliment. In der Kultur darf man ruhig dem großen Ehrgeiz frönen, den Hesiod die »gute Eris« nannte; jeder darf und soll der Beste sein wollen. Aber wo haben wir die Persönlichkeiten, die man »europäische

Geister« nennen könnte und die befähigt wären, an der kommenden Weltkultur zu arbeiten?

Im ersten Drittel des Jahrhunderts gab es noch verheißungsvolle Ansätze zu einer Weiterführung der Kultur des alten Europa in ihren reinsten Ausprägungen. Damals gab es zum Beispiel noch Philosophen wie Nicolai Hartmann, Max Scheler, Edmund Husserl, Henri Bergson, Bertrand Russell und (last *but* least!) Martin Heidegger. Jean-Paul Sartre, Albert Camus und andere Existentialisten waren im Kommen. Aber heute könnte ich kaum einen Denker von Weltformat nennen. In der Dichtung sieht es auch kläglich aus; ebenso in den Humanwissenschaften; die Naturwissenschaften allerdings florieren. Aber sie tragen meines Erachtens zur Menschenbildung nicht übermäßig viel bei. Selbst die Tiefenpsychologie ist heute weniger schwungvoll und schöpferisch als in ihren ersten fünfzig Jahren. Sie ist gesellschaftlich integriert, bürokratisiert und »verschult«. Wir brauchen wieder »geistige Unruhestifter« – aber keine »Revoluzzer«.

Herr Rattner, Sie sind ein Vertreter der Tiefenpsychologie oder auch Humanistischen Psychologie. Was hat die Tiefenpsychologie, die in der DDR kaum präsent war, den neuen Bundesbürgern zu bieten?

Die neuen Bundesbürger haben einen großen Nachholbedarf in allen Humanwissenschaften, die in der DDR durch die ideologische Gleichschaltung und ihre Fundierung im Marxismus-Leninismus arg verkümmerten. Was dort zum Beispiel als »Psychologie« angeboten wurde, war ein fader Aufguß der Pawlowschen Reflexlehre und einer materialistischen Seelenkunde, deren Schrifttum wohl überwiegend nur Makulatur ist.

In der Psychotherapie ging es hinsichtlich der Patienten nur um ihre gesellschaftliche Anpassung und (wenn mög-

lich) ihr reibungsloses Funktionieren. Wer das nicht schaffte, wurde medikamentös stillgelegt oder gelähmt. Bei
Gesprächen mit DDR-Kollegen stellte ich fest, daß sie
höchstens ein wenig von Harald Schultz-Henckes *Hem-
mungslehre* mitbekommen hatten. Ein tieferes Verstehen
der Psychoanalyse und ihrer Weiterentwicklungen war
äußerst selten.

In den neuen Bundesländern müssen tiefenpsychologische Erkenntnisse und psychotherapeutische Hilfeleistun-
gen im selben Maße angeboten werden wie in der alten
Bundesrepublik. Das ist ein Prozeß, der bereits in Gang
gesetzt wurde. Er wird Einfluß auf das Selbstverständnis
der Menschen nehmen, auf die Gestaltung ihrer zwischenmenschlichen Beziehungen, auf Wissenschaft und
Weltanschauung.

Die Tiefenpsychologen sind dazu aufgerufen, »drüben«
Aufklärungsarbeit zu leisten. Vermutlich wollen die Bürge-
rinnen und Bürger der ehemaligen DDR auch gerne verstehen, was ihnen in den vergangenen vierzig Jahren psychisch
und geistig angetan wurde. Die psychologische Erörterung
der DDR-Geschichte könnte eine kathartische Wirkung tun.
Ich bin aber nicht dafür, daß man allzu sehr im »trüben Vergangenen« fischt. Das würde zur Selbstbemitleidung führen,
und die ist bekanntlich unproduktiv. Im übrigen haben
auch wir im Westen Formen der Vermassung, der Staatshy-
pertrophie, heimlicher Übergriffe in die Personsphäre und
so weiter. Wir sitzen alle in einem Boot. Das Individuum ist
überall in der Welt durch Gleichschaltung und Nivellierung
gefährdet. Humanistische Psychologie ist eine Psychologie,
die zwischen orthodoxer Psychoanalyse und Behaviorismus
die Freiheit des Menschen betont und seine Gefühle und
seine innere Autonomie zu bestärken bestrebt ist. In dieser
Hinsicht haben – wie ich meine – die Bürger in *allen* Bundesländern einen Nachholbedarf.

Wieso hätten Sie lieber – wie Sie einmal sagten – im 18. als im 20. Jahrhundert gelebt?

Das war eine scherzhafte Redeweise. Aus dem Zusammenhang gerissen, mutet das Zitat etwas seltsam an.

Ich weiß natürlich wohl, daß das 18. Jahrhundert die Epoche des Absolutismus, des Feudalismus, des religiösen Fanatismus, blutiger Kriege und überwältigender Volksverdummung war. Noch 1786 wurde zum Beispiel in der Schweiz (in Glarus) eine Hexe verbrannt. Wer möchte in einem Zeitalter leben, wo derlei möglich war? Auch war nicht nur physischer Terror, sondern auch geistiger Terror im Schwange. Was haben sich die herrschenden Schichten in Staat, Gesellschaft und Kirche nicht alles gegen die Menschen erlaubt! Es ist scheußlich, daran zurückzudenken.

Aber es gibt einiges im 18. Jahrhundert, das ich sehr bewundere – so sehr, daß ich dieses Zeitalter ein wenig meine geistige Heimat nenne. Dabei denke ich etwa an die Aufklärung, das enlightenment (wie die Engländer sagen) und das siècle de la raison (in französischer Formulierung). Die ungefähr hundert Menschen, die die Aufklärung repräsentierten, haben in einem finsteren und abergläubischen Europa eine mächtige Wirkung entfaltet. Würde ich im 18. Jahrhundert leben, dann wäre es mein Bestreben, die Beziehung zu Lessing, Hume, Voltaire, Diderot, Helvétius, d'Alembert, dem jungen Kant, Goethe, Herder und Schiller aufzunehmen. Die Leistung dieser Menschen in einer Zeit des Feudalismus, der Fürstenwillkür und der Untertanenmentalität breiter Volksschichten kann kaum genug gewürdigt werden. Die Aufklärer und Klassiker haben den Boden vorbereitet, auf dem wir heute stehen. Zieht man ihre wahrhaft genialen Schöpfungen in Betracht, dann ist es fraglich, ob wir »über sie hinausgekommen sind«. Im Gegenteil: Wir müssen bei ihnen anknüpfen, wenn wir die Kultur der Zukunft fördern wollen.

Jean-Paul Sartre sagte über die algerischen Rebellen, er würde ihnen gerne »die Koffer tragen«. Nun würden zwar mein Hausarzt und mein Orthopäde dagegen Einspruch erheben: Aber für die genannten Autoren und ähnliche Gestalten jener Epoche würde auch ich den Beruf des Kofferträgers nicht verschmähen. In ihrer Nähe mag Talleyrands Wort Gültigkeit haben: In der Zeit vor der Revolution habe es eine »douceur de la vie« gegeben, die es nachher nicht mehr gab und nicht mehr geben wird. – Aber auch in der Renaissance hätte ich gerne gelebt, in der Nähe von Leonardo da Vinci und seinen Geistesgenossen.

Wenn wir alten Zeiten nachtrauern, ist das nicht ein Kulturkonservativismus, der uns daran hindert, die heutigen Aufgaben realistisch anzupacken?

Ich habe oft mit depressiven Patienten zu tun, deren Élan vital gebremst ist. Sie haben keinen Ausblick in die Zukunft, finden die Gegenwart langweilig und kleben an ihrer Vergangenheit, entweder an den schönen *tempi passati* oder an den Verfehlungen, die sie irgendwann begangen haben. Eine Lieblingsbeschäftigung bei Depressiven sind ja bekanntlich auch die Schuldgefühle, in denen völlig unproduktiv vergangene Missetaten gewälzt und umgewälzt werden.

Meine Stellungnahme ist in der Regel: Was immer ein Mensch in der Vergangenheit falsch oder unrichtig gemacht hat, er hat stets noch eine Zukunft, in der er dies und das ausgleichen kann. Was nützt uns die Reue, wenn sie uns nicht dazu antreibt, jetzt oder irgendwann etwas Gutes zu tun! Alle Menschen haben einen ganzen Sack voller Dummheiten und Fehlleistungen, die sie sich ankreiden können oder müssen. Aber wer wird dabei stehenbleiben! Die Vergangenheit ist vorbei und kann nicht geändert werden. Man kann sie auch nicht ins Leben zurückrufen. Die Zukunft aber ist die Dimension der Freiheit und der Gestaltungsmöglichkeiten. Wir sollen und müssen für die Zukunft leben.

Jeder mutige Mensch glaubt irgendwie an die Zukunft, selbst wenn sich in der Gegenwart große und mitunter kaum lösbare Probleme auftürmen. Es liegt eine Art Hochmut (und eine Schwäche) darin, wenn wir bestehende Verhältnisse nur kritisieren, ohne uns anzustrengen, sie zu verbessern. Der Wert eines Menschen kann daran gemessen werden, wieviel er dazu beiträgt, daß aus einer traurigen oder trostlosen Aktualität eine hoffnungsfrohe Potentialität wird. Ich zitiere immer gerne den Satz von Albert Camus: »Die Zukunft ist die Transzendenz der Menschen ohne Gott.« Wenn wir die Hoffnung aufgeben, daß Gott unsere Nöte beseitigen wird, dann müssen wir selbst diese Aufgabe übernehmen. Was in der Gegenwart auf uns lastet, kann irgend einmal behoben sein.

Alfred Adler meinte: Wir sollen unsere Kinder zu Instrumenten des sozialen und kulturellen Fortschritts erziehen! Er beobachtete richtig, daß all jene, die nichts für die Entwicklung und den Fortschritt leisten, leicht Opfer von Sinnlosigkeitsgefühlen werden. Zukunftsglaube jedoch ist ein Heilmittel gegen Neurosen, eine Waffe gegen inneres und äußeres Chaos.

Welche Methoden haben wir, um den zahlreichen Seelenkrankheiten unserer Zeit wirksam zu begegnen? Sigmund Freud sprach davon, daß im Grunde die ganze Menschheit sein Patient sei. Ist es nicht vermessen, die ganze Menschheit therapieren zu wollen?

Freud äußerte sich so am Ende seines Lebens. Er war nicht der Mann, der leichthin irgend etwas sagte. Wir müssen seine Aussage sehr ernst nehmen. Und ist die Menschheit nicht wirklich »angeschlagen«, konfus und selbstzerstörerisch?

Wir internieren einzelne Wahnkranke (die zumeist relativ ungefährlich sind) in den Nervenheilstätten und berauben sie ihrer Freiheit. Aber die angeblich Normalen rüsten auf, verkaufen Atomwaffen und Raketen in alle Zonen des Globus, verschmutzen verantwortungslos die Länder und die Meere, rauben, morden, plündern und so weiter. In manchen Gebieten der Erde werden noch heute Schriftsteller zum Tode verurteilt, weil sie kritische Worte gegen die Religion zu äußern wagen. Anderswo herrschen Diktatoren und verbrecherische Cliquen. Unzählige Kinder sterben den Hungertod; andere wieder werden in einer modernen Form von Sklaverei verkauft. Ein Großteil der Erdbevölkerung hat keinen gedeckten Tisch, kein Dach über dem Kopf, keine materielle und soziale Sicherheit. Ist das nicht auch Wahnsinn?

Friedrich Nietzsche war der Meinung, daß Wahnsinn bei einzelnen dann und wann zum Ausbruch komme, aber bei Völkern und Nationen sei er geradezu die Regel. Die Geschichte widerlegt den kritischen Denker leider nicht.

Also benötigt die Menschheit eine Therapie. Die Frage ist nur, wie diese aussehen soll. Man muß wissen, daß Freud seine Lehre in eine Reihe mit den Errungenschaften von Kopernikus, Darwin, der Aufklärer, der Klassik, der neuzeitlichen Naturwissenschaft und der modernen Medizin stellte. Von der Philosophie hielt er leider nicht viel, er war aber auch nur mit den materialistischen Doktrinen des 19. Jahrhunderts vertraut. Immerhin schätzte er im Alter Arthur Schopenhauer und Friedrich Nietzsche als großartige Vorläufer der Psychoanalyse.

Therapie der Menschheit würde heißen, Aufklärung und Vernunft in alle Sphären der menschlichen Kultur hineinzutragen. Eine individuelle Psychoanalyse ist ja auch eine Schulung in lebendiger Vernunft und freier oder verantwortlicher Lebensführung. Kann man derlei auf größere

Volksgruppen übertragen? Nötig wäre es gewiß. Aber wie? Ich habe weiter oben von der »Bildungsgesellschaft« gesprochen. Sie entspräche ungefähr dem Ziel einer »therapierten Menschheit«.

Psychologen sehen in Lebenskrisen auch Reifungskrisen. Ist die Kulturkrise unserer Zeit eine Reifungskrise der Menschheit?

Diese Frage kehrt zu den Anfängen unseres Interviews zurück. Es wäre ein Gegengift gegen alles Lamentieren über die vorherrschenden Mißstände, wenn wir die Nöte der Gegenwart als eine »Reifungskrise« betrachten könnten.

Dieser Gesichtspunkt ist sinnvoll und einleuchtend. Ein Lebewesen, das sich vom Tierreich löst, ist sehr gefährdet. Es büßt seine Instinkte ein und weiß zunächst gar nicht, wie es leben und sich verhalten soll. Es tastet sich mühevoll voran. Dabei entwickelt es Gedanken, Verhaltensweisen, Weltanschauungen, Institutionen und Glaubensartikel, die allesamt ein Gemisch von Irrtum und Wahrheit darstellen. Der Mensch ist eben kein Sein, sondern ein Werden. Sein Lebensgesetz ist Wachstum und Entwicklung; und wo immer er vorankommt, ringt er sich von Dummheit und Vorurteil los. Er erobert sich die Vernunft auf tausend Wegen und Abwegen, und nur über den Irrtum gelangt er zur Wahrheit.

Darum darf es nicht verwundern, daß ein Großteil der Menschheitsgeschichte uns wie ein »Lied, von einem Idioten in den Wind geheult« (Shakespeare) anmutet. Es war eben allemal Krise, und nicht selten führte der Ausweg, den man aus ihr suchte und fand, in den Abgrund.

Erstaunlich ist aber doch, wie die Menschen trotz allem vorankamen. Sieht man wie Nicolai Hartmann mit einem »liebenden Blick« auf die Wechselfälle der Geschichte, dann kann man auch formulieren, daß die Menschen aller Zeiten trotz Dummheit, Aberglauben und gesellschaftlichem Terror die Ideen der Vernunft und der Solidarität irgendwie hochgehalten haben. Es gab eben nicht nur die Diktatoren und ihre Untertanen, sondern auch die »revoltierenden Menschen« (Albert Camus), die Bannerträger der Vernunft, der Freiheit und des Fortschritts.

Auch der Arzt am Krankenbett soll nicht aufgeben, solange sein Patient noch atmet und Lebensgeister in ihm walten. Vielleicht wendet sich doch noch alles zum Guten. Aber es wird uns gewiß nichts »vom Himmel« geschenkt. Der Mensch muß sich alles selbst erobern und erarbeiten. Das wäre die annähernd richtige Antwort auf die Krise, in der sich das Menschentum derzeit befindet.

Sigmund Freud
und die Psychoanalyse

Herr Rattner, mehr als fünfzig Jahre nach dem Tod von Sigmund Freud und nach einer hundertjährigen Geschichte der Tiefenpsychologie kann ein Resümee versucht werden. Was macht den bleibenden Wert von Freuds Psychoanalyse aus?

Meiner Auffassung nach gehören Freud und seine Psychoanalyse in die *Geschichte der menschlichen Selbsterkenntnis* hinein. Das ist ein uraltes Anliegen, es inspiriert das menschliche Nachdenken seit jeher. Aber mit Freud ist eine neue Stufe in der Selbsterkenntnis des Menschen durch die Erarbeitung eines neuen Bildes vom Menschen erreicht, das realistischer und auch lebensnäher als fast alle ist, die vorher in der Geistesgeschichte existierten. Freuds Beitrag zur Kultur unserer Zeit ist ein *radikaler Humanismus*, nicht nur ein Humanismus der schönen Worte und hochgestochenen Werte, sondern ein Humanismus, der den konkreten Menschen ins Auge faßt, ihn auffordert, sein Leben von Grund auf zu gestalten und umzugestalten.

Des weiteren möchte ich die Meinung vertreten, daß Freud in die *Geschichte der menschlichen Wahrhaftigkeit* hineingehört, das heißt in jenen Strang des Geisteslebens, der die Vorurteilsanalyse vorangetrieben hat. Er verfügte über eine besondere Kraft zum Entlarven von Vorurteilen, von falschen Ideologien, von schiefen Deutungen des Menschen über sich selbst und die Welt. Seine Vorurteilsanalyse kann man in die Tradition der *europäischen Aufklärung* einreihen. Aber es ist eine Aufklärung, die durch das 19. Jahrhundert hindurchgegangen ist. Sie ist nicht mehr so

oberflächlich wie die Aufklärung des 18. Jahrhunderts. Bei
Freud nimmt die Aufklärung einen viel schärferen, radika-
leren Zug an. Da soll nun nicht nur der Verstand aufgeklärt
werden, sondern der Mensch bis in die tiefsten Tiefen seiner Biologie hinein, bis in seine Triebwelt, bis in die
Abgründe des Emotionalen. Unzählige Anregungen für die
Medizin, von der ja Freud ausging, für die Psychiatrie und
Seelenheilkunde zeugen von diesem Erkenntnisinteresse.
Aber Freuds Werk strahlt auch in alle anderen Bereiche der
Wissenschaften aus, besonders in die Geisteswissenschaften, die Wissenschaften vom Menschen und seiner Kultur,
wie etwa Literatur- und Kunstwissenschaft oder Pädagogik
oder Philosophie und ähnliche Disziplinen, aber auch in
alle anderen Lebensbereiche, sogar bis in die Politik und in
die Lebensgestaltung. Überall finden wir Einwirkungen der
Psychoanalyse.

*Was waren bestimmende Einflüsse, die Sigmund Freud
und seine Psychoanalyse nachhaltig prägten?*
Diese Einflüsse sind sehr mannigfaltig, denn ein Genie
ist im Grunde ein Sammelbecken von sehr vielen Einflüssen aus der Vergangenheit und seiner Gegenwart. Es
springt nicht wie Pallas Athene fix und fertig aus dem
Haupte des Zeus in die Welt, sondern ein Genie nimmt sehr
viel auf und gibt es dann der Welt wieder. Ich glaube, der
erste Ausgangspunkt bei Freud war die *Medizin seiner Epoche.* Sie stand damals vor dem Rätsel der Nerven- und
Gemütskrankheiten, der Geisteskrankheiten, das völlig
ungelöst war. Die französische Schule der Medizin mit
Charcot, später mit Janet, hatte bereits wichtige Ansätze
gemacht, um die Gemütsstörungen analytisch aufzu-
schlüsseln, also zu verstehen, aus welchen Ursachen seelische Krankheiten zustande kommen. Daran knüpfte Freud
unmittelbar an. Er verbrachte ein wichtiges Lehrjahr in Paris

bei Jean-Martin Charcot, dann war er bei Bernheim in Nancy, wo er die Suggestion und Hypnose studierte. Das war vielleicht der erste Startpunkt für den Aufbau der Psychoanalyse.

Aber wenn wir weiter zurückgehen, können wir sagen, daß Ursprünge der Psychoanalyse auch bei den *französischen Moralisten* des 17. und 18. Jahrhunderts liegen, nämlich bei jenen Denkern, die versucht haben, den dunklen Untergrund der menschlichen Natur zu erspähen, also in den menschlichen Eigenschaften nicht nur das Edle, das Reine, das Gute zu sehen, sondern immer auch den düsteren Akzent, der aus der Triebwelt kommt, aus der Eitelkeit, aus dem Eigensinn. Diese Moralisten sind im Grunde Vorläufer der Psychoanalyse.

Wir können auch sagen, daß sich Freud von *Goethe* und *Darwin* hat inspirieren lassen. Er bekennt in seinen autobiographischen Schriften, daß sich die Wahl seines Studienfaches Medizin beim Anhören einer öffentlichen Vorlesung entschied, in der Goethes Fragment über die Natur doziert wurde, das ja nicht von Goethe stammt, sondern von einem Schweizer namens Tobler, der von Goethe angeregt wurde. Freud gibt des weiteren zu, daß Darwin und dessen Evolutionstheorie seinen Geist in der Jugend nachhaltig geprägt haben. Das ist kein Einzelschicksal, fast alle großen Forscher in der zweiten Hälfte des 19. Jahrhunderts sind irgendwie von Darwin abhängig. Der Entwicklungsgedanke, das Paradigma, das Darwin in die neuzeitliche Wissenschaft einführte, ist in fast allen gedanklichen Systemen ab 1870/1880 wiederzufinden.

Dann würde ich betonen, daß ganz wichtige Einflüsse auf Freud aus der *Philosophie* kamen, insbesondere von *Schopenhauer* und *Nietzsche*. Er behauptete zwar stets, er sei ein unphilosophischer Kopf und habe die Werke der beiden genannten Denker erst spät kennengelernt; Nietzsche habe er sogar zurückgestellt und abgewiesen, um seine geistige Unbefangenheit zu bewahren. Schopenhauer war damals Bestandteil des Zeitgeistes. Wenn sich jemand irgendwie um kulturelle Probleme bemühte, bekam er Schopenhauer auf tausend Umwegen mit, allein schon durch den Popularisator Eduard von Hartmann, dessen *Philosophie des Unbewußten* um 1870 sehr viel gelesen wurde. Wir wissen auch, daß Freud einen guten Bekannten namens Paneth besaß, der Nietzsche in Südfrankreich aufgesucht hatte. Der Philosoph war zu dieser Zeit überall geistig anwesend. Auch war Lou Andreas-Salomé, die mit Nietzsche eng liiert gewesen war, eine Schülerin Freuds, allerdings erst nach 1910.

Einen weiteren Beitrag zur Psychoanalyse lieferte der *Positivismus* des 19. Jahrhunderts, eine Forschungsgesinnung, die Freud von seinem hochverehrten Lehrer Brücke mitbekam. Aber auch das lag im Zeitgeist, nämlich in der Parole: Scire est per causas scire – Wissen heißt, die Ursachen begreifen. Freud ist eigentlich ein großer Positivist in der Nachfolge jener Wissenschaftler, die sich nicht mehr mit dem Hinweis auf irgendwelche spekulative Naturkräfte begnügten, nicht mehr höheren Kräften, die vom Himmel kommen, oder »Entelechien« und so weiter vertrauten, sondern die nachweisen wollten, daß das Seelenleben, wie jedes Naturobjekt, einen lückenlosen kausalen Zusammenhang aufweist.

Gehen wir noch weiter zurück, dann ist natürlich die *Aufklärung* der Boden, auf dem der Positivismus erwuchs. Ich würde, wie ich bereits gesagt habe, Freud in die Geschichte der Aufklärung einreihen, nämlich der Vorurteilskritik und Ideologieanalyse, dann der Kritik am Gottesglauben, also der Entzauberung der Welt: sich nichts vormachen lassen, sondern überall mit dem Blick des Naturforschers hineinleuchten.

Das reicht aber alles noch nicht, um die Einflüsse auf Freud und seine Psychoanalyse namhaft zu machen. Peter Brückner, der verstorbene Hannoveraner Psychologe, hat in seiner Frühzeit einen sehr guten Essay über Freuds Jugendlektüre geschrieben. Er hat nachgewiesen, daß Freud ein genauer Kenner der *Romane der Weltliteratur* war. Ich bin der Meinung, daß die Psychoanalyse nicht nur von der Wissenschaft her kommt, sondern auch von der Kunst, von der Literatur. Die Art, wie in der großen Literatur Menschen beschrieben werden, finden wir bei Freud wieder. Die Literatur ist ein Vorläufer der Seelenkunde, und Freud kannte sich in der deutschen, englischen, französischen, spanischen und russischen Literatur sehr gut aus. Er war ein universal gebildeter Mensch.

Ein letzter Einfluß, den ich auch noch nennen möchte, ist die *junghegelianische Philosophie*. Karl Löwith hat sehr gut aufgezeigt, daß in der Mitte des 19. Jahrhunderts ein gewaltiger Umbruch im europäischen Denken stattfand – in der Nachfolge von Hegel. Hegel war spekulativer Idealist, der alles von oben herab deduzierte, von der Vernunft, auch von der Religion her. Aber seine rebellischen Schüler, die Junghegelianer, mit Feuerbach an der Spitze, vollzogen die Wendung zur Anthropologie. Sie begriffen den Menschen aus menschlichen Kräften und Ursachen, auch aus seiner Triebhaftigkeit. Feuerbach schrieb schon in den *Grundsätzen einer Philosophie der Zukunft* (1843), daß der Mensch in der Sexualität eigentlich seine gewaltigste Urkraft habe und daß der Mensch nicht allein ein Ganzes sei, sondern erst im Dialog von Ich und Du. Mann und Frau, verbunden durch den Sexus, bilden den ganzen Menschen. Dieser *Materialismus* hat auch Freud und sein Werk nachhaltig geprägt, obwohl er behauptete, kein Philosoph gewesen zu sein.

Freud erregte großes Aufsehen mit seiner Konzeption des Unbewußten und mit seiner Triebpsychologie. Was ist der Kern dieser Überlegungen, und was bedeuten Ihnen diese Fundamente der Psychoanalyse?

Diese Konzeption des Unbewußten, ich erwähnte es bereits, hat ihre Vorläufer. Der erste, der das mit voller Wucht vertrat, war Schopenhauer. Er wagte einen Angriff auf die *Tradition des homo rationalis*. Fast alle Philosophie vor Schopenhauer sieht die höchste Kraft im Menschen in der Vernunft und deduziert dann alles von der Vernunft her. Schopenhauer aber kehrt das völlig um und sagt: Die Urkraft des Menschen liegt in der Triebhaftigkeit. Wir bestimmen nicht unser Leben, wir werden durch die unbewußten Kräfte, in denen Triebe die Hauptrolle spielen, gelebt. Freud sagt das ungefähr ähnlich. Er führt den sogenannten »homo libidinalis« ein, einen Menschentyp, ein Bild vom Menschen, bei dem Triebe die Hauptrolle im Leben spielen. Das ist meines Erachtens als Gegenreaktion gegen die bisherigen Traditionen in der Geistesgeschichte sehr heilsam gewesen. Aber wie so oft, wenn extreme Standpunkte durch andere extreme Standpunkte korrigiert werden, fällt man von einer Verabsolutierung in die andere. Freud hat in der Nachfolge von Schopenhauer – vielleicht auch von Nietzsche – dieses Unbewußte allzusehr ausgeweitet und hypostasiert. Das Bewußtsein wird bei ihm nur noch zu einem Anhängsel, vielleicht, wie Schopenhauer es sagte, nur zu einer Laterne, die ein bißchen Licht auf den Weg wirft, den das Unbewußte einschlägt. Schopenhauer brachte auch ein anderes Gleichnis: Das Unbewußte sei ein Riese, und auf seinen Schultern hocke ein lahmer Zwerg, das Bewußtsein, das dem Riesen manchmal sage, wohin er gehen soll, aber der Riese hält sich nicht dran; er geht seine eigenen Wege. Aber das ist nun auch wieder bereits eine Übertreibung. Heute sind wir der Meinung, daß das Unbewußte einen sehr großen, wahrscheinlich den dominierenden Einfluß auf das menschliche Leben ausübt, und doch ist die Macht des Bewußtseins nicht so klein, wie Schopenhauer und Freud behaupteten. Auch Freud war ja der Meinung, daß das Bewußtsein einiges leisten kann, nämlich durch Vernunft und Vernunftkritik. So ganz einseitig war er nicht. Wir müssen daher zugeben, daß uns alle diese Denker, die den Trieb und das Unbewußte so betonen, zum Verständnis des konkreten Lebens geführt haben.

Sie wollten uns den blauen Dunst wegblasen, sie wollten uns einen klaren und unverstellten Blick auf die *Nöte der Menschen* geben, und darum ist es eine heilsame Schule, durch diese Einseitigkeiten von Schopenhauer und der Psychoanalyse hindurchzugehen. Man lernt bei ihnen, daß alles im Leben einen *verborgenen Sinn* hat, nicht nur einen oberflächlichen. Ich tue etwas, ich empfinde etwas, und wenn man mich fragt, kann ich oft angeben, was ich will oder was ich anstrebe. Aber diese beiden Denker sagen: Dahinter liegen noch andere Motivationen, die sich nur dem scharfsinnigen Blick zeigen. Das ist meines Erachtens etwas, was jedem guttut, der sich selber tiefer verstehen will. Alles hat einen Sinn im Leben, aber nicht den, den wir meinen und wissen, sondern einen hintergründigen Sinn.

Freud wurde, angefangen mit Alfred Adler, vielfach kritisiert. Was sind Ihrer Ansicht nach die gewichtigsten dieser Argumente?
Viele Kritiken knüpften schon zu Beginn am sogenannten »Pansexualismus« der Psychoanalyse an. Ich möchte das in Anführungszeichen sagen, denn Freud hat immer betont, er sei kein Pansexualist, sondern habe immer einen *Dualismus menschlicher Motivationen* eingeführt, und zwar antagonistische Antriebe. Auf der einen Seite Lustbedürf-

nis, Trieb, Sexualität im weiteren Sinne des Wortes, nicht
nur genitale, sondern auch orale, anale und phallische
Motivationen, und auf der anderen Seite immer ein Gegenspieler. Anfangs waren dies die Ich-Triebe, später, als er von
der Objektlibido sprach, dem Luststreben, führte er die Ich-
Libido ein, eine Triebkraft, die das Ich gestalten und entwickeln will. Zuletzt waren es zwei spekulativ gesehene
Triebe: Eros und Thanatos. Eros auch wieder sehr umfassend und nicht nur sexuell verstanden, wobei Vernunft,
Gefühl, Zuneigung, Zärtlichkeit und alles mögliche einbe-
zogen sind, und Thanatos als Gegenspieler, der Todestrieb
als Aggression, als Verlangen nach dem Tode, nach Ruhe
und nach Ausgleich.

Trotz dieser Präzisierungen kann man sagen, daß Freud
dem *Lustverlangen des Menschen* großen Einfluß ein-
räumte. Er sah auch die Triebe als die entscheidenden
Motoren im Seelenleben an. Nun ist das durchaus sinnvoll.
Man hat das ja jahrhundertelang vernachlässigt. Aber vom
heutigen Standpunkt aus möchte ich doch sagen, daß
Freud andere autochthone Antriebe im Menschen, zum Beispiel *Gefühle,* übersehen hat. Für ihn waren Gefühle einfach Derivate der Sexualität, sublimierte Sexualtriebe. Das
kann man aber so nicht sagen. Gefühle bilden eine auto-
nome Sphäre im Menschenleben. Sie sind ureigenste
Bestandteile der Person und ihrer Entwicklung und nicht
abzuleiten vom Luststreben, von sexuellen Motivationen. Ja,
ich möchte sogar sagen, daß auch das *Geistige* im Seelenleben autochthon ist. Geistiges ist nicht nur abgeleitete
sexuelle Motivation. Der Mensch hat eine ganz ursprüngliche Wißbegierde, er hat ein ursprüngliches Verlangen nach
Vernunft, nach Geist, nach Erkenntnis, wobei allerdings
Gefühle und Triebe in den Geist hineinspielen, vor allem
dann, wenn der Geist nicht ganz »echt« ist. Der »falsche«
Geist, der Pseudogeist, ist stark abhängig von Trieben und

von schlechten Gefühlen, während der »echte« Geist eine eigenständige Manifestation des Eros ist.

Die Kritiken gegen Freud kann man in drei Punkten zusammenfassen. Man sprach vom *Materialismus*, das heißt alles Seelische wird vom Biologischen her erklärt, und zwar deterministisch: Das Biologische bestimmt das Geistige und Emotionale hundertprozentig. Das ist vermutlich nicht wahr, obwohl darin eine Teilwahrheit steckt. Der zweite Vorwurf gegen Freud ist der des sogenannten *Reduktionismus*. Geistige Phänomene werden auf die Vitalschicht herunterprojiziert, wobei sie oft ihren Grundcharakter verlieren. Eine echte Vernunftleistung sieht dann genauso aus wie eine Rationalisierung. Aber es ist doch nicht dasselbe, ob ich mir im Interesse meiner Eitelkeit etwas vorlüge, oder ob ich eine objektive Vernunftleistung in Wissenschaft, Kunst oder Philosophie vollbringe. Der dritte Vorwurf gegen Freud ist der des *Pathologismus*. Er sieht allzuviel Pathologisches. Er kam eben von der Pathologie her, von der Psychopathologie, und er sah überall Pathologie, auch in Kunstwerken, in der Literatur, in den Biographien, manches richtig, manches übertreibend.

Unser Menschenbild im 20. Jahrhundert ist mannigfaltiger und reicher. Wir versuchen, von diesen Einseitigkeiten und Engen der alten Psychoanalyse Abstand zu nehmen.

Wertschätzung und Kritik Freuds beziehen sich auch auf seine Person. Wenn Sie eine Lebensstilanalyse Sigmund Freuds versuchten, worauf würden Sie dabei achten? In welchen Punkten kann Freud heute noch vorbildlich sein: Als Persönlichkeit? Als Psychotherapeut? Als Wissenschaftler? In seiner Weltanschauung?

In erster Linie möchte ich betonen, gerade weil ich jetzt Kritik geübt habe, daß Freud ein *sehr großer Mensch* war. Er ist einer der bestimmenden Geister unserer Zeit, und

sein Einfluß reicht unendlich weit in alle Sphären des Kul-
turlebens. Größe darf ihm niemand absprechen, auch
wenn man in manchen Punkten Gegner seiner Lehre ist.
Dann würde ich betonen, daß er, wie er in einem Brief an
seinen Freund Wilhelm Fließ betont hat, eine *Erobererna-
tur* war. Er nannte sich einen Conquistador, wie die Spani-
er, die seinerzeit aufbrachen und neue Kontinente erober-
ten. Sein Archetyp war Columbus oder etwas Ähnliches. Es
ging auch bei Freud darum, einen neuen Kontinent zu
betreten, und er hat den Mut gehabt, alle Mühen und
Schwierigkeiten auf sich zu nehmen, um dieser Entdecker-
leidenschaft zu frönen.

Eine andere Eigenschaft von ihm ist die *allseitige Per-
sönlichkeitskultur*. Er mutet mich manchmal wie ein
Renaissancemensch an. Damals galt es, uomini universali
(Universalmenschen) heranzubilden, oder ziemlich später,
in der Nachfolge von Goethe, eine ungeheure Vielseitigkeit
der Interessen aufzubauen. Dieses Ablehnen jeglichen Spe-
zialistentums und das Sichöffnen für alle Sphären des Menschen und seiner Kultur ist sehr imposant, das gibt es heute
kaum noch. Wir leben leider in einer Spezialistenkultur.
Freud ist noch kräftiges, tüchtiges 19. Jahrhundert, da gab
es noch solche allseitigen Forscher, und er ist da fast ein
Gipfelpunkt.

Ein weiterer Punkt in seinem Lebensstil ist seine *radikale Vernunftgläubigkeit*. Man kann das nicht unbedingt aus
irgendwelchen Quellen ableiten, aber ich glaube, das lag im
Aufklärungsgeist, im Positivismus drin, vielleicht auch in
seiner Herkunft. Er hatte es nötig, an Vernunft zu appellie-
ren, denn als Jude war er Opfer von Vorurteilen, und ein solches Opfer von Vorurteilen sieht die Rettung in der Vernunft, die alle Vorurteile zerstört. Jedenfalls ist Vernunftgläubigkeit eine der Konstanten der Freudschen Persönlichkeit, trotz seiner Betonung des Irrationalen im Menschen.

Dann möchte ich betonen, daß in ihm auch ein Drang war, *Geheimnisse zu entschleiern.* Kleine wissenschaftliche Arbeit lockte ihn nicht. Er wollte, ähnlich wie Darwin, an Naturgeheimnisse rühren, irgend etwas aufdecken, enthüllen, wo die Natur uns ihre Urphänomene zeigt. Große Probleme der Menschheit und der Kultur zu lösen war sein Anliegen.

Ich glaube aber auch, daß er eine *politische Komponente* in seinem Wesen hatte. Er wollte als junger Mensch doch fast Jurist und Politiker werden – Minister. Seine Vorbilder waren Hannibal oder Politiker seiner Zeit. Er war ein Menschheitsführer. Und es ist nicht von ungefähr, daß er in seinem Alterswerk auf Moses zurückging, auf den Führer der Juden, den Schöpfer des jüdischen Geistes. Er wollte selbst ein Gesetzgeber im Geiste sein, also ein Mann, der seine Hand auf Jahrtausende legt. Das lag in ihm. Hinter aller Bescheidenheit des Forschers war da ein ungeheures *Sendungsbewußtsein.* Das blickt auch in seinen Werken da und dort durch, immer verhalten, immer selbstkritisch; aber er ist ein Menschheitsführer, vielleicht sogar ein »Aristokrat des Geistes«. Ich sehe oft in seiner Lebensführung, in seiner ganzen Art, in seinem Werk ein ungeheures Bedürfnis: heraus aus der muffigen Enge in eine reine Welt der Formen, auch der Formen des Lebens. Ja, Freud ist ein *Herrscher im Geiste,* ein Monarch. Und er hat auch ein Reich errichtet, denn die Psychoanalyse ist ein neuer Kontinent, den er regierte, mit Nachfolgern, mit Anhängern, fast möchte ich sagen: mit einem geweihten auserwählten Volk. Es kehren da manche Topoi, Formeln und Formen wieder, die wir aus der jüdisch-christlichen Geistesgeschichte gut kennen.

Ich möchte noch zusätzlich erwähnen, daß seine *Wahrheitsliebe* enorm war. Es gibt keinen Konformismus bei ihm, keine Anbiederung an Mehrheitsmeinungen, sondern unbedingte Anhänglichkeit an das, was er für wahr ansah. Er führte einen Kampf gegen Dummheit und Vorurteil, den ich aber bereits erwähnt habe.

Wenn wir auf seine persönlichen Eigenschaften eingehen, dann muß ich seine *gewaltige Charakterstärke* erwähnen. Welche Fehler wir auch immer in seiner Person sehen mögen, vielleicht Einseitigkeiten und Engen, Unbedingtheit in manchen Dingen, Unbeugsamkeit, Unkorrigierbarkeit – wenn aber jemand mit einer solchen stumpfen Welt zu tun hat, deren Widerstand er oft genug spürt, da braucht es einen Charakter aus Eisen oder Erz, und den hat er offenbar gehabt. Aber andererseits möchte ich doch betonen, daß ihm als Psychotherapeuten eine *unendliche Geduld* zu eigen war. Er konnte sich jahrelang in seine Patienten vertiefen, immer mit frei und gleich schwebender Aufmerksamkeit, immer offen für neue Einflüsse, für neue Erkenntnisse. Dabei offenbarte sich ein *riesiger Scharfsinn*, Entlegenstes zu kombinieren und zusammenzubringen. Das ist vielleicht das Wesen des Scharfsinns, genau zu sehen, aber auch Zusammenhänge zu erkennen. Mildernd gegenüber den etwas harten Charaktereigenschaften möchte ich erwähnen, daß er viel *Humor* hatte – er hat ja auch ein Buch über den Witz geschrieben, einen glänzenden Text – und auch eine gewisse *Güte*.

Das ist alles unübersehbar, Freuds Charakterbild ist sehr mannigfaltig, wie oft bei sehr großen Menschen. Es läßt sich nicht einfach auf eine Formel bringen.

Wissenschaftlich möchte ich betonen, daß er *scharfe Beobachtungsgabe* mit spekulativer Kraft verband. Er bleibt nie am einzelnen kleben, sondern vom einzelnen geht er ins Ungeheure, ins Riesige, in gewaltige Zusammenhänge, bis ins Fundamentale. Man kann ihn auch einen der großen Systembauer des menschlichen Denkens nennen, denn die Psychoanalyse ist ein System. Das sind nicht nur partikuläre Einsichten, sondern alles ist zu einem sehr geschlossenen System zusammengefügt.

Weltanschaulich habe ich ihn bereits eingestuft als Materialisten und Positivisten, aber er gehört auch zur Lebensphilosophie, denn er hatte ein Flair für die vitalen Antriebe im Menschen, für das Lebensphänomen, für Leben in seiner ganzen Mannigfaltigkeit. Ja, er ist eigentlich, trotz seiner Ablehnung der Philosophie, selber ein Philosoph. Darum gibt es immer mehr Texte, die Freud auch als Philosophen behandeln.

Freud hat – er ist ja im 19. Jahrhundert geboren – das 20. Jahrhundert nachhaltig beeinflußt. Wo sehen Sie Schwerpunkte dieser Wirkungsgeschichte?

Fast jeder Kenner des Freudschen Werkes betont, daß mit ihm das Verstehen des Menschen, also das menschliche Selbstverständnis, einen gewaltigen Durchbruch erlebte. Man hatte auch vor ihm jahrtausendelang den Menschen erforscht, und nichts ist gering zu schätzen, was in der großen Philosophie und Literatur zutage gefördert worden ist. Aber mit Freud treten wir fast in eine neue Dimension ein. Es ist nicht mehr das Menschenbild früherer Zeiten.

Thomas Mann hat in einer berühmten Freud-Rede gesagt: Er schuf einen neuen Humanismus, erweitert um das Begreifen der *Mächte der Tiefe.* Die gab es früher viel zu wenig im Bild vom Menschen. Nachdem Alexander Pope im 18. Jahrhundert verkündet hatte: »The proper study of mankind is man«, das eigentliche Studium des Menschen ist der Mensch – ein Satz, den Goethe mit Zustimmung wiederholte –, können wir sagen: In diesem Punkt hat uns Freud unendlich weitergeholfen.

Dann hat er die *Verlogenheit der Kultur* mit aller Stärke und Kraft angegriffen. Was er die drei Denkhemmungen des Menschen nennt, die autoritäre, die sexuelle und die religiöse, wird von ihm sozusagen auf den Seziertisch gelegt. Er zergliedert das so, daß von all den Mächten, die den Menschen in seiner Sexualität, Moral, Ethik, Literatur und Kunst beeinträchtigen, nicht viel übrigbleibt. Alles wurde durch die Psychoanalyse beeinflußt, und zwar im Sinne einer Öffnung zu einem realistischen Menschenbild. Wie oft ging man früher in allen Bereichen des Lebens von einem »Menschen ohne Unterleib« aus. Das ist nun durch Freud behoben. Wir haben seither den Blick frei für einen Menschen, der vom Trieb, vom Gefühl und vom Geiste her zu verstehen ist.

Freud hat uns auch, mehr als alle anderen, die Bedeutung von *Angst und Trieb* im Menschenleben gelehrt, denn das sind doch schließlich unerhört große Konstanten, die man oft gern an den Saum des Bewußtseins drängt. Aber was Angst und Trieb alles bedeuten und welche Einflüsse sie auf die kleinsten und größten Motivationen des Menschen haben, das hat uns die Psychoanalyse mit ihrem neuen Menschenbild gezeigt.

Wir können also sagen: Es ist die *Entzauberung der Welt,* zu der Freud seinen Beitrag geleistet hat.

Dann haben wir durch ihn *ein neues Verständnis in der Medizin* bekommen. Was gesund sein und krank sein bedeutet, wissen wir heute viel genauer als früher, obwohl es viele Mediziner gibt, die das noch nicht begreifen wollen. Auch die ganze Psychotherapie ist erst durch Freud auf ihren ureigensten Boden gelangt. Was vorher war, glich ja mehr Zauberei und Scharlatanerie. Nun haben wir eine Disziplin, die wir nahezu wissenschaftlich nennen können. Das 20. Jahrhundert ist an allen Ecken und Enden von der Psychoanalyse imprägniert.

Herr Rattner, Sie sind mit der Tiefenpsychologie groß geworden. Sie stehen in der Tradition der Individualpsy-

*chologie, Sie haben aber auch die anderen Schulen pro-
duktiv rezipiert. Welche Bedeutung messen Sie Freud für
Ihre Entwicklung bei?*

Sie ist riesengroß. Ich könnte sie gar nicht im einzelnen
aufzählen. Es ist wahrscheinlich so, daß ich tausende
Gedanken in mir vorfinde, die irgendwo aus der Psychoanalyse und von Freud stammen. Ich weiß das dann oft gar
nicht mehr so genau, denn meine Assimilation von Freud
ging jahrelang und bedeutete, daß ich seine Werke und die
seiner Schüler mehrfach gelesen habe.

Was ich ihm verdanke, ist vor allem eine *Schulung der
intellektuellen Redlichkeit,* wie sie auch Nietzsche hoch
geschätzt hat, der Wunsch, ehrlich zu sein, mit mir selbst,
mit meinen Patienten, mit meinen Versuchen, das Geistes-
leben zu assimilieren, also Redlichkeit unter allen Umständen, und nicht zu lügen, um irgendeinen Gewinn zu haben
oder irgend jemandem Freude damit zu machen, sondern
zur Wahrheit zu stehen, koste es, was es wolle.

Dann habe ich bei ihm gelernt, daß Wissenschaft auch
ästhetisch sein darf. Freud ist kein trockener Wissenschaftler, sondern ein großer Künstler. Alle seine Texte haben
einen hohen ästhetischen Reiz. Ich habe bei ihm gelernt,
daß man Wissenschaft und Wahrheitsethos mit Schön-
heitssinn verbinden kann. Seine Werke reichen zuweilen
stilistisch an Lessing heran, der ihm ein Vorbild war, vielleicht auch manchmal an Goethe und ähnliche Größen des
Geisteslebens.

Wir verdanken Freud auch, vorausgesetzt man studiert
ihn gründlich, die Wiederentdeckung einer aus der antiken
Literatur bekannten Regel: Homo sum et nihil humanum
me alienum puto (*Ein Mensch bin ich, und nichts Menschliches ist mir fremd*). Ohne Freud würden wir uns vielleicht
selbst höher stellen und sagen: Ach, die armen Gemüts-
kranken, was die für Probleme haben, oder die Verrückten

oder die Charaktergestörten oder die Kriminellen. Aber Freud hat uns gezeigt – ähnlich wie manche Vorläufer vor ihm, die das mehr intuitiv fanden –, daß wir in allem, was wir sind, zur übrigen Menschheit dazugehören. Wir stehen nicht höher als die Kriminellen, die Unglücklichen, die Charaktergestörten, die Neurotiker, die Psychotiker und so weiter. Wir haben Elemente von ihnen in uns drin. Und diese Art *Selbstbescheidung*, das ist etwas, wofür wir Freud nicht dankbar genug sein können. Er hat unseren Größenwahn zurechtgestutzt, und ich bin froh, daß meine Jugend in eine Zeit fiel, in der man solche Ideen assimilieren und begreifen konnte.

Dann war er für mich auch ein *Gegengift gegen schmalspurige Ideologien*. Auf meinem Weg habe ich so viele Ideologien angetroffen: Faschismus, Marxismus und andere Ideologien, die vieles zu erklären vorgaben. Bei Freud lernt man eine Schule des Verdachts. Man sieht, daß da Hochstapelei im Spiel ist. Wie oft war ich geneigt, dies und das zu glauben. Die Erinnerung an Freud und die Psychoanalyse hat mich dann ermahnt, noch weiterzuforschen. Und es zeigte sich oft, daß hochgestochene geistige Gebilde oder lauthals vertretene politische Lehren und Erlösungspropaganda etwas Aufgeblasenes waren. Freud hat mich unter anderem *Realismus in der Sicht des Menschen* gelehrt.

Sie sind jetzt auf den ideologiekritischen und kulturanalytischen Aspekt zu sprechen gekommen. Inwiefern wirkt Freuds Psychoanalyse in Ihrer »Verstehenden Tiefenpsychologie und Kulturanalyse« nach?

Meine *Verstehende Tiefenpsychologie und Kulturanalyse* ist weitgehend von Freud inspiriert. Ein Feld, das wir sehr stark bebauen, ist die *Psycho- und Pathographie*, und darin ist Freud ein Vorbild und Meister. Er hat ja wundervolle Psycho- und Pathographien ausgearbeitet, allerdings einseitig, eben im Sinne seines sexualistischen Standpunktes, wie in den Studien über Leonardo da Vinci oder über Goethe und andere. Aber der Geist dieser Psychographien ist so umfassend und so glänzend in den Formulierungen, daß ich sagen möchte, er war immer ein stilles Vorbild, wenn ich selbst Psycho- und Pathographien durchgeführt habe.

In unserer *Verstehenden Tiefenpsychologie und Kulturanalyse* ist das *Interesse für alle Kultursphären* enthalten, und das findet man auch bei Freud. Er hat ja Beiträge zur Religionskritik, zur Moralanalyse, zur menschlichen Vorgeschichte, zum Verständnis der Kunst, des Witzes, der Träume und unzähliger Kultursphären geliefert. Auch darin treten wir in seine Fußstapfen, indem wir sagen, daß man als Tiefenpsychologe und Psychotherapeut seine Interessen nicht begrenzen darf, man muß überall hindenken. Wo gibt es ein Thema, das uns Therapeuten nichts anginge? Ich glaube, es wäre nur Faulheit und Borniertheit, wenn wir irgendwo aufhören würden. Wir müssen uns mit allem befassen, was den Menschen bewegt und bedrängt.

Therapeutisch sind wir auch von ihm abhängig. Wenn er die Formel vertritt, ein Therapeut müsse Erzieher, Vorbild, Aufklärer und Künder einer freien Weltanschauung sein, dann habe ich das wörtlich in mein Programm aufgenommen. Ich bin nicht dafür, daß wir die Patienten nur symptomfrei machen und sie dann mit einer Schmalspurerkenntnis entlassen. Wir sollen auch an ihrer Persönlichkeit bauen, wie das Freud eigentlich immer getan hat.

Herr Rattner, Sie sind ein leidenschaftlicher Rezensent, und Ihre Buchbesprechungen sind Legion. Wenn Sie eine Empfehlung aussprechen könnten, welche Bücher wären am ehesten geeignet, einen Zugang zur Gedankenwelt Freuds zu erschließen? Einmal Veröffentlichungen von

Freud selbst und dann Veröffentlichungen von Autoren,
die über Freud geschrieben haben.

Freud ist ein Autor, der viel gekauft, wenig gelesen und
vielleicht selten verstanden wird, denn er stellt hohe Anforderungen. Er ist eingängig zu lesen, er ist ein Künstler der
Darstellung. Wenn man Freud liest, dann ist alles kristall-
klar; man denkt, das ist leicht zu verstehen. In Wirklichkeit
braucht es unendliche Gedankenarbeit, um sich in ihn hin-
einzuversetzen; darum soll man ihn behutsam lesen, mit
Vorsicht. Sein Spätwerk, die sogenannten *kulturkritischen*
Schriften, halte ich für die verständlichsten Schriften. Hier
befaßt er sich mit Themen, die auch der Laie einsehen und
begreifen kann. Da geht es zum Beispiel um *Die Zukunft*
einer Illusion aus dem Jahre 1927, seine fundamentale Religionskritik, die Feuerbach um einige wichtige Punkte
ergänzt und auch über Nietzsche hinausführt. Dann ist sehr
lesenswert *Das Unbehagen in der Kultur* (1930), auch eine
kulturkritische Schrift, vielleicht auch die *Neue Folge der*
Vorlesungen zur Einführung in die Psychoanalyse aus dem
Jahre 1933. Auch in diesem Text behandelt er kulturkritische
Themen, die man einem Laien zumuten kann. Wenn der
Leser schon ein bißchen vorgebildeter ist, kann er zu den
großartigen *Vorlesungen zur Einführung in die Psycho-*
analyse aus dem Jahre 1917 greifen. Da wird das ganze Feld
der Psychoanalyse souverän dargestellt. Dann das herrliche
Buch über *Der Witz und seine Beziehung zum Unbewuß-*
ten (1905) und die *Psychopathologie des Alltagslebens*
(1901). Das ist sehr witzig und gekonnt geschrieben, fast
eine Schrift für jedermann, da kommt auch der Laie auf
seine Kosten. Für die fachlichen Schriften braucht man
schon fast die Hilfe eines Fachmannes, um zu wissen, was
in ihnen ausgesagt wird und welche Tücken diese Texte und
Themen haben, denn da geht es eindringlich ins Wissen-

schaftliche und auch ins Philosophische, und das ist nicht leicht.

Veröffentlichungen über Freud selbst gibt es sehr viele. Ich würde in erster Linie die dreibändige Jones-Biographie über Freud aus dem Jahre 1956/57 empfehlen. Ich habe sie erstmals in Amerika gelesen, als sie in Englisch erschien. Sie wurde damals schnurstracks zum »book of the year« ernannt. Es war sofort klar: Das ist ein gewaltiger Wurf. Das ist *die* Freudbiographie, von einem Schüler, der Freud jahrzehntelang gekannt und geliebt hat. Jeder Satz ist aus der Innigkeit des Empfindens geschrieben.

Dann gibt es natürlich noch viele andere Texte über Freud. Fritz Wittels hat schon sehr früh eine Freud-Biographie geschrieben, ungefähr 1926. Freud wußte darum und mochte das nicht, denn er sagte, Biographen lügen zuviel. Aber ich finde das nicht, denn Wittels hat einen brauchbaren Text geschrieben; der ist gut und stellt Freud in seiner Ganzheit dar.

Sehr kritisch ist das Büchlein von Fromm über Freud, *Sigmund Freuds Sendung*, aber immerhin auch mit sehr viel Respekt vor Freuds Persönlichkeit und Leistung. Aber Fromm zeigt auch die Einseitigkeiten von Freud auf.

Ein anderer schöner Text stammt von David Riesman: *Freud und die Psychoanalyse*. Der ist sehr geistreich. Riesman war Soziologe, ein sehr produktiver Soziologe. Aber auch was er über Freud schrieb, ist hellsichtig aus einer umfassenden Sicht heraus. Ich habe dieses Büchlein immer sehr gerne gelesen.

Ebenfalls empfehlenswert ist von Hanns Sachs *Sigmund Freud, Meister und Freund;* auch ein alter Freud-Schüler, der Freud jahrzehntelang kannte und innig liebte. Das ist künstlerisch gehaltvoll. Da sieht man Freuds Persönlichkeit.

Des weiteren empfehlenswert ist von Ludwig Marcuse *Sigmund Freud*, ein Buch über den Menschen und das

Werk. Und schließlich auch noch Max Schurs *Sigmund Freud.* Schur war der Arzt, der Freud lange behandelt hat; ein Werk, das Freud sehr eingehend in seiner Krankheit beschreibt.

Dann gibt es auch noch die autobiographischen Berichte, zum Beispiel von Hilda Doolittle und Abram Kardiner, einem amerikanischen Soziopsychologen. Beide waren eine Zeitlang bei Freud in Behandlung und haben dann Berichte gegeben, die lesenswert sind. Sehr schön ist auch Stefan Zweig in seinem Buch *Die Heilung durch den Geist.* Da gibt es drei Abschnitte, einen über Mary Baker-Eddy, die Gründerin der »Christian Science«, über Mesmer, den Entdecker des tierischen Magnetismus, und über Sigmund Freud. Freud war sehr unglücklich darüber, daß man ihn mit diesen beiden Scharlatanen oder Spintisierern zusammengefügt hatte. Aber was dann Zweig über Freud schreibt, ist doch auch wieder etwas Brauchbares und Gehaltvolles.

Es gäbe noch viel zu sagen. Peter Gay hat letzthin ein sehr gutes Buch über Freud, den Atheisten, geschrieben. Das ist auch sehr lesenswert und wendet sich vor allem gegen die Versuche, Freud für die Religion einzugemeinden. Freud war ein echter Atheist, und das zeigt Gay unwiderleglich auf.

Tiefenpsychologie
des Nationalsozialismus

Herr Rattner, Ihr Ansatz einer »Verstehenden Tiefenpsy-chologie und Kulturanalyse« zielt auf eine Synthese von individualpsychologischen und sozialpsychologischen Studien. Der Nationalsozialismus als historisches Phäno-men und faschistische Mentalität als nach wie vor aktuel-les Problem weisen ins Allgemeine. Wie verschaffen Sie sich als Tiefenpsychologe, der es in seiner Praxis mit Individu-en zu tun hat, einen Zugang zu dieser historischen und politischen Thematik?

Ich bin Jahrgang 1928, also habe ich im Heranwachsen einen Teil des Nationalsozialismus bewußt miterlebt und auch gesehen, was da alles kommt, so daß ich sagen kann, es ist bei mir erlebte Geschichte. Meine Interessen lagen nicht speziell im Bereich der Politik, aber die Ereignisse waren so dramatisch, daß man sich vor ihnen in keiner Weise verschließen konnte, es sei denn, man wäre völlig weltfremd gewesen. Es gibt also eine Beziehung zum Nationalsozialismus aus dem eigenen Erlebnis heraus.

Sodann kann man sagen, daß ein Tiefenpsychologe gewiß auch Probleme der Kollektivpsychologie bearbeiten muß. Wir gehen von der Voraussetzung aus, daß das Indi-viduum den Schlüssel zu massenpsychologischen Phä-nomen bietet. Andererseits werden auch individualpsy-chologische Fragen durch das Studium der Massenpsycho-logie transparent, so daß man als Tiefenpsychologe unbe-dingt auch ein politisch engagierter Mensch sein muß. Ich darf auch daran erinnern, daß ich 1968 an der Freien Uni-versität Berlin politische Psychologie gelehrt habe. Im Rahmen dieser Vorlesungen habe ich unter anderem »Psychologie des Vorurteils« behandelt sowie das umfassendere Thema »Tiefenpsychologie und Politik«. Das war allein schon Grund genug, um sich mit dem Nationalsozialismus und ähnlichen Strömungen zu befassen. Das Thema Nationalsozialismus hat mich also von Jugend an am Rande meines Horizonts immer begleitet, und es gab auch Anlaß genug, es immer wieder zu reflektieren, da der Nationalsozialismus nach 1945 nicht endgültig tot war. Er lebt in verhüllter Form weiter.

In früheren Zeiten habe ich mehr Menschen als heute behandelt, die aus dem Faschismuskreis stammten. Es waren ehemalige Faschisten oder ihre Opfer. Ich brauche nicht zu betonen, wo meine Sympathien lagen. Als Psychotherapeut hatte ich Gelegenheit, die psychischen Reflexe des Nationalsozialismus in beiden Richtungen, bei ehemaligen Anhängern wie seinen Opfern, eingehend zu studieren.

Wilhelm Reich wagte sich mit seiner Arbeit über die »Massenpsychologie des Faschismus« – im Unterschied zu vielen anderen Psychoanalytikern – zu Beginn der dreißiger Jahre an eine Analyse des Nationalsozialismus. Wie schätzen Sie heute den Wert dieser Studie ein?

Meine Stellungnahme zu Wilhelm Reich ist im allgemeinen eher skeptisch. Sein Werk radikalisiert gewisse Einseitigkeiten psychoanalytischer Positionen. Freud hatte ja anfänglich die These von den sogenannten Aktualneurosen aufgestellt. Diese besagt, daß manche Neurosen durch sexuellen Mißbrauch oder fehlende sexuelle Befriedigungen entstehen. Nun hat Reich diese These ziemlich verallgemeinert. Die Orgasmusfähigkeit und der Orgasmus überhaupt wurden für ihn zum Zentrum des menschlichen Seelenlebens, was übrigens Freud schon selbst in Briefen an

Lou Andreas-Salomé kritisch vermerkt hat. Aber abgesehen von dieser Generalisierung der Sexualpsychologie war Reich doch ein politischer Mensch, einer der wenigen wirklich politischen Menschen in der frühen Psychoanalyse. Das rührte auch daher, daß er sich für kommunistische Ideen interessierte. Er schloß sich den Kommunisten an und versuchte eine Synthese von Marxismus und Psychoanalyse. Vielleicht hat ihm gerade dieser Ausgangspunkt gestattet, sich auch an das Thema Faschismus heranzuwagen. Er war ein unmittelbar Betroffener, er lebte in den dreißiger Jahren in Berlin und arbeitete in der von ihm gegründeten Sexpol-Bewegung. So kam es, daß Reich der erste Psychoanalytiker war, der eine umfassende Studie über den Faschismus veröffentlichte, eben das genannte Buch aus dem Jahre 1934.

Dieses Buch setzt bei dem Problem der sogenannten Schere ein, wie Reich das nennt. Die Marxisten hatten behauptet, wenn die Arbeitermassen verelendet sind, dann treibt sie das dem Kommunismus zu, je größer die ökonomische Not, umso stärker das revolutionäre Potential. Das hat sich als völlig falsch erwiesen. Die verarmten Massen strömten den Nationalsozialisten zu und wurden das Wählerreservoir dieser radikal-reaktionären Partei, obwohl sie vielleicht früher auch kommunistisch oder sozialdemokratisch gewählt hatten. Aber im Grunde rekrutierte Hitler seine SA und seine Parteiangehörigen zum großen Teil aus den wirtschaftlich und sozial Entwurzelten, auch und vor allem aus dem Kleinbürgertum. Wilhelm Reich erklärt das damit, daß die Massen infolge ihrer Erziehung und ihrer ideologischen Beeinflussung sexuell frustriert seien. Hitler habe durch seine Massenorganisationen, durch seine Propaganda bewußt oder unbewußt dieses sexuelle Potential mobilisiert, zum Teil auch durch die Symbolik, die der Nationalsozialismus gebrauchte. Es ist schon etwas drollig, wenn Reich behauptet, das Hakenkreuz ziehe die Massen so an, weil man ein Paar im Koitus hineindenken könne. Ich habe das nie zustandegebracht, für mich war ein Hakenkreuz ein Hakenkreuz und kein koitierendes Paar. Aber das Wertvolle an der Reichschen Studie ist immerhin, daß sie zeigt, wie die faschistische Persönlichkeit strukturiert ist: nämlich durch eine sexualverdrängende Moral, durch Untertanenmentalität, durch Lebensangst, durch fehlende orgasmische Befriedigung. Seiner Meinung nach ist das die Grundvoraussetzung, die der Faschismus brauchte, um die Massen zu vernebeln und sie in seine Gewalt zu bringen. Also, man kann sagen: Reich war immerhin ein Pionier in der Psychologie des Faschismus.

Auch Erich Fromm legte mit seinem Buch »Die Furcht vor der Freiheit« eine Analyse der Entstehungsgeschichte des Nationalsozialismus vor. Was bedeuten Ihnen diese Studie und die anderen Arbeiten Fromms zu diesem Thema?

Die Studie von Fromm, die in den vierziger Jahren (1941/45) erschien, ist viel differenzierter als diejenige von Reich. Fromm brachte andere Voraussetzungen mit. Er war ein sehr geschulter Marxist, philosophisch instruiert und zudem ein Psychoanalytiker mit allen dafür nötigen Voraussetzungen. Dann gehörte Fromm auch dem Horkheimer-Adorno-Team an, das sich bereits in den späten dreißiger Jahren mit der Psychologie der autoritären Persönlichkeit befaßte. Im Rahmen dieses Teams hat Fromm seine Psychoanalyse des Faschismus vorgelegt, wobei er historische Psychoanalyse betreibt. Er sucht die geschichtlichen Voraussetzungen für die politischen Entwicklungen im Europa des 20. Jahrhunderts. Dabei geht er von der Renaissance aus, die er als ein wundervolles Aufbrechen der menschlichen Individualität, Autonomie und Geistesfreiheit einstuft. Auf die Renaissance folgte die Reformation,

und Fromm ist hier der Meinung, daß der Uranfang des
Faschismus bereits im reformatorischen Anliegen zu suchen
ist. Denn Luther, Calvin und Zwingli haben wohl manches
an der katholischen Kirche modernisiert, aber im Grunde
waren sie immer auch noch zutiefst mittelalterliche Persönlichkeiten mit einem Welt- und Menschenbild, das in
keiner Weise die Modernität zu fundieren imstande war. Da
gab es zum Beispiel ein Gottesbild, wo Gott fern von den
Menschen unerreichbar thronte, eine absolute Gewalt, der
man sich restlos unterwerfen mußte.

Nun ist es ja so: Das Gottesbild ist immer Vorbild für irdische Verhältnisse. Luther sah den Staat als Kopie dieser
Gottesherrschaft. Der Staat war – anknüpfend an die Bibel
– absoluter Herr über den Menschen: Gebet dem Kaiser,
was des Kaisers ist. Luther präformierte die deutsche Mentalität weitgehend im Untertanengeist. Man darf auch
erwähnen, daß er, obwohl er das Zölibat abgeschafft hatte
und gewisse sexuelle Freiheiten zuließ, immer noch teu-
felsgläubig war, patriarchalisch, auch antisemitisch. Es gibt
Stellen bei Luther, die sich bei Hitler wiederfinden. So kann
man durchaus sagen, der Faschismus hat eine seiner Voraussetzungen in der Reformation.

Eine Folge war, daß sich das deutsche Bürgertum ver-
gleichsweise untertäniger verhielt als das Bürgertum zum
Beispiel in Frankreich und England. Das hängt auch mit der
Stärke des friderizianischen Staates zusammen, mit historischen Entwicklungen seit dem Dreißigjährigen Krieg.
Fromm suchte die Ursprünge des Faschismus im »Sozialcharakter« des deutschen Bürgertums. Das ist ein von ihm
eingeführter Begriff. Wir kennen den individuellen Charakter des Menschen, der weitgehend von der Erziehung
abhängt und in der Familie formiert wird. Fromm meint,
auch Klassen und Volksschichten besäßen Charaktere, wie
etwa die Arbeiterschaft oder das Bürgertum oder die Ari-

stokratie, die ähnliche ökonomische Bedingungen und
ähnliche Erziehungsweisen haben. Es läuft darauf hinaus,
daß das deutsche Bürgertum einen Sozialcharakter hat, der
dem entspricht, was die Psychoanalyse anale Organisation
der Libido beziehungsweise Analcharakter nennt, also
Eigenschaften wie Gewissenhaftigkeit, Reinlichkeit, Ord-
nungsliebe, Eigensinn, aber auch fehlender Eros und fehlende Unabhängigkeit. Fromm versuchte auf diese Weise zu
zeigen, wie kollektiv-psychologisch durch geschichtliche,
erzieherische und ökonomische Bedingungen Voraussetzungen geschaffen wurden, die Hitler und den Nationalsozialismus ermöglichten.

*Erich Fromm hat dann später den Begriff des »nekrophilen
Charakters« eingeführt, um damit auch Hitler selber zu
charakterisieren. Was halten Sie von diesem Konzept, und
wie sehen Sie Hitlers Charakter?*
Dieser Begriff des nekrophilen Charakters ist die Kopie
einer Freudschen Idee. Die Freudsche Trieblehre in ihrem
Spätstadium ging von zwei Trieben aus, von Eros und Thanatos, Liebe und Tod. Freud meinte, daß sich diese beiden
Triebe im Menschen mischen und gelegentlich auch entmi-
schen. Wenn es zum letzteren Vorgang kommt, dann wird
das betreffende Individuum melancholisch, lebensunlustig,
sogar todessüchtig. Das kann auch bei Massen vorkom-
men, es gibt dann eine »Thanatophilie« der Massen. Hitler
wird bei Fromm als nekrophiler Charakter eingestuft, weil
er den Tod von unzähligen Menschen verursacht hat und
dem eigenen Untergang zusteuerte. Aber ich bin nicht
sicher, ob dieser Begriff so absolut lupenrein ist. Die Psychoanalytiker haben sich damit begnügt, vom sadomaso-
chistischen Charakter zu sprechen, eine Charakterstruktur,
die durch Anbetung der Macht ausgezeichnet ist und durch
den Drang, andere Menschen, die unter einem stehen, zu

bedrängen, zu quälen, vielleicht auch zu töten. Dieser Begriff »sadomasochistischer Charakter« wird durch die Idee der Nekrophilie nicht unbedingt bereichert. Ich bin auch nicht sicher, ob es ausreicht, Hitler mit diesem Wort zu taxieren und einzustufen, auch Himmler wird bei Fromm so ähnlich beschrieben. Man kann wohl eher sagen, es handelt sich um Menschen, deren Persönlichkeitsentwicklung irgendeine tiefsitzende Blockierung aufweist, die deshalb das Leben nicht leben können, und alles, was sie unternehmen, gedeiht dann nicht zugunsten des Lebens, weder des individuellen noch des kollektiven. Aber ob das nun eine »Nekrophilie« ist, wäre noch zu untersuchen.

Hitler ins Auge gefaßt: Welche Bedeutung messen Sie ihm als einzelner Person im Hinblick auf die erfolgreiche Machtergreifung der Nationalsozialisten bei?

Es ist schon ein rätselhaftes Phänomen: Da kommt ein Mann aus dem Nichts, ein Mann ohne besondere Vorbildung, der auch keine menschlichen Qualitäten hat, die man bewundern müßte, und erlangt die absolute Macht über einen Staat und später über fast ganz Europa. Wie war das möglich? Ich habe einmal eine Vorlesung von Mitscherlich gehört, in der er meinte, die Psychologie müsse angesichts dieses Vorganges die Waffen strecken, das sei etwas völlig Unerklärliches. Aber ich kann mich damit nicht abfinden, daß man eine Frage einfach ins Mystische verweist und sagt: »Rätsel über Rätsel, Verstand steh' still.« Ich meine, es muß doch irgendwie erklärbar sein oder annähernd begreiflich gemacht werden können.

Die Person Hitlers hat für den Sieg des Nationalsozialismus wahrscheinlich eine große Rolle gespielt. Wir kommen hier auf das Thema Individuum und Geschichtssubjekt. Wer ist das wahre Subjekt der Geschichte: der Einzelne, die Klassen, die Stände oder die ökonomischen Gesetzmäßigkeiten? Ich tendiere dazu, eine Synthese anzustreben. Das Individuum hat großen Einfluß auf die Geschichte, man denke nur an die russische Revolution. Wäre sie ohne Lenin gelungen? Oder hätte es Faschismus in Italien auch ohne Mussolini gegeben? Es sind nicht alle Individuen auswechselbar, obwohl man auch die Meinung vertreten kann: Wäre es nicht dieser gewesen, wäre ein anderer gekommen. Aber der Nationalsozialismus hätte ohne Hitler wahrscheinlich nicht so eine irrsinnige Kontur angenommen, er wäre nicht so ins Wahnsinnige ausgeartet, wie es dieser verrückte Mensch angestrebt und durchgesetzt hat.

Ich glaube, daß der Erfolg Hitlers daraus zu erklären ist, daß er alle Vorurteile des Kleinbürgertums und auch des Proletariats und der Aristokratie, kurzum alle Vorurteile seines Zeitalters, mit ausgeprägter Radikalität in sich enthalten hat. Sodann kam hinzu, daß er ein Redner ersten Ranges und dazu eine Durchschnittspersönlichkeit war, mit der sich die Masse identifizieren konnte. Die Masse hatte so ihr Spiegelbild, und es kam wohl zu einer Wechselwirkung: Hitler, eine Art leeres Gefäß, erspürte von Mal zu Mal, was die Masse hören wollte und gab es ihr, die Masse jubelte ihm zu und steigerte sein Machtgefühl und seine Führungspotenz, so daß ein Prozeß der wechselseitigen Aufschaukelung zustande kam. Die Masse hatte ihr Ebenbild, und dieses Ebenbild hat sie dann in den Abgrund geführt. Das ist eine Erklärung, die bestimmt nicht vollständig ist, ich gebe sie als vorläufig zu Protokoll.

Der radikale Irrsinn Hitlers wird in der Literatur unterschiedlich erklärt. Es sind sich widersprechende Bestimmungen der Psychopathologie Hitlers abgegeben worden. Der Streit der Meinungen darüber, ob er an einer organischen Krankheit litt, dauert bis heute an. Die Versuche einer Reduktion der Psychopathologie Hitlers und der von

ihm verursachten Greueltaten auf organische, psycho-
physiologische Prozesse seines Körpers nehmen sich aber
doch wie eine verharmlosende Entschuldigung aus. Wie
schätzen Sie dieses Argument ein?

Ich würde vorschlagen, daß wir die Person Hitlers nicht
so sehr individualpsychologisch, sondern gruppenpsycho-
logisch deuten. Er stellt einen Typus dar. Das Individuum
mag auch ausgeprägt gewesen sein, aber der Typus interessiert mich eigentlich mehr. Und zwar ist er der Typus des
Demagogen, den es damals und heute gab und gibt und
immer geben wird, bis die Menschheit einen großen Schritt
vorantut. Hitler ist *der* konservative Politiker, *der* Stamm-
tischpolitiker, *der* Biertischpolitiker, aber mit einer unerhörten Erregbarkeit und Beredsamkeit, mit der er sich in
das Gefühl des Volkes hineinreden konnte. Ob er psycho-
pathologisch war? Dem möchte ich wohl zustimmen, aber
nicht pathologisch im Sinne einer manifesten Geisteskrankheit, sondern eher im Sinne der psychoanalytischen
Charakterologie, also im Sinne eines unreifen, sadistisch-
masochistischen Menschentypus, eben dem autoritären
Charakter.

Eine körperliche Krankheit hat er wahrscheinlich nicht
primär mitgebracht. Aber es ist sehr gut möglich, daß die
Macht und ihr Mißbrauch den Menschen leiblich, seelisch
und geistig korrumpieren. Wir kennen alle den alten
Spruch: Macht macht dumm. Man kann ihn auch ergänzen:
Macht, wenn sie grenzenlos ist, macht verrückt und krank.
Denn diese Exzesse des Machtmißbrauchs zerrütten eine
Persönlichkeit sowohl organisch als auch psychisch. Ich
kann mir vorstellen, daß im Laufe der Jahre die Enthem-
mung und der Realitätsverlust bei Hitler immer weiter vor-
anschritten, wobei nach und nach der Wahn in ihm hoch-
stieg. Man hat ja später auch die Symptome eines »Parkin-

son« (Schüttellähmung) bei ihm beobachtet, auch da werden wahrscheinlich psychische und physische Faktoren zusammengespielt haben. Manche Autoren behaupten auch, daß er durch Arzneimittelabusus körperlich herunterkam. Sein Leibarzt Morell füllte ihn mit allen möglichen Tabletten auf, um ihn munter und frisch zu machen. Es könnte sehr gut sein, daß einige dieser Medikamente seine physische Konstitution mit der Zeit merklich geschwächt haben. Ich würde seine Psychopathologie also nicht als eine ursprüngliche einstufen, vielmehr haben seine Machtposition und die Art, wie er auf seine Umwelt einwirken konnte, seinen Geist mehr und mehr zerrüttet.

Sie haben auf das Konzept des autoritären Charakters hingewiesen. Immer wieder versuchen sich Psychoanalytiker in Interpretationen Hitlers, auch in den letzten Jahren, aber manche dieser Studien hinterlassen doch einen faden Nachgeschmack. Binion zum Beispiel, ein amerikanischer Psychohistoriker, möchte die Vernichtungsfeldzüge der Nationalsozialisten darauf zurückführen, daß Hitler seinen Ödipuskomplex ausagierte, wobei er sich für den Tod seiner Mutter gerächt haben soll. Angeblich sei sie an den Folgen der Behandlung eines jüdischen Arztes gestorben. Hitler habe seine Gefühle der Mutter gegenüber dann auf das deutsche Volk projiziert. Aus seiner Sicht habe er sich für die vermeintlich schlechte Behandlung der Deutschen seitens der Alliierten und der »jüdischen Weltverschwörer« rächen wollen.

Eine Psychoanalyse Hitlers wurde von sehr vielen Autoren versucht. Das ist begreiflich, denn man wollte und will unbedingt verstehen, was diesen Mann motivierte. Aber ich zweifle sehr, ob die psychoanalytischen Erklärungen den Kern der Sache treffen. Denn bekanntlich hat jedermann einen Ödipuskomplex, also ist es kein spezifisches Phänomen. Wenn wir eine Erklärung für ein spezielles Verhalten eines Menschen finden müssen, dann soll die These so beschaffen sein, daß sie nicht auf alle Menschen dieser Erde paßt. Bei Hitler würde ich gewiß sagen, daß die Mutter für ihn mehr bedeutete als der Vater, das liegt ja im Ödipustheorem. Aber vielleicht war für seine Charakterbildung wichtiger, daß der Vater Alois ein sehr harter, autoritär erziehender Mensch war. Es hat viele Prügel für Adolf gegeben. Meiner Meinung nach sind die meisten Feinde des Menschengeschlechtes Opfer einer autoritären und harten Erziehung, die alle Gefühle aus ihnen herausprügelt. Das war bei Hitler auch so, trotz der Mutterliebe. Wenn ein Vater so erzieht, dann wächst ein Mensch heran, der völlig verhärtet ist und dem es nicht darauf ankommt, ob andere Menschen zugrunde gehen.

Wenn wir nun andererseits fragen, woher der Antisemitismus Hitlers kommt, dann kann ich nicht annehmen, daß die Behandlung der krebskranken Mutter durch den Arzt Bloch dafür ausschlaggebend war. Antisemitismus ist eine ideologische Erscheinung, die seit Jahrhunderten besteht und bei unzähligen Menschen zu entdecken ist, deren Mütter nicht krebskrank sind und nicht durch jüdische Ärzte behandelt wurden. Man muß die Quellen des Antisemitismus ganz woanders suchen.

Was nun die Beziehung Hitlers zu den Deutschen und ihren Schutz gegenüber den Alliierten und den »jüdischen Weltverschwörern« anbetrifft, so war dieses Motiv wohl nur eine politische Voraussetzung seiner Karriere. Als eigentliches Motiv für Hitlers Weltanschauung kommt dieser Faktor vermutlich nicht in Frage. Denn seine Weltanschauung hatte er sich schon um 1910 gebildet, noch vor dem Krieg, vor dem Vertrag von Versailles und der angeblichen »Weltverschwörung«. Diese Weltanschauung lag damals bereits in der Luft, und der junge Hitler, ein verwahrloster Jugendlicher, ein Nichtstuer und Herumtreiber, hatte sie schon vor dem Ersten Weltkrieg rezipiert und nachher nur noch ausbauen müssen.

Der Ödipuskomplex ist also bei weitem nicht so gewichtig wie der Gedanke der autoritären Erziehung. Dann ist die Stellung Hitlers als Kleinbürger ohne Berufserfolg zu berücksichtigen, also seine Klassenzugehörigkeit, und schließlich die geistige Mentalität, die er in der altösterreichischen Monarchie vorfand, nämlich Konservativismus, Antisemitismus, Rassismus, Nationalismus. Das waren seine Bildungsquellen, und die haben ihn geprägt. So, würde ich sagen, müssen wir die psychoanalytischen Erklärungen einstufen, die alle etwas Privatistisches haben. Sie versuchen, mit Hilfe der Familiengeschichte alles zu erklären, aber Familiengeschichte ist nur ein Teil dessen, was wir zum Verständnis einer Persönlichkeit einsetzen dürfen.

Sie haben schon auf eine Reihe von Gesichtspunkten hingewiesen, die über eine psychoanalytische Betrachtung hinausführen können. Was sind die Kategorien, an denen sich Ihre Analysen des Nationalsozialismus orientieren? Und welche Rolle spielt in diesem Zusammenhang die Individualpsychologie Alfred Adlers?

Mein Ausgangspunkt ist die Individualpsychologie Alfred Adlers. Sie befähigt durchaus, solche Phänomene wie den Nationalsozialismus unter Hinzuziehung von Soziologie, Massenpsychologie und Geschichtswissenschaft verständlich zu machen. Nach Adler ist der Mensch im Grunde ein soziales und friedfertiges Wesen. Adler stellte fest, daß die Grundkraft im Seelenleben das sogenannte Gemeinschaftsgefühl oder Sozialinteresse ist. Hätte der Mensch dieses Gemeinschaftsgefühl nicht gehabt, dann hätte er nicht die Schrecken der Eiszeit und danach die furchtbaren geschichtlichen Entwicklungen und Katastrophen überstanden. Immer wieder schlossen sich die Menschen zusammen, haben Kulturen geschaffen, haben den Bestand der Menschheit gesichert, die Zivilisation aufgebaut und alles entwickelt, was uns kostbar und teuer ist. Nun ist aber das große Rätsel: Wie kommen dann der Machtwahn und die Grausamkeit in die Menschengeschichte hinein? Wenn der Mensch nicht aggressiv von Natur ist (im Gegensatz zu dem, was die Pessimisten und Misanthropen von Hobbes über Freud bis zu Konrad Lorenz mit ihren Aggressionstrieb-Hypothesen behaupten), wenn der Mensch nicht originär machtlüstern ist, wie kommt es dann zu diesen furchtbaren Exzessen der Machtgier, die wir in unserem Jahrhundert erlebt haben und die noch die zukünftige Geschichte bestimmen werden?

Nach Adler ist das folgendermaßen zu erklären: Der Mensch ist nicht nur ein Gemeinschaftswesen, er ist zugleich auch das hilfloseste und schwächste Wesen in der Natur. Das gilt für lange Zeit in seiner individuellen Entwicklung (als Kind) und für Jahrtausende, Jahrmillionen in seiner Gattungsgeschichte. Unsicherheit und Angst sind schlechte Berater; wer Angst empfindet, verstärkt den Impuls, überleben zu wollen, Sicherheit zu gewinnen, überlegen zu sein. Nach Adlers Meinung entspringt der menschlichen Daseinsangst, die wir uns nicht groß genug denken können, ein ständiges Streben, oben zu sein, mehr zu sein als die anderen, die Machtposition zu erreichen.

Ja, man kann sogar sagen, der frühe Mensch hat vermutlich den rohen Naturgewalten abgelauscht, was Macht ist. Wenn ihn etwa ein Gewitter erschreckte oder wilde Tiere über ihn herfielen oder die Macht des Winters oder ein Steinschlag ihn bedrängten – es gibt tausend Faktoren in der Natur, die dem Menschen nahelegen: Du kannst nur überleben, wenn du Gott bist, wenn du Herr über alles bist, alles andere unter dir ist. Gottähnlichkeitsstreben entstand menschheitsgeschichtlich und erwacht auch in jeder Wiege eines Kindes neu. Der Mensch fängt sein Leben hilflos an, ist den Eltern, der Krankheit, physischen und psychischen Unzulänglichkeiten ausgeliefert. Unwillkürlich entsteht als konkurrierende Macht zum Gemeinschaftsgefühl, das sehr stark ist, die Tendenz zum Willen zur Macht, zum Geltungsstreben, zur Eitelkeit, zum Überlegen-sein-Wollen, zum Gott-ähnlich-sein-Wollen. Diese Idee darf man durchaus auch auf Schichten, Klassen und Völker übertragen. Das Minderwertigkeitsgefühl zum Beispiel, welches nach Adler eine der Quellen des Machtstrebens ist, kann man auch ganzen Völkern zuschreiben.

Ich glaube, daß das deutsche Volk eine »zuspätgekommene Nation« ist, wie Helmut Plessner sagt. Die anderen Staaten hatten bereits Kolonialreiche zusammengestohlen und zusammengeraubt. Deutschland hatte den Dreißigjährigen Krieg zu verkraften, dann war es zersplittert und einigte sich erst 1870/71. Da war die Welt schon fast verteilt. Deutschland gehörte zu den Ländern, die die Historiker die Habenichts-Nationen nannten. Das war eine Minderwertigkeitssituation. Sodann kann man sagen, daß Deutschland politisch rückständiger war, feudalistischer, autokratischer im Vergleich zu den führenden Nationen. Der Deutsche hatte mehr Untertanenmentalität als etwa der Franzose oder Engländer. Das ist auch wieder eine Minderwertigkeitssituation, die autoritär macht, die Autoritarismus in allen seinen Schattierungen erzeugt. Hinzu kommt, daß in Deutschland eine autoritäre Tradition ersten Ranges wirksam ist. Das alles spielt also hinein und kann mit individualpsychologischen Kategorien beschrieben werden. Man darf sagen, daß auch bei Völkern diese verhängnisvolle Dialektik zwischen Minderwertigkeitsgefühl und Gottähnlichkeitsstreben mitunter eine erschreckende Rolle spielt.

Eine andere These, die Adler auch erwähnt: Wo immer das Gemeinschaftsgefühl sich entfalten kann, entsteht Realitätsbewußtsein. Der gemeinschaftsfreundliche Mensch lebt in der Wirklichkeit, wer aber dem Machtwahn zustrebt, der braucht Fiktionen, Selbsttäuschungen, Wahngebilde. Je stärker ein Mensch oder eine Gruppe durch Lebensangst zum Gottähnlichkeitsstreben hin tendiert, umso mehr müssen Wahngebilde in Gang gesetzt werden. Und so können auch ganze Völker wahnsinnig werden. Wir behandeln immer nur den Wahn am einzelnen, am harmlosen Psychotiker, den wir dann in Anstalten einsperren. Aber Nietzsche hat einmal zu Recht gesagt, Wahn ist bei Individuen selten (aber immerhin häufig genug) vorhanden, aber bei Völkern, bei großen Menschengruppen ist er historisch gesehen fast die Regel. Und so möchte ich auch manchen Völkern Wahnkrankheiten zuschreiben; der Faschismus war eine Massenpsychose, die Europa befiel und beinahe die ganze damalige Welt in den Abgrund riß.

War dieser latente und dann manifeste Wahnsinn eventuell auch der Grund, weshalb sich die Mehrheit der Deutschen solch einem Führer wie Hitler und einer politischen Bewegung wie dem Nationalsozialismus anschlossen, die sie dann am Ende in eine Katastrophe, in den Tod führten?

Bei allen historischen Fakten muß man zur Erklärung jeweils viele Ursachen heranziehen. Warum die Deutschen für den Nationalsozialismus und diese lächerliche Figur von Führer anfällig waren, möchte ich multikausal erklären. Es gibt viele Punkte, die hier zu erwähnen wären. Zunächst einmal der verlorene Krieg von 1914/18. Die Deutschen wurden vier Jahre lang durch eine Lügenpropaganda in eine Siegesstimmung hineinsuggeriert, und als dann der Zusammenbruch kam, fiel man vom Machtwahn in eine furchtbare Enttäuschung, in grenzenlose Minderwertigkeitskomplexe und Depressionen. Dann kamen die Folgen der Niederlage: Hunger, wirtschaftliches Elend, Inflation, also Geldentwertung äußerster Dimension. Die bürgerlichen Schichten verloren ihre ganzen Vermögen, für die sie jahrzehntelang gearbeitet und geackert hatten. Der unvernünftige, aus der Sicht der Alliierten aber verständliche Friedensvertrag blutete Deutschland noch mehr aus. Das Sich-nicht-abfinden-Können mit der Niederlage ging durch alle Schichten und Klassen.

Das sind alles Punkte, die Hitler erspürte und mit seiner Demagogie in Legenden umwandelte, die das Volk hören wollte. Da war man also nicht am Ersten Weltkrieg schuld gewesen, die anderen waren schuld. Man hatte den Krieg nicht verloren, sondern der »Dolchstoß« im Hinterland hatte die Niederlage herbeigeführt. Weil die Marxisten und die Arbeiterpartei nicht durchgehalten hatten, mußte die großartige Armee nachgeben, die sonst gesiegt hätte. Das hörten die deutschen Soldaten und Generäle natürlich gerne. Dann bot Hitler eine Verheißung an. Ich möchte die Meinung vertreten, daß Hitler so gut ankam, weil er religiöse Vorstellungen benutzen konnte. Das Christentum hatte seit zwei Jahrtausenden im abendländischen Menschen die Erlöseridee eingepflanzt. Der Erlöser war zwar kurz da gewesen, aber er kommt wieder, denn ohne Erlöser kann die Menschheit nichts ausrichten. Alle religiös erzogenen Menschen sind gewissermaßen präformiert, zwar nicht mehr den Erlöser vom Himmel zu erwarten, da ist man doch ein bißchen skeptisch geworden, aber einen Erlöser auf Erden; politisch charismatische Führer sollen alle Probleme für uns lösen. So kam Hitler auf ein vorbereitetes Feld. Er bot sich als ein politischer Messias an, er bot auch eine neue Religion, in der Mystizismus, Größenwahn, Verheißung, Zukunftsglück und Schmeichelei für die Eitelkeit enthalten waren. Es war eine Art Ersatzreligion, die einige Punkte der alten Religion kopierte.

Ich meine auch, daß das Bürgertum in großer Angst vor dem Kommunismus war. 1917 hatte die Revolution in Rußland gesiegt, bis etwa 1920 war sie konsolidiert. Es gab auch andere kommunistische Parteien in Europa, die die Macht anstrebten. Für das Bürgertum und Großbürgertum war der Kommunismus der Teufel an der Wand, er war der Schreck, der ihnen in die Knochen fuhr. Sie hätten nicht so viel Angst haben müssen, denn da gab es immer noch die demokratisch-humanistische Sozialdemokratie, die politisch sehr zahm war. Die hatte in keiner Weise die Absicht, mit den Kommunisten zu paktieren. Es ging also nicht ums nackte Leben. Aber die Furcht vor dem Kommunismus trieb einen Großteil des Bürgertums Hitler in die Arme. Da war einer, der versprach, dem Marxismus den Garaus zu machen. Es gab keine Rede, in der er nicht das Schreckgespenst des Marxismus und Kommunismus an die Wand malte und sich als Retter anbot.

Sodann waren die Deutschen auch durch den Wilhelminismus präpariert. Kaiser Wilhelm II. war ja schon die Karikatur eines Führers gewesen, den man vergottete, und Hitler war eine Karikatur dieser Karikatur, aber es war vieles analog. Auch Wilhelm II. hatte in seinen Reden schon viel Unfug und seelische Jauche in die Gehirne der Masse hineingegossen. Und nun kam einer, der es noch besser konnte, der auch technisch über andere Möglichkeiten verfügte mit Massenversammlungen, Mikrophonen, Dauerberieselung und Propaganda. Alles diente dazu, dem Volk auch ein Vertrautheitsgefühl zu geben. Es ging weiter wie gehabt, nur etwas radikaler, nur etwas primitiver.

Sie haben darauf hingewiesen, daß die nationalsozialistische Weltanschauung schon vor dem Ersten Weltkrieg vor-

gebildet war. Was war es im Kern, was diese nationalsozialistische Weltanschauung für viele so attraktiv machte?
Ich muß da ein bißchen ausholen. Seit Hegel – und auch schon früher – denken wir die Geschichte der Menschheit als eine Entwicklung. Hegel meinte, es sei Entwicklung des Geistes und der Freiheit. Diese Entwicklung ist immer äußerst mühsam: Es gibt Kräfte, die voranschreiten, Kräfte, die stabilisieren, und Kräfte, die nach rückwärts tendieren. Jeder Fortschritt wird unendlich mühsam gegen die Mächte der Beharrung und des Rückschritts erkämpft. Wer in die Zukunft gehen will, geht nicht selten zugrunde. Es ist eines der undankbarsten Geschäfte, die Menschheit zum Fortschritt zu überreden. Wann immer der Fortschritt dringend wird und ansteht, melden sich die reaktionären Mächte verstärkt zu Wort. Sie haben es leichter, denn sie sprechen im Namen des Gewachsenen, des Bestehenden, des Erprobten, wenn auch schrecklich Erprobten, aber sie haben die Vergangenheit für sich. Ich meine also, daß Hitler eine Art Rückschritt aus dem 20. Jahrhundert ins feudale und mittelalterliche Zeitalter war. Da kam die ganze mittelalterliche Geisteswelt herauf, mit ihrer Ehrfurcht, ihrer Obrigkeitsgläubigkeit, ihren Vorurteilen, ihren Dummheiten und Banalitäten. Aber das alles ist in der Massenpsyche drin, oder sagen wir es hegelianisch: Es ist im »objektiven Geist«.
Hegel ist der Entdecker des objektiven Geistes, nämlich jener geistigen Atmosphäre, die uns alle umgibt. Man kann sie nicht fassen, aber sie ist da, etwa in der Vernunft eines Zeitalters, in der Sitte, im Brauchtum, im gesunden Menschenverstand (der viel Ungesundes enthält), in überlieferten Ideen und Vorurteilen, in der Wissenschaft, in den Künsten, in den Lebensformen – Hegel nennt das den objektiven Geist, den Geist, der uns alle trägt und stützt. Wenn das Individuum geistig heranwächst, dann muß es aus dem objektiven Geist auswählen, was sein persönlicher Geist

werden soll. Ich kann meinen Geist nicht im leeren Raum entfalten, ich muß an meiner Epoche lernen. Was die Epoche an Vorurteilen und Ideen, an Vernunft und Unvernunft enthält, das wird die Nahrung meines persönlichen Geistes.

Alle konservativen und reaktionären Mächte haben den Vorteil, daß sie viel gewaltigere Schichten des objektiven Geistes zur Verfügung haben als der Fortschrittler oder Erneuerer. Sie haben das Gewohnte, das Vertraute, das angeblich Bewährte für sich. Hitler kam und brachte eigentlich die Botschaft: Zurück in die Vergangenheit! Weg von der Neuzeit! Weg von der Humanität! Weg von der Demokratie! Weg vom Liberalismus! Weg vom Sozialismus! Weg von der Wissenschaft, von Objektivität, von Philosophie, von Weltvernunft! Nationaler Egoismus ist die Parole! Durchsetzungsfähigkeit, Rasse, Kampf, Krieg und so weiter! Das sind Parolen, die dem schlichten Gemüt, dem Dummkopf, dem uninformierten Menschen unerhört einleuchten.

Man hat einmal gesagt, der Nationalsozialismus appelliere an den inneren Schweinehund im Menschen. Das ist hart ausgedrückt. Man kann es auch so sagen: an den Dummkopf, an den primitiven Menschen, an den uninformierten Rest. Sehr viele Menschen sind politisch dumpf und unwissend und im gewissen Sinn Konformisten. Sie laufen immer mit der Menge mit. Dann hat natürlich jeder, der den objektiven Geist in seinen dicksten und altertümlichsten Schichten anzapft, am ehesten die Gefolgsleute. Der Nationalsozialismus bot ein vereinfachtes Weltbild. Die Probleme des 20. Jahrhunderts sind äußerst schwierig, und die Menschen haben nicht die Geduld, etwas lang und kompliziert zu zergliedern. Dann kommen die Ideologien und bieten Patentlösungen an. Auch der Bolschewismus war eine solche Patentlösung, dessen Scheitern jetzt deutlich ist. Hitlers Patentlösung war noch barbarischer, noch

primitiver. Hitler hatte leichtes Spiel, denn seine Masche
war: Wie verwandelt man die Depression und die Lebensangst eines Volkes in Größenwahn und in unendliche
Zuversicht? Das war das Rezept, das er brachte, es funk-
tionierte grandios.

*Könnten Sie versuchen, eine entwicklungsgeschichtliche
Interpretation dieses »dummen objektiven Geistes« zu
geben? In welchen Traditionen ist dieser »dumme objektive
Geist« einzuordnen, aus dem heraus dann der Nationalsozialismus entstand?*

Auch hier muß ich wieder multikausal denken. Es gibt
sehr viele Traditionen: Ich erwähnte bereits das Luthertum
mit seiner Autoritätsgläubigkeit und der Unterwürfigkeit
des Menschen unter göttliche und irdische Gewalt. Sodann
möchte ich das Preußentum anvisieren. Preußen war ja ein
armseliger Kleinstaat, der durch eine radikale Militärpolitik
zum Vorrang über alle anderen deutschen Kleinstaaten her-
anwuchs. Das war Tradition schon seit Friedrich Wilhelm I.
und natürlich Friedrich II., genannt der Große. Preußen hat
damals eine rücksichtslose Expansionspolitik in Gang
gesetzt. Friedrich II. wollte Preußen um jeden Preis ver-
größern. Er war ein ehrgeiziger Mensch, ehrgeizig vielleicht
bis zum Wahnwitz. Es kam ihm nicht darauf an, hunderttausende Menschen hinzuopfern, nur um in die Geschichte mit einem Ehrentitel einzugehen. Dies ist ihm auch mit
allen damit verbundenen Unkosten gelungen. Preußen hat
Deutschland in die Tradition eines extremen Militarismus
hineingedrängt. Das kam unter Bismarck zum Tragen, als
der Eiserne Kanzler nach siegreichen Kriegen gegen die
Dänen, die Österreicher und die Franzosen seine Verein-
heitlichungspolitik durchsetzte. Preußen wurde zur bestimmenden Macht in Deutschland. Das ergab eine extrem mili-
taristische Tradition mit feudalen Strukturen – bürgerliche

Rechte blieben ganz im Hintergrund. Wer nicht adelig war, war Mensch zweiten Ranges, nicht zu reden vom Proletariat und von den Bauern. Sie blieben Untermenschen bis zur Jahrhundertwende. Wilhelm II. war ein Erbe dieser Tradition. Auch er war eigentlich schon eine stark psychopathische Figur, die Hitler vorwegnahm, ein sehr unglückseliger Mensch, hochfahrend, eitel, substanzlos, ein Schwätzer ersten Ranges.

Nun wollte Wilhelm II. eigentlich seinem Vorfahren Friedrich II. nachleben. Es war des Kaisers Wunschtraum, auch militärische Größe zu erlangen. Ich meine, daß der Erste Weltkrieg unter anderem durch die Persönlichkeit Wilhelms II. mit ausgelöst wurde. Er lebte auf diesen Krieg hin, obwohl ihn die Österreicher dann erklärten, aber mit seiner vollen Rückendeckung und von ihm animiert. Wilhelm II. war und wollte kriegerisch sein.

Diese wilhelminische Epoche mit ihrem Führerkult, der Vergöttlichung dieses Kaisers, hat dem Nationalsozialismus vorgearbeitet. Man konnte das ganze Wilhelminische auf Hitler übertragen. Nur war es dann eben nicht ein Kaiser von Gottes Gnaden, sondern ein Mensch aus der Tiefe, aber er bekam ziemlich bald kaiserliche Wesenszüge angedichtet, er war Herr über alles. Eine weitere Tradition war der Erste Weltkrieg mit seiner vierjährigen zügellosen nationalistischen Propaganda. Da wurde das Volk geistig vergiftet. Der objektive Geist nahm Gift in rauhen Mengen auf, Lügen, Entstellungen, Gemeinplätze, Dummheiten, Aggressionen. Der deutsche objektive Geist oder Volkscharakter wurde in jener Zeit fürchterlich korrumpiert. Auch das spielt eine große Rolle. Jede Faschismustheorie, die nicht die verhängnisvolle Rolle des Ersten Weltkrieges einbezieht, ist oberflächlich.

Sodann hat Deutschland eine nationalistische Tradition wie die anderen Völker, ein bißchen exzessiver vermutlich,

aber das fällt nicht ins Gewicht. Der Nationalismus ist eine
Ideologie, die im 19. Jahrhundert fast zum Religionsersatz
wurde. Alles, was man früher in Gott verlegt hatte, wurde
nun in die Nation hineinprojiziert. Diese Ersatzreligion war
um keinen Deut besser als die frühere Religion, beides sind
im Grunde fiktive Systeme. Auch der Nationalismus hat sich
dann im 20. Jahrhundert als eine schwere kollektive Geisteskrankheit entpuppt. Ich möchte auch noch die Untertanenmentalität des deutschen Bürgers erwähnen. Ich
habe schon gesagt, daß es die autoritäre Persönlichkeit war,
die in Deutschland zum Durchschnittsmenschen, zum
mittleren Menschen wurde.

*Die Historiker, vor allem die deutschen Historiker, stellen
nicht immer so klare Bezüge her, wie Sie sie jetzt ausge-
sprochen haben. Es gab und gibt eine Debatte, ob Luther,
Friedrich II., Bismarck und Wilhelm II. tatsächlich Vorläufer von Hitler waren. Dasselbe gilt vom preußischen Militarismus. Waren diese geschichtlichen Traditionen im Sinne
Max Webers notwendige Voraussetzungen für den Nationalsozialismus?*

Wenn Sie den Begriff »notwendig« gebrauchen, fällt mir
die in der Philosophie gebräuchliche Variante »zureichende
Bedingung« ein. Denn »notwendige Bedingung« impliziert
ja Kausalität. Ob die Geschichte das Reich der Kausalität
ist, ist sehr umstritten. Es gibt ja möglicherweise immer
auch Freiheitsspielräume. Aber ich möchte doch zustimmen, daß die alte Führungsschicht in Deutschland immerhin eine Voraussetzung dafür war, welchen Führer wir
dann zwischen 1933 und 1945 bekommen haben. Nun muß
man natürlich differenzieren. Die genannten Persönlichkeiten sind alle individuell, sie sind nicht einheitlich. Aber ich
bin insgesamt dafür, daß wir den Persönlichkeitskult, mit
dem man schon in Rußland bei Stalin durchaus ekelhafte

Erfahrungen gemacht hat, überhaupt abschaffen. Die Menschen sind so stark sado-masochistisch geprägt, daß sie ihre Traumbilder in die historischen Heroen hineinprojizieren und sich so ihre Götter und Götzen schaffen, als ob das Übermenschen gewesen wären. Wenn man sie aber unter der Lupe betrachtet, findet man immer »Menschliches-Allzumenschliches«. Ich leugne nicht, daß Luther als Reformator einiges von Belang eingeführt hat, aber man soll ihn nicht vergotten. Es gibt da sehr viel Klägliches und Armseliges, zum Beispiel seine Teufelsneurose, seine Hexengläubigkeit, seine Sturheit gegen andere Reformatoren, denen er immer den Tod wünschte, weil sie in Nuancen anders dachten als er. Nein, die »Großen« der Geschichte sind nicht so groß, wie wir sie oft sehen wollen.

Auch Friedrich II. war meines Erachtens weit pathologischer als wir denken. Man vermutet, daß er die Beziehung zur Frau nie vollbrachte, mit den Frauen konnte er nicht. Seine ganze Persönlichkeit war durch die fürchterliche Erziehung des Vaters Friedrich Wilhelm I. verstümmelt. Auch bei Bismarck und Wilhelm II. sollten wir nicht unsere Größenvorstellungen aktualisieren und immer von Halbgöttern reden. Sie waren eben für autoritätsgläubige Menschen die Führer. Man soll in der Geschichte immer das Ganze sehen. Wenn man die Leistungen von Bismarck und Friedrich II. oder anderer Figuren rühmte, auf was lief es denn letztendlich hinaus? Wir sehen heute, daß Hitler das alles beerben, daß er auf dieser Tradition aufbauen konnte. Wir können doch nicht sagen, er kam aus dem Nirgendwo. Nein, er kam aus dieser Tradition, die die genannten Persönlichkeiten vorbereitet haben, folglich waren sie relative Vorstufen von Hitler. So wie man sagt: Ende gut, alles gut, muß man auch sagen: Ende schlecht, alles ziemlich schlecht. Ich bin also sehr skeptisch, wenn man in der Geschichte große Leistungen rühmt. Der Status der

Menschheit läßt nicht zu, daß wir irgend etwas besonders großartig finden außer Wissenschaft, Kunst und Philosophie, das sind die wirklichen Leistungen des Menschengeistes.

Max Webers Begriff der »notwendigen Voraussetzung«, den ich hier eingeführt habe, meint, daß es eine wichtige Voraussetzung für ein Phänomen gibt, diese aber nicht hinreichend das Phänomen erklärt. In dieser Hinsicht waren auch die evangelische und katholische Kirche notwendige Voraussetzungen für den Nationalsozialismus, denn die Repräsentanten der Kirchen paktierten ja weitgehend mit dem Nationalsozialismus. Es gibt viele Unterlagen darüber. In diesem Zusammenhang die Frage: Hängen kirchliche Würdenträger und Mitglieder dieser Institutionen tendenziell einer präfaschistischen Mentalität an?

Ich möchte diese These bejahen, denn für meinen Begriff waren die Kirchen in der Geschichte immer auf der Seite der Macht. Und wie unmenschlich die Macht auch gewesen sein mag – Feudalismus oder Krieg oder Terror oder Wahnwitz jeder Art –, die Kirchen haben das immer gestützt. Seit durch den römischen Kaiser Konstantin das Christentum zur *Staatskirche* erhoben wurde, hat diese eigentlich jahrtausendelang immer wieder alles gebilligt, was von seiten der Staatsmacht kam, mit winzigen Einschränkungen. Es mußte schon etwas ganz Katastrophales und Unsinniges sein, bevor die Kirche Einspruch erhob. In der Regel hat sie alles gestützt, was der Staat wollte und verlangte. Natürlich wird das jeder Historiker je nach intellektueller und charakterlicher Voraussetzung anders sehen. Wir haben auch Historiker, die die Kirchen als die humanistische Grundkraft Europas schildern. Aber gerade in der Geschichte unseres Jahrhunderts kann man doch sehr deutlich erkennen, wie Katholizismus und reformierte Kir-

che unendlich versagt haben. Man denke nur daran, daß
zum Beispiel in Italien Mussolini nach seinem Machtantritt
– Mussolini war ursprünglich Atheist, aber er begriff als
Diktator, daß für eine Diktatur eine Kirche notwendig ist –
den Frieden mit dem Vatikan schloß, ihm den Kirchenstaat
zurückgab und eine außerordentlich hohe Entschädi-
gungssumme für irgendwelche Verluste, die die Kirche
erlitten hatte, zahlte. So kam es zu einer innigen Zusammenarbeit von italienischem Klerus und Faschismus, auch
als Mussolini seine imperialistischen Kriege begann. Ich
erinnere mich daran, unzählige Dankesgebete und Proklamationen gelesen zu haben – Karl-Heinz Deschner hat das
auch literarisch bearbeitet und in seinen Büchern fixiert –,
die Gott dafür dankten, daß er Italien den Duce geschickt
hatte. In wievielen Kriegen haben Priester Waffen gesegnet!
Der Priester war und ist immer dabei, wenn man Menschen
zur Schlachtbank führt. Bei Hitler war es nicht anders.

Es liegt im Wesen der Religion, daß sie den Menschen
zum Konformisten macht. Wer die Macht hat, hat auch die
religiöse Anhängerschaft, denn Religion ist auch Quietis-
mus, Stillhalten: Gottes Fügung bestimmt über uns. Wenn
er uns einen Diktator schickt, dann wird Gott wissen, was
er will. Die Diktatoren einigten sich sehr rasch mit der Kirche, und die Zusammenarbeit ging bis zum bitteren Ende.
Die Kirche scherte gelegentlich aus, wenn der Nationalsozialismus Geisteskranke oder Schwachsinnige in Massen
tötete, da gab es einen zahmen Einspruch. Aber was sonst
an Untaten geschah, da schwieg man sich aus. Ich habe es
selbst in Österreich erlebt, daß unsere Kardinäle Innitzer
und Fürstbischof Weitz beim Einmarsch der Deutschen
Proklamationen verkündeten, es sei Gottes Fügung, daß
nun Deutschland und Österreich zusammengehen, und der
Führer sei ein gottgesandter Wegweiser und Beschützer der
Völker und so weiter. Solche Dokumente kann man zu Tau-

senden heranziehen, während die Opposition nur von einzelnen Pfarrern oder einzelnen Gemeindemitgliedern getragen wurde. Mehr gab es da nicht.

Sie haben schon darauf hingewiesen, daß der Antisemitismus keine Erfindung Hitlers war, sondern in den Traditionen des Abendlandes massiv präsent ist. Ist dieser Antisemitismus in seinen verschiedenen Schattierungen eine Krankheit des Abendlandes?

Der Antisemitismus ist die Parallele oder Ergänzung zum Christentum. Wir dürfen nicht vergessen, daß das Christentum eine Sekte innerhalb des Judentums war. Als diese Religion der Neugläubigen entstand, herrschte eine lebhafte Konkurrenz zwischen beiden Bekenntnissen. Es war die Frage, welches würde sich durchsetzen. Zu diesem Zeitpunkt entstand eine unerhörte Gehässigkeit der Neugläubigen gegen die Altgläubigen. Das ganze neue Testament spricht Bände davon. Das Judentum ist immer das Gegenbild, das andere, der dunkle Schatten, an dem man die eigene blendende Weiße darstellen kann. Dieser Gegensatz zwischen Judentum und Christentum ist die ursprünglichste Quelle des Antisemitismus. Die Juden wurden verfolgt, und die Idee, daß sie die Gottesmörder seien (wobei das Unglück hinzukam, daß sie in der Diaspora inmitten christlicher Gemeinschaften lebten), enthält alle Voraussetzungen, um zum idealen Projektionsschirm zu werden, das heißt alle Schwächen, die die Projizierenden in sich empfinden, werden auf das Opfer der Projektion abgeladen. Ich möchte daran erinnern, daß die Tradition des Antisemitismus vom Mittelalter bis zur Neuzeit reicht. Wenn die Kreuzfahrer einen Kreuzzug unternahmen, plünderten sie als erstes jüdische Siedlungen und vergewaltigten und raubten dort. Die Kirche führte bereits im Mittelalter den gelben Stern ein. Hitler mußte nichts Neues erfinden, auch die Verbrennung von Juden war mittelalterlicher Brauch. In der Geschichte des Nationalsozialismus vergißt man oft, daß da sehr alte kirchliche und religiöse Traditionen in diese moderne Ideologie eingemündet sind. Man kann sagen, hier sind Probleme eines religiösen Gegensatzes und Konkurrenzkampfes weltgeschichtlich geworden.

Eine andere Quelle des Problems ist, wie sich im Laufe der Neuzeit gezeigt hat, daß man sehr viele soziale Spannungen durch den Antisemitismus abschwächen kann. Man muß dem Volk in seiner Not ein Opfer anbieten. Wenn es ökonomische Schwierigkeiten, wenn es Krankheiten wie die Pest oder Epidemien anderer Art gibt, wenn Spannungen entstehen oder die Bedrohung durch den Marxismus, Sozialismus, Kommunismus heraufzieht, dann ist es ein alter Trick der herrschenden Klassen, dem Volk einen Sündenbock auszuliefern, der es beruhigt und beschwichtigt. Es geht nicht um den Kampf gegen den Kapitalismus an sich, sondern der »jüdische Kapitalismus« muß bekämpft werden. Man muß keine Mißstände mehr suchen, man hat sie bereits gefunden. Wir haben hier eine Beschwichtigungsideologie, die jahrhundertelang herangezüchtet wurde, um soziale Risse zu verkleistern.

Wenn ich hier den Antisemitismus attackiere, müssen wir natürlich vorsichtig sein, sofern wir das Problem des Staates Israel mitbedenken. Das muß anders gewertet werden. Wenn heute im Nahen Osten Schwierigkeiten zwischen den arabischen Völkern und Israel entstehen, dann kann man das nicht mit dem abendländischen Antisemitismus vergleichen, denn der Staat Israel ist in gewissem Sinne eine Konsequenz des Nationalsozialismus. Es bringt natürlich ungeheure Komplikationen und Schwierigkeiten mit sich, wenn man – wie die orthodoxen Juden – sagt, wir wollen an eine Tradition anknüpfen und einen Staat dort gründen, wo unser Volk vor 2000 Jahren lebte. Wenn die Araber heute in einem scharfen Gegensatz zu Israel sind, kann man das nicht mit dem Antisemitismus vergleichen, wie wir ihn im Faschismus vorfinden.

Der Antisemitismus verweist auf das Christentum. Für Friedrich Nietzsche war das Christentum ein Verhängnis, eine Geisteskrankheit Europas. Hat also das Christentum summa summarum, wenn man alles gegeneinander abwägt, insbesondere das organisierte Christentum der Kirchen den Boden bereitet, auf dem die Nationalsozialisten nach 2 000 Jahren ihre Endlösung durchsetzen konnten?

Die Einschätzung des Christentums als historische Macht ist sehr schwierig. Es ist ja unendlich mannigfaltig. Es handelt sich um eine Religion, die gegenüber den Religionen des Altertums manche Fortschritte brachte. Entlehnungen aus der griechischen Philosophie haben darin ebenso Aufnahme gefunden wie die Idee der Bruderschaft aller Menschen oder die der Gotteskindschaft. Aber Nietzsche und manch anderer monierten, daß die Leibfeindlichkeit des Christentums zu einem großen Unglück für die europäische Geistesentwicklung wurde.

Sodann war das Christentum eine Religion, die in kultureller Hinsicht nicht gerade hochstehend war. Jedenfalls müssen wir im Christentum eine intolerante Religion mit einem starken Absolutheitsanspruch sehen, den Hitler auf die Politik übertragen konnte. Er hat bestimmte religiöse Vorstellungen fast bewußt verwendet, zum Beispiel das Erlösermodell. Er gab sich als der politische Erlöser, der das Volk zum Heil und zur Gnade führen sollte, als gottgesandter Retter Deutschlands. Er konnte auf religiöse Modelle zurückgreifen, die gewaltige Publikumswirksamkeit beinhalten. Wir müssen also feststellen, daß im Nationalsozialismus vermutlich mehr christliche Elemente wirksam waren, als man heute zugeben will.

*Der Widerstand gegen die Nationalsozialisten war nur
sehr schwach. Wie schätzen Sie in diesem Zusammenhang
die Rolle der Kommunisten, der Sozialisten, der Gewerkschaften, des Preußischen Offizierscorps, der Bekennen-
den Kirche und anderer gesellschaftlicher Kräfte ein?*

Das sind viele Fragen auf einmal. Sie betreffen eine ganze
Reihe von Schichten und Gruppierungen in ihrer Stellung
zum Nationalsozialismus. Prinzipiell möchte ich sagen, daß
die Frontlinie Demokratie-Nationalsozialismus entlang dem
Bürgertum verlief. Ein Großteil des Bürgertums war enorm
anfällig für den Nationalsozialismus. Prinzipieller Widerstand kam fast nur von links. Abgesehen von einigen aufrechten Liberalen oder Humanisten, die sich mit dem Nationalsozialismus in keiner Weise befreunden konnten, waren
es im Prinzip die Kommunisten, Sozialisten und Gewerk-
schafter, die aus vitalen Interessen Widerstand leisten mußten, denn bei ihnen ging es um Tod oder Leben.

Aber auch da möchte ich sagen, daß dieser Widerstand
eigentümlich schwach war. Das Wählerpotential der *Linksparteien* war riesengroß. Wenn man bedenkt, wie leicht
Hitler diese Parteien und *Gewerkschaften* zerschlagen
konnte, dann fragt man sich, ob nicht im Wesen dieser Parteien und Gewerkschaften eine strukturelle Schwäche lag.
Ich meine, sie lag darin, daß diese Parteien und Gruppierungen sehr zentralistisch organisiert waren. Die Arbeitermassen warteten immer auf das Kommando von oben, um
zu streiken oder um Widerstand zu leisten. Da diese
Führungsgruppe sehr unentschieden war, ängstlich und
verzagt, kamen Appelle zum Generalstreik oder zu ähnlichen Protesthaltungen sehr unzeitgemäß, verworren und
hatten keine große Wirksamkeit. Wenn die Linksparteien
ihre Anhängerschaft auf einen Widerstand von unten
geschult hätten, der von den Arbeitern selbst ausging, hätte
Hitler eventuell ein Widerstandsblock entgegengestellt

werden können. Aber das war eben nicht so, und die Führer dieser Parteien waren auch nicht gerade herausragende Persönlichkeiten. Die Kommunisten schauten auf den farblosen Thälmann, der im Konzentrationslager zugrunde ging. Bei den Sozialdemokraten gab es bedeutende Politiker wie Kurt Schumacher, Otto Wels und einige andere, aber auch die Sozialdemokraten waren nicht entschlossen genug, um gegen den Nationalsozialismus wirksam auftreten zu können.

Was das *Offizierscorps* anbetrifft, möchte ich es als eine der großen Blamagen der Geschichte bezeichnen, daß dieses Corps beinahe restlos zu Hitler überging. Das zeigt, wie stark die Untertanenmentalität, die Gewalteinstellung und der politische Konservatismus bei diesen Offizieren war. Hitler köderte sie mit der Aufrüstung und mit der Hoffnung auf einen kommenden Revanchekrieg. Das machte dieses Offizierscorps vollkommen gefügig, so daß der Widerstand erst sehr spät und sehr unbeholfen kam und gar keinen Effekt erzielte.

Von der kirchlichen Seite her wurde die *Bekennende Kirche* gegründet. Aber man übertreibt die Widerstandsleistung dieser religiösen Gruppierung. Denn auch hier muß man sagen: Das Gros der Kirchen war staatsfromm und staatsgläubig und hat Hitler zu 99 Prozent unterstützt.

Der Widerstand war insgesamt gering, der Nationalsozialismus konnte seine Gewalt etablieren, und seine Entschlossenheit zur Machtergreifung und zur Machtausübung hat überhaupt kaum je Anfechtungen erfahren.

Viele Künstler, Schriftsteller, Philosophen und Wissenschaftler, darunter auch Psychologen, sind mehr oder minder aktiv dem Nationalsozialismus gefolgt. Was bedeutet das aus tiefenpsychologischer und kulturanalytischer Sicht? Stehen Gelehrte, wie sie vor allem vom Staat an den

*Universitäten herangezüchtet werden, von ihrer Gesin-
nung her grundsätzlich faschistischen Mentalitäten nahe?*

Die Geschichte hat jedenfalls gelehrt, daß die Intellektuellen für den Faschismus enorm anfällig waren. Ich habe
bereits auf die marxistische Analyse hingewiesen, daß es
sich beim Faschismus um ein Klassenphänomen handelt.
Die ganze bürgerliche Klasse war faschismusanfällig. Der
Faschismus ist ein Kind des Bürgertums angesichts der
Bedrohung durch die Linksparteien. Dementsprechend
kann man sagen, daß sich alle Gelehrten, wenn sie nicht
gerade Sozialisten waren, sehr empfänglich für diesen
Bazillus zeigten. Ich sehe hierin aber auch einen Verfall des
Intellektuellentums im 19. und 20. Jahrhundert. Im 18. Jahrhundert war Gelehrsamkeit mit einer Aufklärergesinnung
verbunden. Das aufstrebende Bürgertum hat Gelehrte hervorgebracht, die sich der Menschheit verpflichtet fühlten
und Kosmopoliten waren, die für die Befreiung aller Menschen eintraten. Aber im 19. und 20. Jahrhundert hat dann
der Nationalismus als Ersatzreligion Platz gegriffen. Alles,
was aus der bürgerlichen Welt stammte, war nationalistisch,
rassistisch und auch imperialistisch imprägniert. Der Großteil der Gelehrten hatte dann für die Hitlersche Botschaft
absolut kein Resistenzpotential. Es waren Spezialisten, die
in ihrem Beruf außerordentlich tüchtig sein konnten, aber
sie waren überfordert, sobald es daranging, eine Stellungnahme für den Fortschritt und für die menschheitliche Entwicklung abzugeben.

Das Autorenpaar Poljakow/Wulf veröffentlichte eine
ganze Reihe von Bänden unter den Titeln *Das Dritte Reich
und seine Musiker, Das Dritte Reich und seine Denker, Das
Dritte Reich und seine Wissenschaftler, Das Dritte Reich
und seine Beamten* und so weiter. Das ist eine Dokumentation, die ich niederschmetternd finde. Es gab ja bekanntlich eine ganze Reihe von Philosophen, die umschwenkten

und leichtmütig »Sieg Heil« riefen. Es ist auch bekannt, daß sogar Physiker von einer »deutschen Physik« schwärmten und die Einsteinsche Physik in Grund und Boden stampfen wollten: Die »deutsche Physik« anerkennt keine Relativität der Zeit und des Raums. Dann natürlich das Beamtentum, das in seiner Staatsgläubigkeit immer der Staatsautorität folgt, die Richter, die Lehrer ... Es war fast ein Massenphänomen. Wie Lemminge stürzten sie in den Abgrund, meinten aber, es sei der Aufstieg zum Heil.

Wir fragen uns also, ob nicht Gelehrte in ihrer Mentalität als Fachidioten weit abkommen von dem, was wir Humanität nennen. Man muß in der Ausbildung von Gelehrten selbstverständlich auf fachliche Tüchtigkeit achten, aber der Rest sollte eine Art *studium generale* sein, damit der Gelehrte auch ein Humanist wird. Sonst ist alle seine Tüchtigkeit im Grunde für die Katz, mißbrauchbar für jeden und alles. Das gilt für alle Diktaturen. Sie scharen immer eine Clique von Gelehrten um sich. Und diese verhalten sich nach dem Spruch: »Wes Brot ich ess', des Lied ich sing'.«

Heidegger und die Politik

Herr Rattner, was ist für Sie neu an den Enthüllungen von Victor Farías, die er in seinem Buch »Heidegger und der Nationalsozialismus« publiziert hat?

Als Herr Farías sein Buch über Heidegger (1989) publizierte, kam aus den Kreisen der Anhänger von Heidegger das Argument, das meiste davon sei immer schon bekannt gewesen. Hans-Georg Gadamer zum Beispiel schrieb einen kurzen Aufsatz und betonte, das hätten wir alles schon gewußt. Es ist schon richtig, daß die politische Vergangenheit von Heidegger seit langem diskutiert wird. Es gibt eine ganze Reihe von Publikationen, in denen in dieselbe Richtung wie bei Victor Farías argumentiert wird. Schon Anfang der sechziger Jahre hat ein Schweizer Privatgelehrter namens Guido Schneeberger Materialien zu Heidegger veröffentlicht, in denen die ganze politische Belastung von Heidegger sehr deutlich zum Vorschein kommt. Dann gibt es Arbeiten von Jürgen Habermas, und zwar eine Kritik des Vortrags von Heidegger anläßlich der Übernahme des Rektorats 1933 in Freiburg und bei anderen Gelegenheiten, in denen er sehr stark auf das Nationalsozialistische bei Heidegger insistiert. Einiges hat auch Karl Löwith in seinen Memoiren *Eine Jugend in Deutschland* mitgeteilt. Dann gibt es einige Aufsätze von Robert Minder, einem französischen Germanisten. Es ist wahr, man hat vieles über Heideggers politische Vergangenheit gewußt. Trotzdem bleibt das Verdienst von Victor Farías unbestritten, denn er ist dem allen sehr im Detail nachgegangen und hat es auch reichlich dokumentiert. Es hat keinen Sinn zu sagen: Wir wuß-

ten das alles schon. Es ist immer sehr verdienstvoll, wenn
man das bereits Geahnte und Gewußte auch faktisch belegen kann. Die Arbeit von Farías wie auch die parallel
erschienene Arbeit von Hugo Ott zeigen doch, daß man mit
genauer Dokumentation vieles beweisen kann, was man
früher nur vermutete.

*Hat Heidegger als Philosoph den Fehler begangen, sich auf
die Politik einzulassen? Hätte er sich nicht besser in seiner
Hütte unterstellen und warten sollen, bis das Gewitter vorbei war, wie es ja auch manche Philosophen raten?*

Sie spielen hier offenbar auf eine Redewendung bei Plato
an, wo es heißt, daß man sich bei politischen Aufständen
verhalten soll wie bei einem Gewitter: Man stellt sich unter
ein Dach und wartet, bis sich das Gewitter verzogen hat.
Nun, ob das die einzig richtige Haltung ist, muß bezweifelt
werden. Denn offenkundig haben Politik und Philosophie
viel miteinander zu tun, und man erwartet von einem Philosophen, daß er das politische Geschehen nicht mit
Gleichgültigkeit oder Abstinenz betrachtet, sondern auch
ein Urteil abgibt. Er soll von der Höhe der Vernunft die politischen Verhältnisse beurteilen und einer Kritik unterzie-
hen. Was Heidegger damals hätte machen können und sollen, das muß man natürlich vorsichtig beschreiben, denn
die damalige Zeit war eine andere als die heutige, und mit
dem Abstand von Jahrzehnten kann man gut anderen Leuten Ratschläge geben. Es ist schon so, daß die damalige Zeit
einen suggestiven Druck auf viele Menschen ausübte,
sofern sie nicht eine pièce de résistance hatten, um den
Verlockungen des Faschismus zu widerstehen. Aber ich
glaube, sich mit dem Nationalsozialismus einzulassen, ist
für einen bedeutenden Kulturträger wie Heidegger, für
einen Philosophen seines Ranges, eine furchtbar blamable
Sache. Bertolt Brecht hat aus der Distanz heraus ein Stück

über den *Arturo Ui* geschrieben, womit Hitler gemeint ist. Er hat darin den Nationalsozialismus richtigerweise mit einem Verbrechersyndikat verglichen. Das Gleichnis stimmt, denn die Nationalsozialisten haben sich von Anfang an ganz deutlich gezeigt, ohne sich zu verstecken. Es war ein Gangstersyndikat, es war politisches Verbrechen unter der Maske des Kleinbürgertums. Wenn jemand dazu eine Affinität hatte, eine geistige Verwandtschaft, dann ist das kaum zu entschuldigen. Wenn jemand schon nicht den Mut hatte, aus Deutschland auszuwandern, was damals schwer war, so war es doch möglich gewesen, in einer Zeit derartiger politischer Unmoralität einfach zu schweigen oder sich in den elfenbeinernen Turm zurückzuziehen und Spezialstudien anzufertigen. Das hätte Heidegger durchaus vertreten können, denn seine Philosophie ist sehr abstrakt, abgehoben und spezialistisch. Er hätte sich nicht in das Getümmel der Politik hineinstürzen müssen. Jedenfalls kann man sagen: Wie immer zu handeln war – und es war schwierig –, *das*, was er tat, hätte Heidegger nicht machen müssen.

Mir fällt dabei immer ein Studentenlied ein, in dem es so launig heißt: Er geriet in einen Sumpf, verlor zwei Stiefel und einen Strumpf. Der Faschismus war ein Sumpf von Anfang an, und das kann niemand beschönigen, indem er sagt, anfangs hätte man Hoffnungen haben können. Wer ein bißchen klarblickend war, sah, mit den Faschisten begannen Kriegsvorbereitung, Bürgerkrieg, Kampf gegen jede soziale, sozialistische und gewerkschaftliche Tendenz. Wer das bejahte, der manifestierte einen bestimmten Charakter und auch eine bestimmte Weltanschauung.

Wenn Heidegger sich in den Elfenbeinturm zurückgezogen hätte, wäre das ja die Haltung gewesen, sich unterzustellen, bis das Gewitter vorbei ist. Hat er aber nicht auch

ethisch versagt, weil er sich eben nicht gegen den Macht-
wahn der Nationalsozialisten stellte? Er hätte zum Beispiel
auswandern können, wie es viele andere getan haben.
Wenn sich ein so berühmter Mann wie Heidegger gegen
den Nationalsozialismus gestellt hätte, wäre das ja von
Gewicht gewesen.

Ja, er hätte auswandern können, aber wir müssen es
eben so sehen: Es entsprach seiner Gesinnung, daß ihm der
Nationalsozialismus imponierte. Das ist eben nicht nur ein
Einzelfall, den wir individuell psychologisch klären können, das hat auch mit Sozialpsychologie zu tun. Die ganze
Professorenschaft, von ganz wenigen Ausnahmen abgesehen, ging mit fliegenden Fahnen zum Nationalsozialismus
über, nicht nur Heidegger – man könnte Hunderte von Beispielen aufzählen. Das zeigt uns, daß die deutsche Intelligenz ein sehr schlechtes Erbe aus der wilhelminischen
Epoche mitbrachte. Damals waren Nationalismus, Chauvi-
nismus und Imperialismus unverkennbar. Alle möglichen
reaktionären Elemente waren in Weltanschauung und Wis-
senschaftsgesinnung eingeflossen. Man kann sich deshalb
kaum vorstellen, daß Heidegger hätte Abstand haben können. Wir müssen es heute so deutlich sagen: Das ist ein
ethisches Versagen, da gibt es nichts zu beschönigen. Wenn
ein Mensch im 20. Jahrhundert Diktatur, Krieg, Nieder-
knüppelung Andersdenkender, Vorurteilsdenken, Rassismus und so weiter bejaht, dann ist in der Tiefe seiner Seele
ein schwerer unmoralischer Rest, also etwas Egozentrisches
und Machtwahnsinniges. So würde ich das beurteilen,
anders scheint es mir gar nicht möglich.

Man kann Heidegger mit Nicolai Hartmann vergleichen,
der vielleicht in einer ähnlichen Lage war, aber anders rea-
gierte. Wobei ich mir nicht ganz sicher bin, wir haben ja
keine Nicolai Hartmann-Dokumentation. Hartmann war
während der NS-Zeit Professor in Berlin. Wie ich die Natio-

nalsozialisten kenne, hätten sie einen Gegner nicht in einer so einflußreichen Stellung belassen. Aber immerhin, über Hartmann ist nichts bekannt, was dieser dynamischen, fanatischen Zustimmung von Heidegger in etwa entsprechen würde. Ein anderes Beispiel wäre Karl Jaspers, aber das Beispiel trägt nicht. Jaspers hatte eine jüdische Frau, wurde emeritiert und konnte deshalb dem Nationalsozialismus nicht zustimmen. Ich frage mich, ob nicht Jaspers andernfalls auch mit fliegenden Fahnen zur nationalsozialistischen Bewegung übergegangen wäre, denn sein berühmtes Büchlein *Die geistige Situation der Zeit* (1930) enthält viele reaktionäre Elemente. Als Heidegger 1933 seine schreckliche Rektoratsrede hielt, in der er sich vor aller Welt zum Nationalsozialismus bekannte, hat Jaspers ihm einen sehr lobenden, wohlwollenden Brief geschrieben. Das imponierte ihm offenbar, bis ihn das Schicksal selbst ereilte. Dann wurde er wohl zum unfreiwilligen Widerständler.

Heidegger ist nicht in die innere Emigration gegangen, sondern hat ganz bewußt für die Nationalsozialisten gearbeitet. Hochschulpolitische Entscheidungsspielräume wurden von ihm für die Stärkung des Nationalsozialismus genutzt. Auch seine Philosophie, wie er sie in »Sein und Zeit« konzipiert hatte, wurde von ihm in diesem Sinn interpretiert. Das zeigt Victor Farías deutlich auf. Ist damit auch Heideggers Existenzialphilosophie als Ausdruck einer antihumanistischen Gesinnung entlarvt?

Von Heidegger wissen wir, daß er ein gespanntes Verhältnis zur Ethik hatte. Er hat nie eine Ethik formuliert. Seine Meinung war, daß er das nicht nötig habe. In gewissem Sinn ist in seiner Lehre implizit doch eine Ethik enthalten. Auch wenn er sich noch so sehr dagegen wehrte. Es gibt da diese Kontrastmalerei zwischen den vermaßten

Menschen, dem Man-Selbst-Sein, und der eigentlichen Existenz des in sich ruhenden, auf sich selbst gestellten Menschen, der heroisch lebt. Wenn das keine Ethik sein soll, dann würde ich mich sehr wundern. Aber nun, nachdem wir Heideggers politisches Handeln vor Augen haben, erhebt sich die Frage, ob diese Philosophie nicht eine innere Verwandtschaft zum Nationalsozialismus hat. Das ist tatsächlich die Meinung mancher Autoren. Ein Autor namens Paul Hühnerfeld hat das unter dem Titel *In Sachen Heidegger* auch schon erwähnt. Winfried Franzen geht auch in diese Richtung, Robert Minder denkt ebenso. Ich würde unterschreiben, daß diese Existenzialphilosophie eine gewisse Nähe zum religiösen Weltbild aufweist. Man darf nie vergessen: Als Heidegger dieses Buch in Marburg ausarbeitete (er war dort außerordentlicher Professor von 1923 bis 1928), hat er sich sehr intensiv mit Religion beschäftigt. Er war damals Atheist oder etwas Ähnliches, studierte aber gründlich Augustinus, Luther, Pascal und Kierkegaard. Aus den Büchern dieser Autoren hat er die eigentümliche Stimmung destilliert, die über seinem Hauptwerk *Sein und Zeit* liegt. Wer es genau liest, der spürt, daß darin eine Art Ausgesetztheit des Menschen in der Welt beschrieben wird. Das erinnert an theologische Texte, auch die Betonung der Angst, der Schuld, der Schuldhaftigkeit, des Gewissens und so weiter. Das alles hat eine Nähe zum religiösen Denken.

Ein anderer Punkt, der von Hugo Ott erwähnt wird, dessen Buch *Auf dem Wege zu einer Heidegger-Biographie* ebenfalls kürzlich erschien, ist ein eigentümliches Verlangen bei Heidegger nach Schwere und Härte. Und das ist auch in *Sein und Zeit* enthalten. Der Leser wird unverhohlen aufgefordert, sich nicht ins alltägliche Leben einzuschalten, sondern heroisch und tapfer zu sein – Vorlaufen zum Tode, Kampf, Entscheidung und so weiter. Das sind reaktionäre Töne, die man auf den ersten Blick nicht so unbedingt wahrnimmt, aber es bestehen Parallelen zu zeitgenössischen Phänomenen wie zum Beispiel zur Schriftstellerei von Ernst Jünger oder zur Jurisprudenz von Carl Schmitt, dem Kronjuristen des Dritten Reiches, und manchen anderen. Diese Mentalität in *Sein und Zeit* ist nicht so einmalig, wie man glaubt, sie ist mit einem Zeitkolorit versehen. Es ist das reaktionäre Denken der Weimarer Republik, das sich in Heideggers Werk sublim darstellt.

Das ist auch die Frage nach dem Verhältnis von Leben und Werk eines Philosophen. Was läßt sich da am Ende voneinander trennen, und welche Gleichförmigkeiten sind jeweils zu vermuten?

Wir betonen immer, daß ein Zusammenhang zwischen Leben und Werk besteht. Es ist ja fast eine Trivialität. Wie soll ein Philosoph von seinem Leben abstrahieren, wenn er sein Bild des Menschen, der Politik, des Seins oder was immer zeichnet? Er muß doch seine Erfahrungen aus dem eigenen Leben nehmen, aus seiner Lebenswelt, er kann sie ja nicht vom Himmel herunterholen. Ich neige sehr dazu, in Nietzsches Spuren zu wandeln, der behauptet hat, jede Philosophie sei eine Art geheime Memoiren ihres Autors. Wenn man sie gut studiert, dann könne man das Leben des Philosophen hinter seinen komplizierten, verschachtelten Sätzen und hinter seinen abstrakten Ansichten registrieren. Wenn eine Philosophie also durch eine so wacklige Persönlichkeitsstruktur gedeckt wird, dann muß auch sie selbst etwas Wackeliges haben – oder umgekehrt. Die Forderung, die wir an einen Philosophen stellen müssen, ist, daß er seine Zeit ein bißchen überragt. Friedrich Nietzsche sagt: Ich mache mir nur aus Philosophen etwas, die irgendwo vorangehen – nicht auf allen Gebieten, das kann kein Mensch, aber doch in einem Punkt ausbrechen und Neues erobern.

Bei Heidegger müssen wir den Nationalsozialismus als einen »Sturz in den Konformismus« ansehen, eine Anpassung an die bestehende Macht. Das wundert uns sehr, da doch Heidegger in *Sein und Zeit* unerhört gegen das Man-Selbst-Sein polemisiert, gegen die Anpasser, gegen die Konformisten, die so wie alle denken. Aber das ist für uns Psychologen nicht so rätselhaft, denn die Masse ist immer um eine Person größer, als ihr Kritiker meint. Nämlich er selbst gehört dazu. Darum sollte man nie glauben, wenn ein Philosoph gegen die Masse schnödet, daß er deshalb außerhalb der Masse steht. Das kennen wir, daß man oft das kritisiert, woran man selber krankt. Wenn Heidegger politisch einen solchen Sündenfall tat, dann müssen wir seine Philosophie eben kritisch bewerten, wobei ich glaube, daß das eigentlich zwei Philosophien sind. Der Heidegger bis 1933 ist ein anderer als der von 1933 bis zu seinem Lebensende. Denn vor 1933 sind noch hohe intellektuelle Zucht, Scharfsinn, Kühnheit und manches andere mehr in seinem Werk.

Ich erkläre mir das so, daß Heidegger bis zu diesem Zeitpunkt im Lichtkreis von Edmund Husserl stand. Heidegger war ein Anlehnungstyp, und solange er sich an Husserl anlehnte, hat er dessen beispiellose intellektuelle Redlichkeit, dessen Aufrichtigkeit und Geradlinigkeit irgendwie übernommen. Die Beziehung zu Husserl lockerte sich schon in den zwanziger Jahren, nachdem ihm Husserl ein Ordinariat verschafft hatte. Husserl liebte ihn wie einen Sohn, wie einen Fortsetzer seines Werkes; aber Heidegger liebte Husserl nicht. Schon in der Zeit, als ihn Husserl protegierte, schrieb er in Briefen an Jaspers furchtbar häßliche Bemerkungen nieder, schlug auch antisemitische Töne an. Als er dann aus dem Lichte von Husserls Strahlung entrann, geriet er in eine andere Anlehnung und Abhängigkeit. Und die war von Übel – es war der Zeitgeist.

Darum würde ich den Heidegger nach 1933 ganz anders einschätzen.

Sie haben bereits darauf hingewiesen, daß der Gelehrte Heidegger kein Einzelfall war, was die Anfälligkeit deutscher Gelehrter für reaktionäre oder faschistische Ideologien anbetrifft. Heidegger wollte zurück zu den Ursprüngen des Philosophierens. Er kannte die alten griechischen Texte offenbar besser als die brennenden Fragen seiner Zeit. Leistet ein traditionelles bildungsbürgerliches Studium der antiken Welt einer faschistischen Persönlichkeitsentwicklung Vorschub?

Das ist nicht leicht zu beantworten. Wir alle sagen heute, daß die Griechen die Schöpfer der europäischen Vernunft sind. Die deutsche Geistigkeit wandte sich seit dem 18. Jahrhundert mit Recht den Griechen zu. Der Weg nach Griechenland war für viele offen: Winckelmann, Goethe, Nietzsche und hunderte andere. Wir lernen heute noch von den Griechen, sie sind die Vorbilder und Meister des Denkens und der Kunst, vielfach auch der Lebensgestaltung und anderes mehr.

Aber man muß da vorsichtig sein. Die Griechen lebten vor 2 500 Jahren, und das waren doch sehr barbarische Zeiten. Wer die Griechen lobt und übernimmt, muß sehr auswählen. Ich erinnere nur daran, daß zum Beispiel Plato unverkennbar ein Präfaschist war. Schon sein politisches Hauptwerk *Der Staat*, aber noch viel direkter sein Alterswerk *Die Gesetze* enthalten faschistisches Gedankengut in Reinkultur. Wenn man das blindlings übernimmt, hat man mit dem Namen Plato eine wunderbare Rechtfertigung für jeden Terror und jede Diktatur. Für Aristoteles ist es überhaupt kein Schwanken, im Sklaven ein menschliches Werkzeug zu sehen, das man auch wegwerfen und zerstören kann, denn das sei ja kein Mensch, das ist nur ein Sklave.

Die Griechen sind Vorbilder, aber ihre Humanität hat
Lücken. Vielleicht müßte man da die Stoa ausnehmen.
Auch das ist griechische Philosophie, die erstmals die
Ebenbürtigkeit aller Menschen dieser Erde und ihre Bruderschaft betont hat. Das hat übrigens das Christentum
übernommen und sich damit gebrüstet, daß hier die Gotteskindschaft aller Menschen entdeckt wurde. Nein, das ist
stoisches Erbteil, aber im Gesamten muß man also Griechenland dosieren. Man muß sich anregen lassen, aber
doch wissen, daß da nicht aller Weisheit letzter Schluß zu
finden ist.

Wenn sich jemand die Griechen und ihre Kultur aneignet, dann holt er sich von ihnen das, was ihm paßt, was
ihm entspricht. So wie Goethe im *Faust* sagt: »Was ihr den
Geist der Zeiten heißt, das ist der Herren eigner Geist, in
dem die Zeiten sich bespiegeln.« Die reaktionären deutschen Professoren wie Wilamowitz-Moellendorff und sehr
viele andere klassische Philologen – Werner Jäger nur in
Grenzen, den möchte ich ausnehmen – suchten im Grie-
chentum eine Rechtfertigung des Wilhelminismus, des
Militarismus, des Nationalismus oder der ständisch geglie-
derten Gesellschaft. Da müssen wir eben vorsichtig sein.
Jeder, der sagt, das wahre Erkennen und Denken fand
irgendwann einmal in der Vergangenheit statt – Heidegger
sagt: Bei den Vorsokratikern, da gab es noch die rechte
Seinserkenntnis, und alles andere seither, seit 600 v.d.Z.,
ist Verfallsgeschichte –, erinnert mich immer an das religiöse Weltbild: Vor zweitausend Jahren weilte Gottes Sohn
auf Erden, und seither ist die Welt sündig. Dieser Topos,
diese Begriffsart, diese Modellform ist eben eine konser-
vativ-religiöse Denkweise, die ich nur in Grenzen mitmachen würde. Die Griechen sind vorbildlich, aber mit
Maßen. Die Wahrheit irgendwo in der Vergangenheit anzu-
setzen, dient oft einem gehässigen Affekt, um die Gegen-

wart zu entwerten. Das finden wir bei Heidegger sehr deutlich, vor allem, als es mit dem Nationalsozialismus schief ging. Ein anderes Beispiel für diesen gehässigen Affekt ist Oswald Spengler. Deutschland hatte 1918 den Ersten Weltkrieg verloren, und Spengler publizierte ein vielgelesenes Buch mit dem Titel *Der Untergang des Abendlandes*. Diese Wendung gegen die Gegenwart ist sehr oft ein reaktionärer Affekt.

Heidegger hat sich, das zeigt Farías, mit Abraham a Santa Clara identifiziert. Das ist auch wieder die religiöse Struktur. Ein kommendes Zeitalter wird prophezeit. Heidegger war im Sinne Schopenhauers ein Staatsphilosoph. Sollten die philosophischen Fakultäten an den Universitäten nicht besser abgeschafft werden, wenn überwiegend Gelehrte wie Heidegger aus ihnen hervorgehen?

Sie spielen hier auf Schopenhauers Essay *Über die Universitätsphilosophie* in *Parerga und Paralipomena* aus dem Jahre 1851 an. Schopenhauer war ein wütender Gegner der Universitätsprofessoren. Er hat es ja selber nicht geschafft, einer zu werden, wäre es vielleicht liebend gern geworden. So goß er die Schale seines Zornes und seines Unmuts über alle Hochschulprofessoren aus. Auch die Wut und der Zorn können manchmal richtig sehen, also ist das kein Gegenargument gegen Schopenhauer. Aber wir müssen hier abwägen. In der Geschichte der neueren Philosophie waren sehr große Philosophen außerhalb der Universität, zum Beispiel Descartes, Spinoza, Locke, Hume, Rousseau, Voltaire, dann Marx, Feuerbach, Schopenhauer, Nietzsche oder in unserer Zeit Sartre. Alle standen außerhalb der Universität. Bertrand Russell hat es mit der Universität probiert, kam aber in große Schwierigkeiten. Als er in New York Professor werden wollte, warf man ihm seine Unmoral vor; völliger Unfug. Es könnte wahr sein, daß die elitärste Clique der Philosophen eher außerhalb der Universität zu finden ist.

Dem steht entgegen, daß es auch sehr bedeutende Universitätsphilosophen gab: Kant, Fichte, Hegel, Schelling, Dilthey, Husserl. Man könnte da zwei Schalen füllen, und vielleicht würden sie sich einigermaßen die Waage halten. Wobei in Deutschland manche Universitätsphilosophen durchaus freiheitlich gesinnt waren, aber das Gros ist schon ziemlich reaktionär gewesen. Kant sticht hervor als ein echter Republikaner, Fichte war republikanisch, wurde aber zum wütenden Chauvinisten, als Napoleon kam, und Hegel wurde ein reaktionärer Staatsphilosoph. Es ist schwer zu entscheiden. Meine Meinung ist die: Wenn der Staat mit seinen Institutionen Professoren wählt, dann wird er wahrscheinlich die Mittelklasse bevorzugen. Überragende Geister sind bei ihm nicht beliebt. Auch gibt es davon gar nicht so viele. Er muß sich auf eine breite Menge stützen, wenn er so viele Lehrstühle besetzen will. Wahrscheinlich sind die meisten Universitätsphilosophen guter Mittelstand. Das schadet nichts. Sie können ihren Schülern das Handwerkszeug beibringen. Sie können die Geschichte der Philosophie lehren. Aber es ist fraglich, ob dabei die großen Philosophen heranwachsen. Es muß einer schon sehr groß sein, daß der Staat ihn doch akzeptiert. Bei Husserl war es leicht, denn er war unpolitisch und eigentlich auch national, nationalistisch beinahe. Über Heidegger sprechen wir ja gerade. Aber sobald einer sehr kritisch wird und sich auch außerhalb der bestehenden Welt stellt, wird ihm der Ruhm nicht so bald blühen. Eigentlich müßte man die Geschichte von Herrn Keuner bei Brecht anwenden: Herr Keuner trifft einmal einen Menschen, und der sagt ihm: Herr Keuner, ich habe Sie schon zwei Jahre nicht gesehen, Sie haben sich gar nicht verändert. Da wird Herr Keuner blaß. So müßte man fast sagen: Wenn ein Philosoph bei der

Mehrheit seiner Zeitgenossen Anklang findet, müßte er blaß vor Scham werden. Welchen Stumpfsinn erzählt er denn, daß er so schnell ankommt? Wenn die Welt nicht zwanzig oder dreißig Jahre braucht, bis sie sieht, was ein Philosoph ihr bringt – die dumme einfältige Welt, die vorurteilsbehaftete –, dann sind immer Zweifel angebracht, ob er wirklich so groß ist, wie es scheint. – Also, ich kann es nicht entscheiden, was Sie fragen.

Es war ja auch eher provokant gemeint, um die Debatte anzuregen. Herr Rattner, Sie sind in jungen Jahren, kurz nach dem Zweiten Weltkrieg, in Zürich mit einer Arbeit über Heidegger promoviert worden. Was hatte Sie seinerzeit motiviert, über diesen Philosophen zu arbeiten? Wie war die Stimmungslage, wie sprach man seinerzeit über Heidegger?

Ich hatte eigentlich meinen Schwerpunkt in der Psychologie, wie es dann auch meine Lebensführung und mein Lebenslauf bestätigt haben. Aber es war nicht leicht in der Psychologie zu doktorieren, es wurden damals eher philosophische Arbeiten bevorzugt. Ich hatte große philosophische Interessen. Mein eigentliches Ideal wäre gewesen, eine Arbeit über die Psychologie bei Nietzsche zu schreiben. Aber ich schaffte es nicht, es war zu schwierig. Das sagte mir damals auch einer meiner Mentoren, es sei eine »Viechsarbeit«, ich solle sie lassen. Dann hätte ich gerne über Jean-Paul Sartre geschrieben, aber Sartre war damals noch nicht übersetzt. *Das Sein und das Nichts* lag nur französisch vor. Ich kann leidlich Französisch sprechen, aber *Das Sein und das Nichts* im Original lesen, da muß man schon enorm gute Sprachkenntnisse besitzen. Ich scheiterte. So blieb Heidegger, der damals berühmt wurde. Er stand im Mittelpunkt aller Gespräche. Man sagte, das ist ein Geheimtip, das ist die Philosophie der Zeit. Ich war auch

beeinflußt durch Emil Staiger, den berühmten Literaturin-
terpreten, bei dem ich studiert habe. Er war ein Heidegger-
Schüler, und es gab noch andere Heideggerianer an der
Universität Zürich. Als griffiges Thema bot sich *Das Menschenbild bei Heidegger* an. Ich konnte das in einem Zug
schreiben, das war möglich, und was ich eigentlich dabei
suchte, war irgendeine moderne philosophische Anthropologie, eine Menschenkunde, die ich in meiner psychotherapeutischen Praxis und bei meinen psychologischen
Studien gebrauchen könnte. Das hat sich dann auch
bewährt, ich habe viel gelernt dabei. Ich würde heute noch
sagen, daß es eine richtige Wahl war, denn man will sich ja
in die zeitgenössische Debatte einschalten, und an Heidegger kann man nicht vorbei. Es war klar, wer Phänome-
nologie oder Lebensphilosophie oder Existentialismus verstehen wollte, der mußte sich mit Heidegger befassen. Das
entsprach dem damaligen Zeitgeist an der Universität.

*Mit Medard Boss und der Daseinsanalyse hat Heideggers
Existentialphilosophie sogar in der Tiefenpsychologie Schule gemacht. Boss war eng mit Heidegger befreundet. Nun
ist der Konservativismus der Daseinsanalytiker kein
Geheimnis. Wirft der Skandal um Heidegger auch seine
Schatten auf die Daseinsanalyse?*
     Das glaube ich wohl. Aber ich fürchte, die Daseinsanaly-
tiker um Medard Boss sind so gläubige Heideggerianer, daß
sie sich davon nicht beeindrucken lassen werden. Jedenfalls
hat mir Boss in einem Gespräch persönlich gesagt, man
habe Heidegger grundlos gequält, und er selbst habe alle
Akten an der Universität durchgesehen, es sei überhaupt
keine Belastung zu finden, das alles seien nur Phantome.
Ich frage mich, wie sich Boss und seine Mitarbeiter zu dem
reichen Material, das Hugo Ott und Victor Farías ausbreiten,
verhalten werden. Wie gesagt, die Beziehung von Boss zu

Heidegger ist eine Schüler-Lehrer-Beziehung; sie dauerte fast 35 Jahre oder mehr. Heidegger wurde von Boss in der Kriegszeit entdeckt, um 1940, und von da an wandelte er in seinen Fußstapfen und hat auch eine sehr enge persönliche Beziehung aufgebaut. Ich verstehe, daß sich die Daseins-analytiker bei Heidegger gut aufgehoben fühlen, sie stammen teilweise aus dem Katholizismus, aus der religiösen Weltanschauung, sie sind Schweizer Kleinbürger, Nationalisten. Es ist gar kein kulturkritischer Elan bei ihnen.

Ich sage das bei einiger Wertschätzung dieser tiefenpsychologischen Richtung. Ich glaube, daß die Daseinsanalyse bei Ludwig Binswanger und Medard Boss psychotherapeutische und theoretische Fortschritte gebracht hat. Sie hat viele Einseitigkeiten der Psychoanalyse aufs Korn genommen, wie ich es auch tue, zum Beispiel den Materialismus, den Positivismus der Psychoanalyse, dann manche Behandlungstechniken und Deutungsweisen, die skurril sind. Boss war in seinem Fach bestimmt ein gründlicher und anerkennenswerter Forscher. Die Daseinsanalyse hat die Psychoanalyse modifiziert, aber dabei die kulturkritische Ideenwelt von Freud über Bord geworfen. Alles, was an Freud Aufklärung, geistiger Fortschritt und Vorurteilskritik ist, wird unter den Tisch gefegt, und dann wird mit Heidegger die Psychoanalyse modifiziert. Manchmal sehr klug, sehr eindringlich, aber es sind eben doch Kleinbürger, die das Spezialistentum bevorzugen. Die weltanschauliche Seite der Psychoanalyse geht verloren. Ich habe das oft genug deutlich gemacht, aber wir leben in einer Restaurationszeit, das Fortschrittliche, das Kritische ist gar nicht mehr so beliebt. 1968 gab es einen pseudomarxistischen Aufschwung, aber der war auch nicht von Dauer oder von großem Wert. In einer Restaurationszeit haben es die Konformisten, die Kleinbürger, die engbegrenzten Geister viel leichter als die wirklichen Kritiker.

*Herr Rattner, Sie haben bisher das Studium von Heideggers
Existentialphilosophie als Grundlagenstudium ihrer »Verstehenden Tiefenpsychologie und Kulturanalyse« empfoh-
len. Machen Sie jetzt, nach den Enthüllungen von Victor
Farías, Abstriche?*

Ich habe bereits unterschieden zwischen einem frühen
und einem späten Heidegger. Den frühen würde ich heute
noch jedem Studenten der Psychologie ans Herz legen. Er
lernt da viel Grundlagenkritik und auch philosophische
Besinnung auf die psychologischen Grundbegriffe. Das ist
wirklich eine Schulung, die man nicht missen möchte. Aber
ich würde doch sagen, daß man etwa bei Sartre noch mehr
lernen kann, der Psychologie und Philosophie viel besser
verschmolzen hat als sein angeblicher Lehrer Heidegger.
Denn vergessen wir nicht, *Sein und Zeit* ist eine wunderbare Analyse des menschlichen Daseins, aber der menschliche Leib, die Leibhaftigkeit des Menschen wird mit keinem Wort erwähnt, nicht zu reden von der Sexualität, die
gibt es gar nicht beim Heideggerschen Menschen. Nehmen
Sie dann als Vergleich Jean-Paul Sartres Hauptwerk *Das
Sein und das Nichts* aus dem Jahre 1943. Da finden Sie
außerordentlich breite Partien über die existentielle Bedeutung der Sexualität, über die Zwischenmenschlichkeit, über
viele Modifikationen des menschlichen Seins, die Heidegger nirgends anvisierte. Wir wissen ja, daß Heidegger fast
einen Haß auf die Psychologie hatte, auch auf die Soziologie und auf die Anthropologie, denn für ihn waren das Wissenschaften, die den Menschen »begaffen«, so drückte er
sich aus. Aber das ist völliger Unsinn, denn Psychoanalyse
und Existentialismus gehen von verschiedenen Seiten auf
dasselbe Thema zu. Darum ist es sehr gut, wenn man sie
zur Synthese bringt. Auch Merleau-Ponty hat manches ein-
drücklicher dargestellt als Heidegger. Wenn schon Heidegger, dann ergänzt durch Sartre, Merleau-Ponty, und oft muß

man sogar zu Husserl zurückgehen, der zwar abstrakter denkt, aber auch sehr großartige Analysen vorlegte.

Victor Farías' politische Biographie Heideggers arbeitet implizit mit tiefenpsychologischen Kategorien, daran geht heute offenbar ein guter Biograph nicht mehr vorbei. Er beschreibt genau das konservative, katholische Milieu, aus dem heraus Heidegger seinen Lebensstil ausbildete. Er beschreibt einen ehrgeizigen Spießbürger, der sich zeitweise zum geistigen Führer einer arischen Herrenrasse berufen fühlte, an deren Wesen die Welt genesen sollte. Trifft Victor Farías mit seiner Beschreibung von Heideggers Charakter den Kern von dessen Person?

Man kann die Befunde von Victor Farías und auch von Hugo Ott durch die Psychoanalyse ergänzen. Beide haben keine genaue Kenntnis der Psychoanalyse, und es ist offenkundig, daß da noch einige Punkte anzuvisieren wären. Wenn ich vor der Aufgabe stehen würde, im Rahmen einer Teamarbeit vor allem den tiefenpsychologischen Gesichtspunkt geltend zu machen, dann würde ich als Charakterologe sprechen. Man muß allerdings vorsichtig sein. Philosophie und Psychologie sind getrennte Disziplinen, keine darf der anderen das Wasser völlig abgraben, sonst macht der Psychologe in »Psychologismus«. Wenn ich jetzt bei Heidegger Einwände gegen seinen Charakter formuliere, betrifft das noch nicht die Wahrhaftigkeit seiner Philosophie. Es kann möglich sein, daß manches außerordentlich gut zutrifft, auch wenn der Charakter ins Zwielicht gerät.

Meine Idee bei Heidegger ist die: Wir sollten die Kindheit schärfer ins Auge fassen. Er stammte aus sehr armseligen Verhältnissen und war ein Aufsteiger. Nun, dagegen ist nichts einzuwenden, aber oft entsteht in solchen Aufsteigern ein wahnwitziger Ehrgeiz. Wer von tief unten kommt, will ganz hoch oben sein, und bei einem Übermaß von Ehr-

geiz gehen die Gefühle zu Schanden. Die Gefühle werden
unterdrückt, denn die hemmen den Aufstieg. So kann es
sein, daß jemand mit einer gewaltigen Arbeitskraft intel-
lektuell großartig und emotional kümmerlich ist. Das ist oft
der Preis für den Aufstieg. Das würde ich bei Heidegger
sehr vermuten, denn die Art, wie er zum Nationalsozialismus überging, seine furchtbar häßliche Denunziantentätig-
keit – die klar geworden ist in einer ganzen Reihe von Fällen, Angeberei im Falle Staudinger, Baumgarten, Max Mül-
ler und anderen –, das ist nicht mehr mit gutbürgerlichen
Worten zu charakterisieren, das ist eine Schweinerei. Das
ist der Aufsteiger, der die Moral über Bord wirft, um ganz
oben zu sein.

Die andere Seite, die ich erwähnen möchte, ist mit dem
Begriff Analcharakter zu umschreiben. Das ist ein Begriff
der Psychoanalyse. Es handelt sich um eine Art Stecken-
bleiben in einer frühen Libidoentwicklung. Man erreicht
nicht das Stadium der Reife, des Eros, der Genitalität. Der
Zwangscharakter ist reinlich, ordnungsliebend, gewissen-
haft, tüchtig, aber alles in der rationalen Schicht, das Emotionale fehlt. Dieses Anale sehe ich bei Heidegger in seinem
Verhalten – es wäre schon fast mit Kotausdrücken zu
bezeichnen, was da alles geschah –, zum andern auch in
der eigentümlichen Gefühlsferne seiner Analysen. In *Sein
und Zeit* fehlt Sexualität, der Leib fehlt, auch das Gefühl ist
nicht da, sondern eine verkrampfte Willenshaltung. Das
nennen wir Analcharakter: Kampf, Krampf, Vorlaufen zum
Tode, Härte, Schwere, grenzenlose Anstrengung … So
tönte es auch in Heideggers Reden vor der Studentenschaft.
Das nennt Ott das Verlangen nach Härte und Schwere.
Dann würde ich diesen Analcharakter auch in der Art
sehen, wie Heidegger mit der Sprache umgeht: Er zerhackt
sie, er zertrennt sie, er zerteilt sie, es ist kein liebevolles Verhältnis zur Sprache. Analcharakter heißt zerteilen, zerglie-

dern, detaillieren. Das wurde auch von manchen Philologen und Literaturwissenschaftlern glossiert. Walter Muschg,
der große schweizerische Literaturwissenschaftler, machte
seinen Spott daraus, wie die Heidegger-Schüler jede Vokabel zerteilen. Man sagt dann nicht mehr Abendland für
Europa, sondern Abend-Land, als ob das nun tiefsinnig
wäre. Diese Art Heideggers, mit der Sprache umzugehen,
hat etwas Gewaltsames, wie sein ganzer Charakter. Und
das paßte auch zum Nationalsozialismus. Die ganze Hitle-
rei war eine anale Dreckbewegung, eine politische Dreck-
schleuderei, beispielsweise die Art, wie man mit den Geg-
nern umging, die in die Sphäre des Ungeziefers verwiesen
wurden. Heidegger als Analcharakter paßte zur analsadi-
stischen Welt des Faschismus.

*Das ist eine tiefenpsychologische Charakteranalyse, die Sie
hier anvisieren. Nun stehen Sie mit Ihren Arbeiten auch in
der Tradition von Wilhelm Dilthey, der erste Schritte in
Richtung einer Philosophie der Philosophien unternahm.
Dazu haben Sie auch schon einige Gedanken geäußert.
Ihr Anliegen einer tiefenpsychologischen Analyse von Weltanschauungen zielt in diese Richtung. Kann neben der
Person Heideggers auch seine Existentialphilosophie tiefenpsychologisch gedeutet werden?*

Ich habe bereits Abstand genommen vom Psychologismus; wir nennen das die Grenzüberschreitung der Psychologen, die glauben, daß man alle Fragen psychologisch
klären und lösen kann. Das glaube ich nicht. Aber wenn ich
in einem Team arbeiten würde, in dem Politologen, Philosophen und so weiter eine solche Richtung wie die Existenzphilosophie zu deuten versuchten, hätte ich als Tiefenpsychologe auch meinen Beitrag zu leisten. Das wäre dann
eine begrenzte Perspektive, aber es bringt etwas. Ich will nur
ein kurzes Beispiel geben: Heidegger hat anfänglich sehr

realistisch philosophiert. Es war eine wirkliche Phänome-
nologie der Existenz, die er in *Sein und Zeit* bot, aber ab
1933 ging es dann immer mehr ins Mystische und Geheim-
nisvolle. Das ist die berühmte Kehre der Heideggerschen
Philosophie, die Wende vom Dasein, vom Menschen, zum
Sein. Und nun wird also die Geschichte des Seins erläutert,
das geht oft ins Unfaßbare, da versagt auch die Sprache.

Ich habe den Eindruck, daß diese späte Seins-Philoso-
phie von Heidegger eine verschämte, versteckte Theologie
ist. Denn was er als Sein vorstellt, ist zwar den Göttern über-
geordnet, und das Sein schickt einen Gott oder verweigert
einen Gott, aber letzten Endes ist es doch mit allen Eigenschaften der Göttlichkeit behaftet. Nachdem die Anlehnung
an Husserl nicht mehr da war und der Nationalsozialismus
auch nicht ganz das wurde, was Heidegger sich erträumt
hatte (obwohl er bis 1945 in der NSDAP blieb und gar nicht
so bald ausstieg, wie seine Schüler meinen), kam die
Anlehnung an die Kindheitsprägung, an die Religion und
die Theologie. Der späte Heidegger, der bei Theologen
immer beliebt war und ist, dröhnt nun mit solchen geheim-
nisvollen Vokabeln und Worten, daß wir eine Rückwen-
dung zur Religion sehen. Das ist dann wieder der autoritäre, konformistische Charakter. Irgendwo muß er sich anleh-
nen, und er ist gar nicht gegen die Mächte der Zeit. Eine
Philosophie der Philosophie, im Sinne Wilhelm Diltheys,
oder Psychologie der Philosophie könnte manche Aspekte
sichtbar machen, von denen Philosophen bei uns etwas
lernten. Daß wir bei den Philosophen noch viel mehr lernen könnten, das ist unbestritten.

Ich will noch einmal zurückkommen auf die Verantwor-
tung von Heidegger, auf seine Lebensführung im Hinblick
auf eine humanistische Ethik. Wenn Personen wie Heideg-
ger, die Muße genug hätten, über Möglichkeiten einer

friedlichen Menschheitsentwicklung nachzudenken, auf diese Art entgleisen, bleibt dann noch eine Hoffnung, daß Wege in eine sinnvolle Zukunft überhaupt gangbar sind?

Wenn ich jetzt so starke Kritik an Heidegger übe, muß ich natürlich eine tiefenpsychologische Regel im Auge behalten. Wir in der Tiefenpsychologie spiegeln uns ja immer in dem Gegenüber, damit wir nicht in Größenwahn verfallen. Es ist natürlich leicht, von heute aus zu kritisieren. Ob ich selbst in der damaligen Situation bestanden hätte, möchte ich mit einem Fragezeichen versehen. Es hat keinen Sinn, sich zu überheben. Wenn man sich auf die »Gnade der späten Geburt« bezieht, dann war man eben nicht der Prüfung ausgesetzt.

Aber der Fall Heidegger zeigt uns eben wie so manch andere Fälle – auch Sartre hatte ja eine Zeitlang mit dem Kommunismus geliebäugelt, und bei einiger politischer Klugheit hätte er das sein lassen können –, wie schwer es ist, ein aufrechter Geist zu sein, einen aufrechten Gang zu bewahren. Es braucht offenbar Hunderte von guten Bedingungen, daß jemand nicht dem Konformismus erliegt, daß nicht den Zeitströmungen gehuldigt wird, daß man kein Anpasser wird. Es ist leicht, wie Heidegger in *Sein und Zeit* das freie Individuum hervorzuheben; es zu leben, es zu sein, das ist eben sehr schwierig. Aber Pessimist zu sein hat keinen Sinn. Wir sollten uns fragen, warum unser Bildungswesen so wenig kühne, freie Geister hervorbringt, und ob man das in Zukunft ändern könnte. Aber das Salz (in der Suppe) wird weiterhin Salz bleiben, es werden weiterhin Philosophen heranwachsen, die integerer sind als Heidegger, die auch geistigen Fortschritt bringen. Aber die Philosophie ist doch eine seltene Pflanze, wenn sie wirklich zeitüberwindend sein soll. Zeitintegrierte Philosophen gibt es immer en masse, aber die zählen nicht in der wirklichen Philosophiegeschichte.

Psychologie faschistischer Mentalität

Das nationalsozialistische Regime brach mit dem Ende des Zweiten Weltkrieges zusammen, aber die faschistische Mentalität ist damit nicht aus der Welt geschafft. Menschen, die dieses Regime gestützt hatten und von ihm geprägt wurden, sind die Großeltern und Eltern der Generation, die den Kern unserer Gesellschaft von heute bilden. Wie groß ist die Gefahr, daß diese meist unzureichend erkannten und unzureichend aufgearbeiteten Traditionen wieder an Einfluß gewinnen?

Bei dieser Frage erinnere ich mich an einen Vers von Bertolt Brecht, in dem es lakonisch heißt: »Der Schoß ist fruchtbar noch, aus dem *das* kroch.« Der Faschismus ist eine potentielle Gefahr, die bleibt. Er hat sich zwar in seinen Exzessen ausgetobt, und man kann ihn in der alten Form nicht so schnell wieder etablieren, die Blamage war zu groß, das Debakel zu furchtbar gewesen. Aber es gibt immer noch einen potentiellen Faschismus, der im Grunde mit der kleinbürgerlichen Mentalität und Weltanschauung identisch ist. Die Gefahr, daß das wiederkommt, wird wohl von Krisensituationen abhängen. In Krisensituationen sind die Menschen immer anfälliger für die Botschaft von Psychopathen. Ernst Kretschmer (1888-1964) hat einmal sehr richtig über die Psychopathen gesagt: »In normalen Zeiten begutachten wir sie, in Krisenzeiten regieren sie uns.« Wenn sich die Lage wieder einmal zuspitzt, wenn materielle Not, Hunger, wirtschaftliche Unsicherheit, Inflation und so weiter aufkommen, dann tauchen wieder die *simplificateurs terribles* auf, die großen Vereinfacher, die mit irgendwelchen Schlagworten das Volk an sich reißen.

Eine eigentliche Umerziehung oder Umkehr nach 1945 hat nicht stattgefunden. Das ist auch begreiflich. Die Sieger wollten das deutsche Volk umerziehen, aber sie trugen ja selber potentiellen Faschismus in sich. Wenn der Sieger daherkommt und den großen Erzieher spielen will, ist das immer eine fragliche Sache.

Alexander Mitscherlich (1908–1982) hat 1967 die These vertreten, die Deutschen hätten *Die Unfähigkeit zu trauern* bewiesen. Hätten sie Trauerarbeit um ihren Führer leisten sollen? Ich finde das ein bißchen problematisch. Nach 1945 über diesen bösartigen Tropf zu trauern, wäre ja auch schwierig gewesen. Aber die Trauer über die Verfehlungen und Verbrechen, in die man hineingeraten ist, die unterblieb angesichts des Wirtschaftswunders, des wirtschaftlichen Aufstiegs, der neuen Macht der Bundesrepublik.

Ich möchte behaupten, daß der Nationalsozialismus bei der Innenweltverschmutzung tüchtige Arbeit geleistet hat. Er hat den Geist korrumpiert. Er hat eine ganze Generation politisch verblödet. So etwas geht nicht aus den Köpfen der Menschen heraus, wenn die politische Bewegung verschwindet. Der geistige Schmutz, das Vorurteil, die Dummheit, die sind nun mal in der Welt, und zwar in menschlichen Hirnen, die nicht umdenken. Es müßte eine langwierige Umerziehung der gesamten europäischen Kultur stattfinden, damit man den Faschismus für die Zukunft bannen kann. Die Gefahr ist noch existent.

Trauerarbeit wäre doch vielmehr, daß man sich das, was alles zerstört wurde – nicht zuletzt auch die Tiefenpsychologie –, wieder aneignet und die Werte derjenigen in sich aufrichtet, die vertrieben oder auch ermordet wurden?

Ja, man müßte anknüpfen an die Zeit der zwanziger Jahre, vielleicht sogar an die Zeit vor dem Ersten Weltkrieg, wo es sehr verheißungsvolle kulturelle Ansätze gab, aber dazu fehlen heute die Persönlichkeiten. Hitler hat ja auch eine ganze Elite umgebracht oder vertrieben. Faschismus, Krieg und Vertreibung haben vor allem unter den geistig fortschrittlichsten Menschen unerhörte Opfer gefordert. Was zurückblieb, ist in der kulturellen Substanz nicht mehr so gewichtig wie das, was vorher war. Wissenschaft braucht Menschen von Rang. Wir haben einen derart hohen Blutzoll gezahlt, daß die Menschheit vielleicht ein Jahrhundert brauchen wird, um wieder das Niveau zu erreichen, das ansatzweise vor dem Faschismus bereits erreicht war.

Der Mitte der achtziger Jahre entbrannte Historikerstreit war ein Streit um die Bewertung der nationalsozialistischen Vergangenheit. Welche Bedeutung messen Sie dieser Debatte bei?

Ich muß gestehen, daß ich diesem Streit nicht sehr viel Zeit und Energie gewidmet habe. Er erinnert mich etwas an den Streit, der 1957 entstand, als der Historiker Fritz Fischer sein berühmtes Buch *Der Griff nach der Weltmacht* veröffentlichte. Fischer vertrat damals die These, daß am Ersten Weltkrieg nicht so sehr Österreich-Ungarn die Hauptschuld trage, sondern daß das wilhelminische Deutschland der Promoter der kriegerischen Entwicklung war. Das gab viel Aufsehen und viel Ärger bei den reaktionären Historikern.

Nun kommt also dieses Grüppchen um Nolte, Hillgruber und Stürmer und will unsere Vergangenheit revidieren. Was ich herausgehört habe, ist die Relativierung der nationalsozialistischen Verbrechen unter dem Motto: Die Russen haben auch solche Verbrechen begangen. Nun, das stimmt, der Stalinismus hat furchtbare Untaten auf dem Gewissen. Aber es macht sich schlecht, wenn man Verbrechen gegen die Menschheit relativiert, indem man sagt: Die anderen tun es auch! Nein, es ist unentschuldbar. Und ich muß wiederum auf Bertolt Brecht zurückgreifen, der sagte: Andere mögen *ihre* Verbrechen beweinen, ich beweine die Verbrechen *meines Volkes*. So halte ich es für anständig, für humanistisch.

Eine These von Ernst Nolte lautet, Hitler habe sich im Kriegszustand mit den Juden befunden, weil ein Repräsentant der Juden – ich glaube, es war Chaim Weizman – gesagt hatte, man werde angesichts der Verfolgung durch den Nationalsozialismus Krieg gegen Hitler führen. Daraus nun eine Berechtigung für alle möglichen Verbrechen von Hitler abzuleiten, kann ich nur skurril finden. Herr Nolte ist ein Historiker von Rang, und seine frühen Arbeiten über den Faschismus haben einigen Wert. Aber es kommt vor, daß sich Leute versteigen – das ist oft so im intellektuellen Leben –, und dann kommen Thesen und Theorien zum Vorschein, die vielleicht Sympathie beim reaktionären Flügel finden oder Sensationen verursachen. Aber der Erklärungswert dieses Historikerstreits scheint mir gering.

Auf Erich Fromms Theorie des Sozialcharakters waren wir schon früher zu sprechen gekommen. Im Anschluß daran gefragt: Was macht aus Ihrer Sicht heute den Kern tiefenpsychologischer Erkenntnisse bezüglich der seelischen Struktur faschistischer oder potentiell faschistischer Personen aus?

Ich würde das etwa so zusammenfassen: Der potentielle Faschist ist ein Konformist und ein Untertan. Das sind seine Strukturelemente. Der Faschismus bleibt latent, aber der Konformismus und der Untertanengeist sind immer deutlich sichtbar. Wenn der Faschismus nicht mehr modern ist, ziehen sich die Individuen auf ihre konformistische und Untertanen-Mentalität zurück, und man wartet, bis wieder

Krisenzeiten kommen. Dann erhebt der Faschismus erneut sein Haupt.

Ich könnte es auch so formulieren: Der potentielle Faschist ist ein Seelenkrüppel. Es sind Menschen, die in irgendeiner Weise in ihrer kulturellen Ausbildung zu kurz gekommen sind – an Lernprozessen, an Wachheit, an Mitmenschlichkeit, an Verantwortungsgefühl. Man hat es auch schon so gesagt: Es sind die Vorurteilscharaktere, also Menschen, die in Schablonen denken, in schwarz/weiß, gut/böse, anständig/verbrecherisch und so weiter, die keine Nuancen kennen. Diese geistarmen Menschen sind immer anfällig für die Botschaft der Gewalt. Sie wollen immer alles einfach haben. Denken ist kompliziert, politische Verhältnisse sind manchmal unüberschaubar, und es braucht riesige Gedankenarbeit, um eine Orientierung zu finden. Hitler hat bekanntlich einen Spruch immer wiederholt: »Ich habe die Gabe, alles zu vereinfachen.« Der potentielle Faschist sucht in allen schwierigen Fragen immer einfache Lösungen, und zwar mit der Faust: zerschmettern, kaputtmachen, durchbrechen … Solch primitive Menschen oder armselige Charaktere, bei denen Gefühl und Vernunft schwach entfaltet sind, kann man dann für den Faschismus gewinnen. Heinrich Mann hat so einen Typ in seinem Roman *Der Untertan* sehr hellsichtig beschrieben. Diesen Diederich Heßling gibt es heute noch in Millionen Exemplaren. Wenn die Konjunktur kommt, wird sich so ein Diederich Heßling mit seiner Dummheit, mit seiner expansiven Kraft, mit seiner Massenanfälligkeit wieder zu Wort melden. Das ist er, der Faschist, und diesen Typ müssen wir fürchten.

Gibt es in Ihrer Praxis Patienten, deren seelische Krankheiten auch auf diese faschistische Mentalität zurückgeführt werden können?

Ich praktiziere seit etwa 35 Jahren, und in früheren Jahrzehnten habe ich so etwas öfter und deutlicher gesehen. Damals war noch die Bezugnahme auf den Faschismus und die Enttäuschung über die Niederlage viel größer. Ich glaube, heute sind die Spuren verborgener, versteckter, aber daß sie da sind, davon bin ich überzeugt. Einen Restbestand von Faschismus sehe ich darin, daß die heutige junge und auch die »mittelalterliche« Generation weit weniger Idealismus hat, als die Menschen, die ich in meiner Jugend kannte. Es fehlt ein gesellschaftlicher Ausblick, eine Zukunftshoffnung. Man könnte mir einwenden, daß in den sechziger Jahren die Studentenrevolte Idealismus zeigte. Das stimmt, ich habe das miterlebt. Aber das war provoziert durch die Verbrechen der Amerikaner in Vietnam und anderswo. Dieser Idealismus war nur ein Strohfeuer, er hielt nicht lange an. Als dann die Vietnamesen siegten, zerflatterte alles und war wieder weg.

Ich glaube, daß der Faschismus den Idealismus in vielen Menschen zerstört hat. Es blieb die Mentalität, sich im Bestehenden einzurichten und materiell voranzukommen. Das ist sozusagen die Restideologie eines Bürgertums, das größere Ideologien gehabt hatte: im Liberalismus, in der Aufklärung, im Humanismus. Der Faschismus hat in den menschlichen Beziehungen zerstörend gewirkt. Es sollte meiner Meinung nach wieder ein Element der Wärme, der Nähe, der Anteilnahme, der Fürsorglichkeit hineinkommen.

Jedenfalls muß man sagen: Gesellschaftliche Vorgänge und Debakel haben umgreifenden Einfluß auf die Individuen. Ich bin überzeugt, daß wir in jeder Neurose eines deutschen Menschen in irgendeinem Schlupfwinkel faschistische Restbestände finden, sogar bei Linken, bei Sozialisten, bei Radikalen – ja, vielleicht sogar besonders bei Superradikalen. Es kann der Faschismus in anderer Wendung sein.

Vom einzelnen nochmals den Blick zur Gesellschaft gewendet: Worin bestehen die Strukturschwächen unserer heutigen Gesellschaft hinsichtlich einer Anfälligkeit für faschistische Mentalität?

Bei dieser Frage bin ich ein bißchen überfordert. Ich glaube, da müßten Ökonomen und Politologen von ihrer Sicht her Stellung nehmen, da bin ich nicht ganz zuständig. Ich möchte nur vom geistigen Sektor sprechen, vom Seelenleben, von der Sorge um die Seele des Menschen: Was ich am heutigen Menschen beklage und bemängele, ist seine enorme Medienhörigkeit. Das hat sich in den letzten Jahrzehnten unerhört entwickelt. Die Massenmedien haben den Menschen völlig im Griff, vor allem das Fernsehen. Radio weniger, das war eher in den 30er und 40er Jahren das Problem, als es als Herrschaftsinstrument mißbraucht wurde. Heute sitzt jeder Deutsche durchschnittlich etwa vier Stunden am Fernsehschirm.

Da die Botschaft, die diese Medien bringen, meistens durch eine enorme Geistlosigkeit gekennzeichnet ist, fürchte ich, daß die Menschen unserer Epoche zum Voyeurismus absinken, zu einer rezeptiven geistigen Haltung, sich vom »Kino im Haus« berieseln lassen, um ja nicht zu Bewußtsein zu kommen, ja nicht denken zu müssen. Es ähnelt ein wenig dem Zustand, den Aldous Huxley in *Brave New World* geschildert hat. Die Leute machen ihre Arbeit und schläfern sich dann zu Hause mit Hilfe der Medien oder Drogen ein. Das gehört zusammen. Jedenfalls ist es ein Leben im Dämmerzustand. Dabei hat der Mensch doch eigentlich das Bewußtsein und die Vernunft, um hellwach zu leben.

An sich wären ja diese Medien, Fernsehen, Film oder Radio, eine unerhörte Chance, eine Bildungsgesellschaft zu konzipieren. Menschen, die sich in ihrer Freizeit dauernd der Bildung widmen. Aber das wird ja eben nicht gemacht.

Und so wird uns Tag für Tag ein Voyeurkonsum zugemutet: sehr viel Sadomasochismus, Gewalt, Kitsch, zerhackte Nachrichten, die unerhört flüchtig den Bewußtseinssaum streifen, so daß man gar nicht darüber nachdenken kann. Ich denke, daß so das menschliche Potential absinkt. Und wie ich bereits gesagt habe: Der Seelenkrüppel, der dumme Mensch, der Trottel ist für den Faschismus sehr anfällig.

Was können dann Psychohygiene und Psychotherapien leisten? Worin sehen Sie geeignete Mittel einer Psychohygiene, die gegen eine Ausbreitung der faschistischen Mentalität eingesetzt werden können?

Meine Haltung ist die: Nachdem wir schon Feudalgesellschaft, kapitalistische Erwerbsgesellschaft und jetzt auch kommunistische Elendsgesellschaft hatten, käme dem 21. Jahrhundert die Aufgabe zu, die Bildungsgesellschaft zu schaffen, das heißt eine Gesellschaft, die möglichst für jedermann materielles Auskommen bietet und den Menschen Freizeit gönnt. Aber das hat nur Sinn, wenn die Freizeit weitgehend für Bildung verwendet wird. Man muß also Gelegenheit schaffen, daß jeder Mensch nicht nur eine ausreichende Schulbildung bekommt, sondern daß er dann im Laufe seines Lebens durch Erwachsenenbildung, durch Studien und ähnliche Dinge seine Persönlichkeit vollumfänglich entfalten kann.

Wenn wir das zustande brächten, dann würden wir vielleicht sogar mit der Zeit eine philosophierende Menschheit bekommen, und das ist eine Frage, bei der es um Leben und Tod geht. Plato meinte bekanntlich, es werde erst besser mit der Menschheit, wenn die Könige Philosophen und die Philosophen Könige werden. Ich glaube nicht, daß das reicht. Die Könige taugen sowieso nicht zur Philosophie, die hatten bis jetzt alles andere im Sinn. Und die Philosophen als Könige – ich kenne noch keinen, dem ich es zutrauen würde, gut zu regieren. Man muß schon die gesamte Menschheit philosophisch instruieren, das heißt wissenschaftliche Grundschulung, Nachdenken über das Leben, den Sinn des Lebens erfassen und so weiter. Der Sinn des Lebens liegt meiner Meinung nach in der Mitmenschlichkeit, in der Fürsorge für den Menschen. Wenn es uns gelingen würde, eine Bildungsgesellschaft zu schaffen, dann hätte die Demokratie eine Zukunft.

Wir hatten unlängst den zweihundertjährigen Geburtstag der Demokratie gefeiert, die Erstürmung der Bastille am 14. Juli 1789. Wir alle wollen nicht hinter die Demokratie zurück. Wer möchte Feudalismus wiederhaben, wer ein Terrorregime? Niemand außer den Idioten. Aber die Demokratie ist eine unerhörte Überforderung des Menschen, denn in ihr soll ja jeder politisch mitbestimmen. Und wenn wir die Menschen nicht bilden, dann ist die Demokratie eine Gefahr, dann kann aus der Demokratie Faschismus erwachsen. Denn der ungebildete Stimmbürger gibt den Rattenfängern seine Stimme und bekommt dann die blutige Rechnung.

Meiner Meinung nach ist Menschenbildung die Hauptaufgabe der Demokratie in der Zukunft.

Was müßte heute neben einer Psychohygiene noch geleistet werden, um neonazistische Bewegungen zu verhindern?
Ein deutscher Arzt und Kulturphilosoph namens Max Picard (1888-1965) hat 1946 das Buch *Hitler in uns selbst* geschrieben. Ich bin nicht ganz einverstanden mit seinen Thesen, die darauf hinauslaufen, sich erneut Gott und Christus als sinnstiftenden Zentren zuzuwenden. Aber der Titel scheint mir richtig. Unter Psychohygiene verstehe ich, daß wir den Hitler in uns selbst bekämpfen müssen. Die Parole ist: Selbsterkenntnis und Selbsterziehung. Die Botschaft geht an jeden politischen Menschen: Sei dir bewußt, daß

die Erziehung, die du von deinen Eltern, von der Schule, vom Staat bekommst, sehr unzulänglich ist. Sie ist günstigenfalls darauf ausgerichtet, kein Krimineller, sondern ein guter Staatsbürger, ein guter Berufstätiger zu werden. Das sind Teilziele, ich will nichts dagegen sagen. Aber unser Menschenbild und unser Erziehungsziel müssen Weltbürger, Vernunftswesen, vorurteilsfreie Persönlichkeiten sein.

Und so möchte ich dieses Interview mit einer Nietzscheschen Parole aus dem *Zarathustra* ausklingen lassen: Es wird einmal eine Zeit kommen, die nichts Höheres und Größeres kennen wird als Erziehung. Solange nicht die Staaten ihr Rüstungsbudget so klein machen, wie heute das Erziehungs- und Kulturbudget ist, und andererseits das Erziehungs- und Kulturbudget so riesig anwachsen lassen wie das heutige Militärbudget, sehe ich schwarz für die Entwicklung der Menschheit. Das ist der Ausweg aus der ganzen Misere. Wir stehen heute an einem Scheideweg, die Machtmittel der Menschheit sind groß. Wenn der Mensch in seiner Vernunft hinter seinem Vernichtungspotential zurückbleibt, dann wird einer mal den Knopf drücken, der zerstört, was man nicht mehr aufbauen kann.

Mein Ideal ist eine anti- und außerpolitische Bewegung von Menschen, die die Kultur auf ihre Fahne schreiben und alles tun, damit die Kultur der Menschheit wächst. Das ist die Psychohygiene gegen jeden politischen Totalitarismus.

Geschichtsanalyse
und Tiefenpsychologie

Herr Rattner, Sie haben in Berlin ein Therapie- und For-
schungszentrum aufgebaut, das einerseits über ein breit-
gefächertes psychotherapeutisches Angebot vielen Men-
schen konkret bei der Bewältigung von Lebensproblemen
hilft, andererseits auf wissenschaftlichem Gebiet zahlrei-
che Anstrengungen unternimmt, um den Gedankenaus-
tausch mit Vertretern anderer Humanwissenschaften zu
pflegen. Sie selbst haben eine ganze Reihe von Büchern
geschrieben und in ihnen immer wieder Gemeinsamkei-
ten zwischen der Tiefenpsychologie und anderen Wissen-
schaften wie der Pädagogik, der Kunstwissenschaft, der
Soziologie, der Philosophie und nicht zuletzt auch der
Geschichtswissenschaft aufgezeigt. Wie definieren Sie tie-
fenpsychologische Geschichtsschreibung?

Eine tiefenpsychologische Geschichtsschreibung kann
nur ein Zusatz zur üblichen Historie sein. Der Historiker,
der sich mit der Tiefenpsychologie vertraut macht, muß
natürlich die alten Methoden genau beherrschen, wie zum
Beispiel Quellenkunde oder hermeneutische Denktechniken, Ideologiekritik, Wirtschaftsgeschichte, Geschichtsphi-
losophie. Es käme zu all dem noch die Tiefenpsychologie
hinzu. Das würde vor allem auch den Historiker selbst
betreffen. Das wichtigste Werkzeug des Historikers ist seine
eigene Persönlichkeit. Mit dieser Persönlichkeit wertet er
Tatsachen aus, schafft Zusammenhänge, urteilt und gibt
Kritiken ab, so daß man fragen muß: Was bringt der Historiker selbst für seine Arbeit mit? Die Tiefenpsychologie
kann ihm helfen, durch Selbsterkenntnis, durch vertieftes

Wissen um sich selbst, dieses Werkzeug zu verfeinern und zu verbessern. Das wäre meines Erachtens der wichtigste Punkt. Aber hinzu kommt auch noch ein objektiver Faktor oder Gegenstand. Der Historiker, der die Tiefenpsychologie studiert hat, wird sensibler für bestimmte Zusammenhänge in Biographien oder für soziale und gesellschaftliche Probleme sein, weil er aus seiner Selbsterkenntnis heraus mehr Gespür für bestimmte Fragen hat, die wir noch genauer ansprechen sollten.

Sie haben in den letzten Jahren eine vielbändige Enzyklopädie der Tiefenpsychologie ausgearbeitet. Ein Band dieser Enzyklopädie ist dem Thema »Tiefenpsychologie und Geschichte« gewidmet. Wann wird diese Enzyklopädie und wann wird dieses Buch über »Tiefenpsychologie und Geschichte« erscheinen?

Diese Enzyklopädie ist in etwa schon zehn Jahre alt. Sie entstand im Zusammenhang mit unserer therapeutischen und theoretischen Grundlagenforschung. Wir haben Menschen aus allen Fakultäten bei uns. Das ganze Projekt entzündete sich eigentlich an der Methodenfrage der Tiefenpsychologie. Es ist bekannt, daß sich die Tiefenpsychologie seit langem die Frage stellt: Gehört sie eigentlich den Naturwissenschaften oder den Geisteswissenschaften an? Das sind sehr wichtige Methodenprobleme. Bekanntlich hat Sigmund Freud das Problem so gelöst, daß er die Psychoanalyse in die Naturwissenschaften eingeordnet haben wollte. Man begreift das gut, denn er ist ja ein Repräsentant des 19. Jahrhunderts, in dem die Naturwissenschaftler einen ungeheuren Anspruch erhoben und meinten, daß alle Probleme mit ihren Techniken diskutiert und bearbeitet werden sollten. Aber andererseits war Freud auch ein geschichtlich interessierter und orientierter Mensch und verstand viel von der Weltliteratur, auch ein bißchen von

Philosophie, und so ergab sich eigentlich ein Zwiespalt. Er bekannte sich zu den Naturwissenschaften, aber er übte hermeneutische Denktechniken, wie wir sie sonst in den Geisteswissenschaften finden.

Damals habe ich propagiert, und das ist auch heute meine Überzeugung, daß die Tiefenpsychologie eher zu den Geisteswissenschaften gehört. Um das zu belegen, habe ich für meine Schüler und Mitarbeiter eine ganze Reihe von Vorlesungen gehalten, um die Parallelen zwischen Tiefenpsychologie auf der einen und Geschichtswissenschaft, auch Pädagogik, Ethik, Kunstwissenschaft, Gesellschaftswissenschaft und so weiter auf der anderen Seite aufzuzeigen. Ich konnte meines Erachtens verdeutlichen, daß solche Verbindungslinien ungemein wichtig sind und daß die Geisteswissenschaften Modellcharakter für die Tiefenpsychologie in ihrer Theorie und Praxis haben. Ein Band ist der Geschichte gewidmet. Wann nun diese Enzyklopädie oder die einzelnen Bände erscheinen werden, kann ich heute noch nicht sagen. An sich ist schon das alte Diktum erfüllt, das man in der Antike formulierte: Man solle Bücher neun Jahre liegen lassen, bevor man sie publiziere. Aber der Autor, der das in der Antike sagte, hatte großzügige Mäzene. Es ist nicht leicht, heute ein großes wissenschaftliches Projekt zu lancieren. Die Verleger sind in Bedrängnisse geraten, und ein zehnbändiges Werk, wie ich es vorliegen habe, braucht Zeit, bis sich ein risikofreundlicher Verleger findet, denn die Kosten werden groß sein. Ich kann es heute noch nicht sagen, aber es wird der Tag kommen, an dem die ganze Serie publiziert wird.

Sie haben schon angedeutet, daß ein Historiker vor allem seine eigene Subjektivität mit Hilfe der Tiefenpsychologie reflektieren und seine Sensibilität ausbauen könnte, was

*die Deutung zwischenmenschlicher Beziehungen anbe-
trifft. Zu welchen Schlußfolgerungen kommen Sie in Ihrem
Buch über »Tiefenpsychologie und Geschichte« noch?*

Ich habe in diesem Buch zunächst einmal die Haltung
der großen Tiefenpsychologen zur Geschichte untersucht.
Das ist sehr ergiebig, denn Freud hatte eine Geschichtsphi-
losophie, eine sehr eigenwillige, die zum Teil mit der Auffassung zusammenfällt, daß einzelne Männer Geschichte
machen. Ein Beispiel ist Sigmund Freuds Abhandlung über
Moses und die monotheistische Religion. Diese Geschichts-
auffassung war im 19. Jahrhundert noch stark vertreten:
Helden und Heroen oder Menschheitsführer gestalten die
Geschichte. Aber nicht nur Freud, sondern auch Adler,
Jung, Fromm und andere Autoren haben implizite
Geschichtsphilosophien. Die habe ich zunächst einmal
dargestellt. Dann habe ich die Frage aufgeworfen: Wo
könnte die Tiefenpsychologie dem Historiker behilflich
sein? Ein Punkt, an dem beide Disziplinen stark zusam-
menströmen, ist die Biographik. Auch die überlieferte Biographik war unwillkürlich dazu gedrängt, Psychologie
anzuwenden. Aber meistens benutzte der Historiker eine
handgestrickte Psychologie, die ihm gerade zur Verfügung
stand. Die Universitätspsychologie konnte ihm meistens
nichts nützen, vor allem nicht die im 19. Jahrhundert. Die
war ganz exakt positivistisch orientiert. Es wurden Experi-
mente eingerichtet, die winzige Resultate ergaben, aber die
Persönlichkeit eines Menschen überhaupt nicht in das
Blickfeld rückten. Das hatte schon Wilhelm Dilthey 1894 in
seiner berühmten Abhandlung über eine beschreibende
und zergliedernde Psychologie moniert. Er meinte, die Universitätspsychologie sei furchtbar im Hintertreffen gegenüber der Psychologie der Dichter. Wenn ein Dichter einen
Menschen beschreibt, dann sehen wir, wie er lebt, wie er
atmet, wie er arbeitet, wie er liebt, wie er stirbt. Die Uni-

versitätspsychologie lieferte dagegen ganz harmlose Befunde, die keinen Hund vom Ofen weglockten.

Nun also die Biographik: Das ist ein Problem, bei dem die Tiefenpsychologie großes Gewicht hat. Da könnte der Historiker von uns einiges lernen. Man denkt natürlich gleich daran, daß die Psychoanalyse das Intim- und Sexualleben der Menschen erforscht und daß das in der überlieferten Biographietechnik fehlt. Die meisten Autoren haben Menschen ohne Unterleib beschrieben, Menschen, die bestimmte Leistungen vollbrachten und bestimmte Funktionen in der Geschichte ausübten. Aber daß diese Menschen Triebe hatten, das wird dann nur auf Umwegen eingeschmuggelt. Man sagt vielleicht, daß sie Liebesaffären hatten, ein puritanisches, asketisches Leben lebten, oder eben das Gegenteil davon. Aber die Feinheiten des Intimlebens werden ausgeklammert. Ich bin nicht dafür, daß man das überbewertet. Das tat die frühe Psychoanalyse.

Was meines Erachtens die Tiefenpsychologie dem Historiker zusätzlich liefern könnte, wäre ein Verständnis nicht nur des Trieblebens, sondern auch des Emotionallebens ihrer Helden und der Zusammenhänge zwischen der Kindheit einer Einzelpersönlichkeit und ihrem späteren Leben. Die Kindheit ist ein Schlüssel zu Haltungen in Politik und Sozialleben. Die Kindheit liefert auch die emotionalen Grundlagen der Weltanschauung, auch das ist sehr wichtig. Man denkt immer, daß die Weltanschauung erst mit dem Intellektualleben beginnt, wenn die Menschen studieren und Bücher lesen. In Wirklichkeit sind die Ursprünge einer Weltanschauung schon im Jugendalter gegeben, und das wäre natürlich genauer zu erforschen. Aber die Tiefenpsychologie kann nicht nur die Individualhistorie beleben und bereichern. Die Geschichte befaßt sich auch mit den Schicksalen von Völkern, von Volksschichten, von sozialen Auseinandersetzungen, von Kulturen und deren Aufstieg, Blüte und Untergang. Ich bin der Meinung, daß auch hier der Tiefenpsychologe mitreden sollte. Wie kam es, daß manche Kulturen plötzlich aufblühten und wundersame Resultate zeitigten, dann erlahmten und am Schluß haben wir nur Trümmerhaufen vor uns? Wir wollen doch nicht wie Oswald Spengler sagen, daß das biologische Schicksale sind, als ob eine Kultur eine Pflanze wäre. Das ist ein Denkfehler, denn Kulturen sind geistige Gebilde. Pflanzen blühen, wachsen und vergehen, aber wir glauben, daß in der Kultur, wie Toynbee meinte, »challenges and responses« eine Rolle spielen. Es wäre interessant, tiefenpsychologisch zu erforschen, warum manche Kulturen bestimmte Anforderungen (challenges) falsch beantwortet haben, so daß sie untergingen. Das Feld der Forschung ist sehr weitläufig.

Können Sie diese Überlegungen von »challenge and response« noch weiter ausführen?
Diese Idee von »challenge and response« wurde berühmt durch Arnold Toynbee. Ich vermute, diese Idee geht auf die Biologie zurück, und zwar auf Lamarck und Darwin. Beide haben dieses Paradigma, dieses Muster des Denkens geschaffen, daß alle Lebewesen immer wieder von ihrer Umwelt befragt oder in Situationen gebracht werden, in denen es darauf ankommt, die richtige Antwort zu geben. Das betrifft also nicht nur den Menschen, sondern die ganze Geschichte des Lebens auf der Erde. Alle diese Organismen standen immer wieder unter challenges, und wir wissen heute, daß nicht alle Lebewesen die richtige Antwort fanden.
Rekonstruieren wir ein Beispiel: Als das Leben in Bedrängnis war – und das war es immer –, glaubten manche Tiere, sich durch die Verstärkung ihrer Panzerung schützen zu können, das führte so weit, daß sie fast unbeweglich wurden. Und das war eine falsche Antwort.

Blicken wir auf die Menschheitsgeschichte. Da gibt es auch diese challenges. Und ich denke, auch da waren die responses, die Antworten, selten richtig. Der Gedanke etwa, sich durch Aufrüstung und Krieg zu schützen – wenn du den Frieden willst, dann rüste für den Krieg und so weiter –, ist offenkundig eine falsche Antwort. Wir haben es erlebt. Die Idee von »challenge and response« zeigt, daß die Geschichte des Lebens auf der Erde und die Menschheitsgeschichte irgendwie zusammengehören.

»Challenge and response«, Herausforderung und Antwort, würden Sie diese Überlegungen auch mit der Kompensationstheorie von Alfred Adler in Verbindung bringen wollen?

Ganz bestimmt, denn Adler hat sie, wie er selber eingesteht, von Lamarck und Darwin. Und seine These ist, daß eigentlich jedes Individuum in eine solche Kombination hineingeboren wird: seine soziale Lage, seine geschichtliche Position, seine Geschlechtszugehörigkeit, allfällige Krankheiten oder Organstörungen. Nun kommt es seiner Meinung nach zu einer Unsicherheitsreaktion, mit der unser Leben beginnt. Er nennt es das angeborene Minderwertigkeitsgefühl. Es heißt nun, auf dieses Gefühl eine Antwort zu geben. Seiner Meinung nach wäre die richtigste Antwort auf alle challenges des Lebens die Ausbildung der Persönlichkeit und die Verstärkung sozialer Bindungen, also der Beitrag zur Evolution, zur Kulturentwicklung. Aber wir wissen, daß sehr viele Menschen diese Antwort nicht geben: die Asozialen, die Kriminellen, die Süchtigen, die Neurotiker, die Psychotiker und leider auch viele maßgebliche Persönlichkeiten in Politik, Wirtschaft und anderswo. Statt dessen antworten sie auf ihre Minderwertigkeitssituation mit einem verstärkten Machtstreben. Sie glauben, wenn sie allmächtig wären, dann hätten sie eine ruhige

Lage, von der aus sie manövrieren oder manipulieren könnten. Wir sehen auch hier, challenge and response ist etwas, was uns dauernd im Leben bewegt. Aber nicht jeder findet die richtige Antwort.

Geschichte als Kompensation von Minderwertigkeitsgefühlen oder Minderwertigkeitskomplexen. Wäre das ein zentraler Gesichtspunkt von Historiographie, die sich an der Tiefenpsychologie orientiert?

Das wäre sehr wichtig. Er wurde bis jetzt noch viel zu wenig angewendet. Ich denke da zum Beispiel an die deutsche Geschichte. Als die Deutschen zu einem Weltbewußtsein erwachten, bemerkten sie, daß sie keine Kolonien gesammelt hatten. Nun entstand eine Säbelrasselpolitik und der Anspruch, Kolonien zu bekommen, aber mit Gewalt. Das führte zu einer Konfrontationspolitik, die letztlich auch in den Ersten Weltkrieg einmündete. Nach der Niederlage war man wieder in einer Minderwertigkeitssituation. Diese hätte eine Umstellung der ganzen politischen Konzeption erfordert. Sie wurde aber nicht geleistet, sondern auf diese Minderwertigkeitssituation wurde mit einer Lebenslüge geantwortet, wie wir im Anschluß an Ibsen sagen. Hitler und die ganze nationalistische Rechte behauptete, daß die Deutschen den Krieg nicht verloren hätten, wenn nicht der Dolchstoß an der Heimatfront gekommen wäre. Daraus folgte die ganze Linie der Machtaufwertung: Rache für Versailles, Rache für den verlorenen Krieg. Hitlers Schlauheit bestand darin, dem deutschen Volk einen Minderwertigkeitskomplex auszureden. Er transformierte ihn mit Hilfe der Rassentheorie in einen Überwertigkeitskomplex. Das hat immer Erfolg. Wenn man die Eitelkeit der Massen anspricht, dann machen sie alles, was man will – und gehen auch in den Tod. Wir haben erlebt, daß diese Indoktrination von 1919 bis 1933 sehr erfolgreich war. Sie führte zum Nationalsozialismus mit all seinen verhängnisvollen Folgen. Da hat das Minderwertigkeitsgefühl in wahnwitziger Kompensation Geschichte gemacht. Das könnte man auf sehr viele Völker und historische Ausgangspositionen anwenden. Es ist von den Historikern meines Erachtens noch zu wenig gemacht worden.

Sie haben in Ihrem Buch »Tiefenpsychologie und Geschichte« diese Überlegungen angestellt. Sie sind aber dabei nicht stehen geblieben, sondern beschäftigen sich schon seit langen Jahren selbst konkret mit biographischen Studien. Vor allem Schriftsteller, Psychologen und Philosophen werden von Ihnen porträtiert. Sie haben auch eine Psychoanalyse Goethes geschrieben. Sind Sie hierbei zu neuen Erkenntnissen gekommen?

Zunächst einmal: Das Interesse an Psychographien oder Pathographien, also Seelenbeschreibungen und Krankheitsdarstellungen, hat Tradition in der Tiefenpsychologie. Sigmund Freud hat selber Anfänge gemacht. Es gibt eine berühmte Abhandlung von ihm über *Dostojewski und die Vatertötung* (1928), in der er sich vor allem mit Dostojewskis Epilepsie auseinandersetzt und diese aus den Kindheitsschicksalen Dostojewskis, die sehr verheerend waren, psychogen deutet. Dann hat der alte Freud noch zusammen mit einem amerikanischen Botschafter in Österreich eine Psychographie über Thomas Woodrow Wilson, den amerikanischen Präsidenten, geschrieben. Das ist eher ein fragmentarisches Werk und wird von den Kritikern nicht sehr hoch eingeschätzt. Es ist fast eine politische Polemik. Die Kulturzeitschrift der Psychoanalytiker, *Imago*, wimmelt geradezu von Psychographien und Pathographien. Da versuchen eine Vielzahl von Autoren, bedeutende Gestalten der Literatur, der Geschichte, der Philosophie psychoanalytisch zu deuten.

Ich selber bin auch an solchen Fragen sehr interessiert, denn bei großen Persönlichkeiten kann man viele Zusammenhänge makroskopisch sehen, die dann für unsere Mikroanalysen bei durchschnittlichen Menschen sehr wertvoll sind.

Wir erfahren von unseren Analysanden zwar viel, aber sie sind doch sprachlich zumeist unbeholfen, gemessen an den großen Dichtern und Künstlern, und ihre Lebensbilder sind dann etwas karg. Wir müssen in diesen Fällen vieles hinzukonstruieren, während die Quellenlage bei bedeutenden Persönlichkeiten meistens sehr viel reicher ist. Vor allem die Dichter sind ja Kommunikationsgenies. Sie plaudern in ihren Briefen oder in ihren Lebensbekundungen oder verschlüsselt im Werk alles aus. Deshalb schreiben die Tiefenpsychologen sehr gerne Psychographien.

Sie sagen, daß ich Goethe bearbeitet habe. Das stimmt. Es ist allerdings erst ein halbes Buch geworden. Ich habe nur die Biographie durchleuchtet. Was noch aussteht, wäre die Werkanalyse, aber die Kraft und die Zeit dazu reichten bisher nicht aus. Bei Goethe Neues zu finden ist schwierig. Das ist ein Acker, der so umgepflügt worden ist, daß kaum mehr Neues zu finden ist. Aber es ist auch nicht schlimm, wenn man alte Erkenntnisse neu anordnet. Das ist auch noch originell. Das war jedenfalls die Meinung von Pascal.

Bei Goethe interessiert uns Psychologen natürlich auch wieder das Liebesleben. Das ist der eine Punkt. Merkwürdig ist diese unerhörte Spanne von Keuschheit, wie wir sie vermuten, die aber nicht ganz verbürgt ist. Man nimmt an, daß er erst im 37. Lebensjahr einen richtigen Sexualakt durchführte, in Rom, bei Faustina, seiner damaligen Freundin. Davor liegen Liebesverhältnisse, die wahrscheinlich platonisch waren, aber wer will das ermessen: Friederike und dann Lili Schönemann und dann die lange, platonische Liebesgemeinschaft mit Frau von Stein. Es zeigt sich, daß er Frauen bevorzugte, die schon anderen gehörten. Das ist doch merkwürdig. Man hätte denken können, er sucht eine Frau für sich selbst, aber er liebte eher den Minnedienst an jenen, die schon vergeben waren. Was war wohl der geheime Zweck davon? Ich vermute, daß Goethe einer der ehrgeizigsten Menschen aller Zeiten war. Er hat ja auch eines der größten Werke vollbracht, und ein Mensch, der so sehr ins Vertikale strebt, also hoch hinaus will, hat immer das Gefühl, daß ihn eine Liebesbindung hindern könnte. Er wollte lange Zeit unbehindert bleiben. Als er dann seine Liebeswahl mit Christiane traf, war das auch keine volle Liebeswahl, sondern eine partielle. Er hatte einen sehr lieben Betthasen, eine Frau fürs Bett, der er auch emotional sehr zugewendet war, aber innerlich blieb er doch allein mit seinem Streben. Ich meine, daß einesteils diese unerhörte Wendung ins Vertikale, dieses ehrgeizige Streben, und dann vielleicht auch eine Angst vor der Frau, die eventuell mit seiner Mutterbindung zusammenhängt, mitspielte. Man darf es aber nicht überschätzen. Es scheint jedoch eine Angst vor der Frau da zu sein, denn die Liebeswahl, tief unter ihm – er hätte ja leicht auch etwas Höheres wählen können –, zeigt, daß er bei all seinem Selbstbewußtsein irgendwo eine Furcht hatte, er könne eventuell nicht bestehen, wenn er ganz aus der Nähe betrachtet wird.

Das war der eine Punkt. Dann interessierte mich, wie es einem Menschen wie Goethe gelang, Leben und Werk vollkommen auszubauen. Es bedrückt mich manchmal ungeheuer, wenn ich sehe, daß fast die meisten Autoren ihr Werk vollbringen, und das Leben gedeiht dabei ganz kümmerlich oder verkommt. Denken Sie an Kleist oder Hölderlin oder andere zahllose Beispiele. Es ist wirklich tragisch, wieviele Literaten ihr Werk vollbringen und menschlich scheitern.

Bei Goethe sehen wir nun diese Kraft, beides zu umspannen. Das ist ein Vitalitätsproblem. Ich erkenne darin auch ein Erbe der Aufklärung. Er begriff offenbar, daß man sein Leben dauernd in Selbsterziehung und Selbstgestaltung verbringen muß – sich als Kunstwerk zu schaffen. Das finde ich so vorbildlich und musterhaft, ebenso die Tugend des Maßes, die er im Leben realisiert hat. Goethe ist ein Muster dafür, was Menschen könnten und können.

Es gibt noch viele andere Themen. Letzthin fiel mir bei ihm fast ein sprachphilosophisches Problem auf. Wir Psychoanalytiker fragen doch auch manchmal: Was ist der Sinn der Sprache, wozu hat sie der Mensch? Freud meinte, sie sei ursprünglich ein Sexualkommunikationsmittel gewesen. Ich zweifle sehr. Die Marxisten sagen, es sei mehr ein Arbeitsinstrument für die Zusammenarbeit. Bei Goethe glaube ich zu sehen, der Sinn der Sprache ist, Freude zu bereiten. Das konnte er, und sein ganzes Werk ist eigentlich ein Tempel von Freude. Ich finde das auch therapeutisch wichtig. Die meisten Neurotiker lernen das in der Kindheit nicht und verwenden Sprache, um andere Menschen zu quälen oder um sich zu verstecken oder Distanz einzulegen. Meine Tendenz in der Therapie ist, sie anzuleiten, Sprache als Freudenspender zu verwenden.

So, wie Sie jetzt Goethe beschrieben haben, unterscheidet sich diese tiefenpsychologische Darstellung Goethes doch einigermaßen von den traditionellen Psychographien und ist in erfreulicher Weise auch konstruktiv. Darf man sagen, daß das ein neuer Ansatz ist, den Sie oder den die tiefenpsychologische Biographik derzeit stärker betont?

Bei meinen Psychographien möchte ich vor allem vermeiden, was die alten psychoanalytischen Lebensdarstellungen zum Teil unangenehm auszeichnet. Sie tendierten dahin, ein bißchen wertmindernd zu wirken. Der Zugriff zur analysierten Persönlichkeit war ungemein entlarvend, enthüllend. Ich möchte doch die Größe eines solchen Menschen schonend behandeln, gleichzeitig aber auch die Feinheiten seiner Persönlichkeit sichtbar machen, damit wir eben mehr Menschenkenntnis und Lebenskenntnis an ihr gewinnen. Man kann sagen, daß das eine Art ist, die in der Analyse behutsamer vorgeht und zugleich konstruktiv ist.

Herr Rattner, in dem von Ihnen herausgegebenen »Jahrbuch für Verstehende Tiefenpsychologie und Kulturanalyse« werden immer wieder von Ihnen und von Mitarbeitern biographische Darstellungen veröffentlicht. Von Ihnen stammt auch eine tiefenpsychologische Betrachtung Richard Wagners. Was kann ein Tiefenpsychologe über eine Person wie Richard Wagner sagen?

Ich muß hier gestehen, daß das Wagner-Thema nicht von innen kam. Man trat an mich heran, weil in einem Wagner-Handbuch auch ein Kapitel zur Psychoanalyse Wagners veröffentlicht werden sollte. Ich habe das akzeptiert, obwohl meine Beziehung zu Wagner gar nicht liebevoll und innig ist, aber man gewinnt immer an Interesse, wenn man so eine Arbeit übernimmt. Mit der Zeit wird einem der Mensch, den man studiert, vertraut, und man sieht Zusammenhänge, und so entflammte ich für dieses Thema. Ich hatte hier eine Persönlichkeit vor mir, die in vielen Punkten fast konträr zu Goethe steht. Nicht in der grandiosen Leistung, die kann man einigermaßen vergleichen. Ich bin in Musikfragen nicht sehr kompetent und würde mich da gar nicht engagieren. Nach allgemeiner Weltgeltung ist das Werk von Wagner grandios. Aber als Persönlichkeit fällt Wagner furchtbar gegenüber Goethe ab. Da geht es dann eher in Richtung von Pathographie, nicht nur Psychographie. Was mich faszinierte, war die etwas verwilderte Jugend. Dieser kleingewachsene Mensch, der eigentlich zu unerhörten Minderwertigkeitskomplexen disponiert war, dann als einziger Junge neben vielen Schwestern und Frauen extrem verwöhnt wurde – damit verbunden ein unerhörter Geltungsanspruch –, vermutlich auch frühzeitig eine sexuelle Prägung in Richtung auf Fetischismus und ähnliche Abirrungen erhielt. Aus diesen Minderwertigkeitssituationen in der Kindheit und dieser chaotischen Jugend erwuchs ein unerhörter Geltungsanspruch. Das ist weiter nicht tragisch. Das haben viele große Menschen in sich. Bei Wagner aber ist es verbunden mit Aggression – ich möchte fast sagen: mit einer räuberischen Charakterorientierung, auch mit Feindseligkeit gegen andere Menschen. Also nicht gerade eine glückliche seelische Konstitution. Man überschlägt das, man geht darüber in den meisten Wagner-Biographien hinweg. Die sind von Bewunderern geschrieben. Aber einer der besten Wagner-Kenner aller Zeiten hat mich schon früh hellhörig für diese Probleme gemacht. Ich meine Friedrich Nietzsche, der an Wagner sehr gelitten hat, ihn zuerst bewunderte und dann nach und nach die Wahrheit über Wagner einigermaßen erfuhr. Mein Leitfaden für diese Pathographie Wagners sind Nietzsches späte Schriften *Nietzsche contra Wagner* und *Der Fall Wagner*. Ich kann es nur bestätigen: Nietzsche war ein Psychoanalytiker »avant la lettre«. Von unserer Wissenschaft hatte er schon vieles erahnt.

Wagners erste Ehe mit Minna: Diese Frau hat eigentlich seine Charakterstruktur mit voller Wucht erfahren, wurde auch krank darüber und ging daran zugrunde. Dann kam er an Cosima, eine ebenfalls sehr machtorientierte Persönlichkeit, die Tochter von Liszt. Diese beiden Aufsteiger – so möchte ich sie nennen – orientierten sich infolge der erwähnten Charakterprobleme bei Wagner durchaus an den Machtverhältnissen der bestehenden Gesellschaft. Wagner spürte, jetzt kann man mit germanischen Mythen viel ausrichten, jetzt ist wieder Frömmigkeit gefragt, und dann kam der ganze Zyklus vom *Ring des Nibelungen* und *Parsifal*, ein unerhörter Erfolg. Aber niemand hatte ein Ohr dafür, daß damit eine reaktionäre Kunstwelt aufgebaut wurde, die für politisch rückwärts gerichtete Geister ein Labsal war. Nun denkt man nicht viel an die Wirkungsgeschichte, aber es gehört auch zur Auswertung eines Werkes und einer Persönlichkeit. Es ist doch nicht zufällig, daß Wagner bei politisch destruktiven Parteien und Gruppen, wie zum Beispiel dem Nationalsozialismus, unerhörten Anklang fand, daß Hitler sich an ihm berauschte mitsamt seiner ganzen Clique und daß das die Musik einer Politik war, die auf Krieg, auf Imperialismus, auf Rassismus, auf überspitztem Nationalismus aufbaute. Das gehört zur Einschätzung von Wagner dazu.

Ich bin in meiner Studie zu den Schlußfolgerungen gelangt, daß es für unsere Zeit beschämend sei, nun wieder eine Wagner-Renaissance zuzulassen und dabei die Rezeption und Wirkungsgeschichte von Wagner zu beschönigen. Man hört dann nicht die weltanschaulichen Untertöne dieses Werkes, und man berauscht sich wieder an musikalischen Schönheiten, mit denen auch Weltanschauung eingeschmuggelt wird. Das soll man nicht übersehen.

Am Ende bleibt eben dieser etwas niedrig gesinnte Mensch Wagner mit seinen unerhörten Begabungen und Fähigkeiten. Vom ethischen Standpunkt aus muß man Einwände formulieren.

Herr Rattner, in der psychotherapeutischen Praxis erforschen Sie die Lebensgeschichte Ihrer Patienten. Welche Verbindung sehen Sie zwischen dieser Art von biographischer Forschung und der Tätigkeit eines Historikers, der Sie, wie Sie jetzt verdeutlicht haben, auch sind?

Wir untersuchen die Kindheit eines Menschen und ihre Fortwirkung im späteren Leben. Aber das ist nur ein Stenogramm. Was uns kennzeichnet, wenn wir unsere Wissenschaft gut beherrschen, ist, daß wir weniger Denktabus haben. Wir treten an den Menschen etwas freier und unbefangener heran, nicht nur in bezug auf die Sexualität, uns interessieren auch die Feinheiten seines Charakters und die Ganzheitsbetrachtung: Wie hängt alles mit allem im Seelenleben zusammen? Dann auch die verschiedenen Stellungnahmen zu den Sphären der Kultur und der Gesellschaft, die politische Haltung eines Menschen und seine Weltanschauung. Das ist alles auch charakterlich mitbegründet. Wir Tiefenpsychologen tun in einem begrenzten Feld etwas, was Modellcharakter für alle Wissenschaften vom Menschen haben kann. Ich erhebe dabei keinen Ausschließlichkeitsanspruch oder einen Dominanzanspruch, aber immerhin haben wir doch Übung darin, mit unerhörter Geduld mikroskopische Verhältnisse in der Biographie eines Menschen auszuwerten. Das könnte dem Historiker sehr viel helfen. Dann möchte ich auch darauf hinweisen, daß uns der Umgang mit dem Verdrängten im Menschen hellhörig für Dinge macht, die der normale Betrachter überhaupt nicht mehr erkennt. Wir schauen hinter die Fassade.

Wenn man das, was wir beim Einzelmenschen, beim Patienten tun, in der Geschichtsforschung anwenden würde, so wäre das vermutlich sehr gewinnbringend.

In der Psychotherapie soll Menschen konkret in seelischen Notlagen geholfen werden. Bei einer historischen Person besteht diese Absicht nicht. Historiker haben es mit toten Menschen zu tun. Kann eine tiefenpsychologische Biographie dennoch einen irgendwie gearteten therapeutischen Effekt erzielen?

Sie werfen hierbei die Frage auf: Was ist Lesen? Lesen hat eine besondere Struktur und Funktion. Meines Erachtens ist Lesen unter anderem auch ein dauerndes Vergleichen. Der Leser nimmt etwas zur Kenntnis und vergleicht innerlich: ›Sehe ich das auch so?‹ Ob er das bewußt macht oder nicht, spielt keine Rolle. Es ist ein ständiges Vergleichen und Sichfragen, ob man ungefähr ähnlich wie der Autor oder wie die von ihm behandelten Personen sieht und denkt.

Meines Erachtens ist es wichtig, daß man das Lesen auch für eine Erziehung zur Wahrhaftigkeit und Weltkenntnis verwenden kann. Es kommt darauf an, was der Text vorgibt. Handelt es sich um einen verlogenen Text, einen, der kitschig oder oberflächlich bleibt und der nicht die wahren Verhältnisse zeigt, dann wird der Leser überhaupt nicht in Prüfung genommen. Er steht vor keinem Examen. Er kann seine eigenen Lebenslügen neben denen des Autors stehenlassen. Ein Autor hingegen, der in irgendeiner Form dem Ideal der Redlichkeit, der Wahrhaftigkeit verpflichtet ist, zwingt den Leser zur Auseinandersetzung. Da kommen dann Fragen, bei denen man sich entscheiden muß: ›Sehe ich es so oder anders?‹ Ein solcher Autor wirkt erzieherisch.

Wenn die Biographien so wären, daß sie der intellektuellen Redlichkeit verpflichtet sind und auch Zusammenhänge bearbeiten, die man sonst verschweigt oder mit Floskeln übergeht, dann würden sie oder andere historische Werke eminent erzieherisch wirken.

Aber das muß der Autor auch wollen und können. Manche Autoren sehen das Problem gar nicht. Sie wollen nur wieder ein Buch schreiben, wieder einmal ins Gerede kommen oder ein bißchen Ruhm erlangen. Aber dieser pädagogische Effekt, der für mich persönlich in meinen Arbeiten sehr zentral ist, wird leider übergangen. Ich sehe es gar nicht als schlimm an, wenn man Literatur als ein Instrument der Erziehung der Menschheit betrachtet. Das hat man in der Aufklärung getan, auch in der Klassik, und das sollte auch in Zukunft so sein. Dann würde wahrscheinlich mancher Text bestimmte Wirkungen erzielen, die heilsam sind.

Ein Psychotherapeut bemüht sich auch um die Bewußtmachung verdrängter Seelenanteile seines Patienten. Dieser soll sich über die Gespräche in der Psychotherapie besser verstehen lernen. Kann solch ein Gedanke auch auf das Verstehen von Geschichte übertragen werden?

Man könnte eigentlich die Geschichte als Wissenschaft fast mit einer Psychoanalyse vergleichen – aber nicht auf Einzelmenschen, sondern auf Völker oder die Menschheit als Ganzes angewendet. Die genaue Erforschung eines Volkes und seiner Kultur oder der Menschheit wäre so etwas wie ein Begreifen unserer selbst aus der Geschichte heraus. Das ist schon fast analytisch.

Nur ist die Frage, wie der Historiker auch das Problem des Unbewußten und des Verdrängten in seine Arbeit einbeziehen kann. Ich meine, man könnte es, denn soweit mir geschichtliche Texte vertraut sind, gibt es tatsächlich weite Gefilde des Verdrängten, die jahrhundertelang nicht beachtet wurden, und die sollten die Historiker genau ins Auge fassen.

Ich nehme nur ein paar willkürliche Beispiele: Etwa die Sklaverei im Altertum. Die unerhörte Blüte der antiken Kultur basierte eigentlich auf einer grausigen sozialen Ungerechtigkeit. Sklaven haben die wunderbaren Tempel geschaffen, vor denen wir staunend stehen. Daß neben freien Bürgern oft die zehnfache Zahl Sklaven waren, wie zum Beispiel in Athen, das wird ausgeschaltet oder sehr wenig berücksichtigt.

Oder das Schicksal der Frauen im Patriarchat. Ich betrachte es als ein großes Plus der Frauenbewegung, daß man sich nun auch um die Geschichte der Frauen innerhalb der Männerwelt mehr bemüht, denn das ist schließlich die andere Hälfte der Menschheit, das andere Geschlecht, wie Simone de Beauvoir sagte. Innerhalb dieser prunkvollen Männergeschichte mit ihren Heldentaten und tausendfältigen Staatsaktionen läuft still und unbemerkt die Geschichte der Frauen als Untertanen, als zweitrangige Existenzen. Das ist auch etwas, was verdrängt wurde und doch sehr große Einflüsse auf die Gestaltung der Kultur hat. Ich bin der Meinung, daß jede Kultur, die die Frau unterdrückt oder geringschätzt, notwendig auch eine autoritäre Kultur sein muß. Autoritär heißt auch kriegerisch und sozial ungerecht. Vielleicht ist das Schicksal der Frauen im Laufe der Jahrtausende ein Schlüssel zur heillosen Geschichte sozialer Ungerechtigkeiten.

Man könnte auch die Zusammenhänge von Herrschaft und Wahnsinn erforschen. Es ist eine Überzeugung der Tiefenpsychologie, daß Macht meistens krank macht. Die Ausübung von Macht ist für den Menschen nicht zuträglich. Nun haben wir ja seit Beginn der Geschichte immer hierarchische Gesellschaftsordnungen mit Herrschern und Priestern von großer Machtfülle, so daß an der Spitze der Gesellschaften immer die Verlockung zum Wahnsinn groß war. Entsprechend wurde auch Politik praktiziert. Das wird in der üblichen Geschichtsschreibung nicht erörtert. Da spricht man von den großen Herrschern wie Julius Cäsar, der Gallien eroberte, und so weiter. Bertolt Brecht bemerkte hierzu ironisch: »War nicht auch ein Koch dabei?«, denn Cäsar mußte ja essen. Alexander der Große eroberte Kleinasien. Tat er das ganz allein? So ist eigentlich die Geschichtswissenschaft jahrhundertelang ein Dienstbote der Herrscher gewesen und hat Hagiographien geschrieben, Heiligenlegenden, in denen angehimmelt wurde. Mich würde interessieren, den Zusammenhang von Herrschaft und Wahnsinn bis auf den heutigen Tag zu erforschen. Wir haben es selber mit Stalin und Hitler leidvoll erlebt. Jacob Burckhardt sagte: »Macht an sich ist böse.« Eine Lehre, die nicht beachtet wurde. Ich möchte das ergänzen, indem ich sage: Macht an sich ist fast immer pathologisch. Das wäre zu erkunden, ebenso der Zusammenhang zwischen Staat, Religion und Autoritarismus. Die meisten Historiker sind Diener des Staates und wollen ihn glorifizieren, aber es besteht doch ein geheimer Zusammenhang zwischen Staat und Religion und Herrschaft über den Menschen – er ist antiemanzipatorisch. Auch das wäre eine freiheitliche Geschichtsschreibung. Es gibt also viel, was man noch genauer unter die Lupe nehmen müßte. Da könnten wir Tiefenpsychologen hilfreich sein.

Wie können wir feststellen, ob Geschichte Anteile von Wahnsinn enthält?

Das ist eine Frage, die die Psychopathologie berührt, aber auch die Philosophie, die Lehre der Weltanschauungen und der Vernunft. Es ist nicht leicht abzugrenzen: Was ist Wahn, und was ist eben Normalität? Man muß sich jedenfalls von der Auffassung trennen, als ob das absolute Gegensätze wären wie schwarz und weiß. In Wirklichkeit gibt es da tausend Nuancen von einem Ideal der Vernunft und Normalität bis zu offenbarem Wahnsinn. Ein Kriterium, das wir in der Psychologie anwenden, ist das sogenannte Realitätsprinzip: Je größer der Wahn, umso größer die Verkennung der Realität.

Nun entsteht aber die gewaltige Frage: Was ist die Realität? Es ist ja niemand da in der Welt, der das absolute Realitätsbewußtsein hätte. Wen könnte man da befragen? Wenn es einen Gott gäbe, den man befragen könnte, wäre das Problem gelöst. Aber wir arbeiten mit Annäherungserkenntnissen. Wenn Wahn eintritt oder überhand nimmt, entsteht eine Desorientierung im Raum und in der Zeit. Die

ist dann manchmal offenkundig: Wenn der Kranke nicht
mehr weiß, wo er war und wann etwas war, ob gestern dieses geschah oder vor einer Woche jenes. Bei starker Desorientierung ist die Diagnose nicht schwer, aber in feineren
Nuancen des Urteils schon. 1919 bis 1933 war es nicht leicht
zu beurteilen, ob der Nationalsozialismus etwas Verrücktes
ist. Wir wissen ja, daß neunzig oder mehr Prozent der
Bevölkerung diesem Wahn zum Opfer fielen. Freud hat einmal sehr klug formuliert: »Den Wahn durchschaut nur der,
der ihn nicht teilt.« Wer durch Panik oder eigene Verwirrung
in einen kollektiven Wahn hineingezogen wird oder einen
individuellen ausbildet, der durchschaut ihn nicht, höchstens der andere. Aber es gibt weitere Probleme. Ich selber
rekurriere manchmal auch auf den berühmt-berüchtigten
Common sense, den gesunden Menschenverstand, den
man so viel verlästert. Aber es gibt doch Regeln, die das
Kollektivbewußtsein ausgebildet hat und die festlegen, daß
man bestimmte Ziele oder bestimmte Verfahrensweisen
wie Toleranz, Geduld oder Verstehen des anderen als vernünftig ansieht. Die Regeln des Common sense werden
immer schwer verletzt, wenn sich Wahn ausbreitet. Das
hätte man auch in der Politik oft genug sehen können.
Wenn schwierige Situationen entstehen, denken die Massen noch weniger, als sie es sonst tun, und das ist in der
Regel nie viel. Dann gelingt es Demagogen, Tausende und
Hunderttausende für ihren Wahn zu begeistern. Aber das
Problem bleibt. Einen endgültigen Schlüssel haben wir
nicht. Je größer die Vernunft in einem Menschen oder seine
Humanität ist, umso eher kann er mit Vorsicht urteilen, was
an Individuen oder Massenbewegungen verrückt ist.

Was ist denn der Kern eines wahnsinnigen Geschehens?
    Ich habe ihn bereits mit Realitätsentfremdung definiert.
Ich würde auch sagen, daß im Wahn die Verständigung

abreißt. Je normaler, je vernünftiger wir sind, umso mehr können wir uns mit vielen Menschen verständigen. Je wahnwitziger wir werden, umso weniger versteht uns unsere nächste Umgebung und schon gar nicht, wer weiter entfernt ist. Da kann man den Nietzscheschen Satz anwenden: »Einer allein ist immer im Unrecht, bei zweien beginnt die Wahrheit.« Wenn man fürchtet, in die Nähe der Verrücktheit zu kommen, sollte man immer noch ein paar Menschen finden, die die eigenen Auffassungen akzeptieren oder teilen. Dann ist der Wahn nicht mehr so schlimm. Aber in der Politik sehen wir ja auch, daß manchmal Millionen eine Verrücktheit teilen. Dieser Schlüssel paßt also auch nicht immer. Aber wir könnten sagen: Eine vernünftige Idee müßte von der gesamten Menschheit angenommen werden. Das war zum Beispiel beim Faschismus nicht der Fall. So auch beim Bolschewismus und bei anderen diktatorischen Ideologien nicht. Während man bei einer humanen Weltordnung denken würde, daß potentiell alle klugen Menschen der Welt ihr zustimmen könnten.

Herrschaft an sich ist fast immer pathologisch. Muß man dann zu der Überzeugung gelangen, daß Geschichte immer auch pathologisch sein wird? Oder sehen Sie eine Alternative zu den Herrschaftsstrukturen, wie wir sie in so gut wie allen bisherigen Gesellschaften beschreiben können?

Herrschaft hat einen pathologischen Kern, denn der, der herrschen will, muß sich zum Subjekt machen, und die Beherrschten sind seine Objekte. Das ist eine pathologische Beziehung, die meistens ausartet. Der, der oben ist, wird verrückt, maßlos, grenzenlos, er erkrankt an Hybris. Und die, die unten sind, leiden in ihrer Lage und werden ihrer Menschlichkeit beraubt. Aber daß die Geschichte immer pathologisch war, kann man nicht sagen, denn parallel zur

Herrschaftsgeschichte läuft auch die Geschichte der wachsenden Vernunft und Solidarität der Menschen. Man kann durch die Geschichte verfolgen, daß Menschen selbstbewußter werden, freier im Denken und Handeln, daß sich Sitten und Bräuche mehr der Realität annähern, der Liberalität, daß Menschenwürde geachtet wird und so weiter. Ich glaube, Geschichte hat eben eine polare Struktur: Auf der einen Seite immer wieder Herrschaft, die uns zurückwirft, auf der anderen Seite Vernunft, Wissenschaft, Humanität, die uns voranbringen. Es ist ein kontrapunktisches Geschehen.

Ist für Sie Herrschaft identisch mit Macht?

Ich denke, nicht. Das ist ein Problem, das die Nietzsche-Interpreten sehr beschäftigt hat. Nietzsche spricht vom Willen zur Macht als der großen Triebkraft im Menschenleben und in der Geschichte. Oberflächliche Deuter sagten: Dann ist eben alles Wille zur Macht, und es gibt überhaupt nichts anderes. Aber die genauere Interpretation zeigt, daß Nietzsche zweierlei Macht beschreibt, die plumpe, grobe, unzivilisierte Macht, die ist eben pathologisch, die ist Herrschaft. Macht, die ihm eigentlich vorschwebte, war Macht über sich selbst. Der idealste, der sublimste Machtwille ist der der Selbstbeherrschung, der Selbstbezwingung. Und das ist dann immer Kulturleistung. Nietzsche war kein Propagandist der rohen Gewalt, wie das die Nationalsozialisten auslegten. Dieser edle, kultivierte, sensible Mensch schwärmte eigentlich von Menschen, die sich selbst beherrschen können. Das hat übrigens Walter Kaufmann in seinem Nietzsche-Buch sehr schön dargestellt. J. P. Stern, ein englischer Historiker, ist auch der Meinung, daß alle diese Nietzsche-Interpreten, die nur die rohe Macht in den Vordergrund stellen, Nietzsche verkennen. In diesem Sinne bejahe ich also diese Art von Machtwille, der auf Selbstbeherrschung zielt.

Traditionelle politische Geschichtsschreibung, die nicht selten die herrschenden Verhältnisse verklärte, wurde in den sechziger Jahren von einem Ansatz her kritisiert, der als Sozial- und Wirtschaftsgeschichte bezeichnet wird. In neuerer Zeit hat sich als alternative Herangehensweise an Geschichte auch die Alltagsgeschichtsschreibung verstärkt etabliert. Sehen Sie von diesen im Bereich der Geschichtswissenschaft derzeit dominanten Strömungen Verbindungen zu einer tiefenpsychologischen Geschichtsschreibung?

Ich begrüße diese Alltagsgeschichtsschreibung. Das ist doch sehr interessant, wenn man die Geschichte des alltäglichen Lebens beschreibt oder das Verhalten der Mütter oder der Kinder, die Erziehungsgeschichte und so weiter. Aber ich möchte auch nicht, daß man diese Alltagsgeschichte verabsolutiert. Ich habe bei Nietzsche in der *Fröhlichen Wissenschaft* einen sehr eindringlichen Aphorismus gelesen. Er meinte, was bis jetzt in der Geschichtsschreibung fehlt, wäre eine Geschichte menschlicher Gefühle und Empfindungen, zum Beispiel die Geschichte der Liebe oder die Geschichte des Hasses oder des Ehrgeizes, des Neides, der Demut, der Aggression und der Sexualität. Nun gibt es ja bereits Arbeiten in dieser Richtung. Einige bekannte Autoren haben sich dazu geäußert. Es wäre psychologisch sehr relevant zu fragen: Wie ist die Menschheit bisher mit solchen Problemen wie Liebe, Ehrgeiz oder Demut umgegangen? Mich würde als Thema ganz speziell interessieren – die Historiker erzählen uns von Kriegen, von imperialistischen Staatsausweitungen, von der Abfolge von Herrschergeschlechtern und so weiter –, eine Geschichte der menschlichen Solidarität zu schreiben. Das liegt mir sehr am Herzen. Es gibt bereits eine Vorarbeit, das berühmte Buch von Peter Kropotkin über *Gegenseitige Hilfe in der Tier- und Menschenwelt.* Er hat gezeigt, daß im Laufe der Jahrtausende der große Faktor der Kulturevolution

nicht die Kriege und nicht die Ausweitung der Macht-
sphären und nicht die pompösen Staatsaktionen waren,
sondern die stille Solidarität der Menschen untereinander,
die zum Beispiel in den Städten praktiziert wurde oder in
Wissenschaft und Technik, Industrie und Wirtschaft. Diese
weniger beachteten Vorgänge, in denen Menschen zuein-
ander standen und Gefühl für den Nachbarn, für die andere Nation, sogar für die Menschheit entwickelten, werden
kaum berücksichtigt. Wir sind eben immer noch im Banne
einer Kriegs- und Machtgeschichte, und das finde ich nicht
gut.

In der Psychotherapie spielen Fragen der alltäglichen
Lebensgestaltung eine bedeutsame Rolle. Könnten Sie von
diesen Erfahrungen her Fragestellungen entwickeln, die
über die bisherige Alltagsgeschichtsschreibung hinausge-
hen beziehungsweise bisher unerforschte Themen benen-
nen?

Ich habe bereits angedeutet, daß man die Geschichte der
Gefühle und Affekte beschreiben kann: Neid, Liebe, Haß,
Eifersucht. Es gibt heute schon Ansätze dazu. Ich habe hin-
zugefügt, daß es sehr schön wäre, auch die Geschichte der
Solidarität zu schreiben. Dem haben Autoren wie der
bereits erwähnte Peter Kropotkin vorgearbeitet. Dann die
Sittengeschichte; nur habe ich da Einwände. Die bisherige
Sittengeschichte ist meistens eine Unsittengeschichte. Die
Autoren haben eine besondere Vorliebe für Pornographie.
Anstatt die Triebgeschichte Europas mit einigen Einzelhei-
ten in ihrer reinen Form darzustellen, schwelgen sie nicht
selten im Laster und treten es breit, weil sie offenbar davon
angezogen werden. Mich würde auch eine Geschichte der
wachsenden Vernunft interessieren, und zwar nicht nur der
in den Wissenschaften, sondern auch jener im Alltagsleben.
Das würde parallel laufen mit einer Geschichte der Dumm-

heit, die auch schon dann und wann in Angriff genommen wurde. Allgemein schwebt mir als Psychologe vor, Geschichte in aufklärender Absicht darzubieten. Das Feststellen der Vergangenheit und das Aufdecken von Strukturzusammenhängen oder Machtpolitik und so weiter reichen nicht aus. Geschichte muß so dargestellt werden, daß Menschen den Impuls bekommen, Fortschritt zu bewirken. Das wurde im 18. Jahrhundert so gemacht. Ich glaube, man sollte darin weiter fortfahren. Das ist eine gute Linie. Mich hat letzthin ein Thema besonders beschäftigt. Ich habe eine ganze Reihe von Biographien über Menschen in Machtpositionen gelesen. Da entstand in mir das Konzept eines Buches »Menschen an der Macht, Psychopathologie der Herrschaft«. Darin würde ich gerne darstellen, wie verrückt eigentlich diese Menschen waren, die man oft mit dem Epitheton »der Große« bezeichnet, von Alexander den Großen über Julius Cäsar bis hin zu Karl XII. von Schweden, Napoleon, nicht zu reden von Hitler, Mussolini und Co. Wieviel Geistlosigkeit und psychopathologische Motive bei solchen Menschen doch wirksam waren, die auf die oberste Stufe der Macht gelangten. Das wäre etwas, was ich selber vielleicht in ein, zwei Jahren bearbeiten könnte.

Ein anderes Thema wäre zum Beispiel die Geschichte des Masochismus, der Unterwürfigkeit im großen und kleinen. Denn das ist eigentlich das Erbübel der Menschheit, daß sich viele Menschen irgendeinem Schauspieler oder Hysteriker unterwerfen, wenn er nur die Gesten, Symbole und die Legitimation der Macht hat. Der menschliche Masochismus ist eigentlich der größte Feind des Fortschritts. Den würde ich gerne historisch bearbeitet sehen.

Was sind überhaupt Gefühle?

Gefühle, das ist ein schwieriges Problem. Die Psychologie hat eigentlich in der Theorie der Gefühle nicht unbedingt sehr viel Arbeit geleistet. Das liegt daran, daß sie lange Zeit eine biologistische Ausrichtung hatte: Behaviorismus und naturwissenschaftliche Grundorientierung, sogar bis in die Psychoanalyse hinein. Diese belehrt uns darüber, daß Gefühle gehemmte Triebe seien, nicht etwas Eigenständiges, sondern Triebe, die man zurückdrängt. Das ist sehr fraglich. Das gesunde, schlichte Alltagsbewußtsein bestreitet das. Wer Gefühle erlebt, sagt, das ist etwas Autochthones. Bessere Theorien der Gefühle kommen von den Phänomenologen und von den neueren Tiefenpsychologen.

Das Gefühl – so lautet eine vorläufige Definition – ist eine Art intensives Angemutetsein von einem Objekt, wobei wir innerlich bewegt sind und den Drang bekommen, mit diesem Objekt in Beziehung zu treten. Gefühle sind beziehungsstiftende Elemente des Seelenlebens. Auch sind sie sehr stark an Werterkenntnis gebunden. Fühlen ist Werterkennen.

Wenn wir nur Kopfwesen wären oder nur denken würden, hätten wir immer Abstand zu den Dingen; alles würde uns gleichgültig lassen; wir würden erkennen, wie alles ist. Aber sobald Gefühl hinzutritt, geraten wir in Bewegung. Das kommt vielleicht daher, weil Gefühle zwischen den Polen Liebe und Haß oszillieren. Es gibt nur diese beiden Grundgefühle, Liebe und Haß, in tausend Abschattungen. Wo Liebe als Gefühl eintritt, bewegt sich der Mensch auf das Geliebte zu. Wo Haß eintritt, bewegt er sich weg. Also sind im gewissen Sinn Gefühle Dampf in der Maschine Mensch. Weil wir Gefühle haben, kommen wir in Bewegung. Hätten wir keine Gefühle, würden wir wie Götter über den Welten thronen. Alles würde an uns vorbeirauschen. Gefühle geben dem Leben Dringlichkeit. Das ist eine vorläufige Antwort.

Sind Gefühle in verschiedenen Zeitaltern unterschiedlich?
Ja und nein. Was die geistige Situation des Menschen anbetrifft, hat er sich im Laufe der Epochen sehr gewandelt. Was die biologische Konstitution des Menschen angeht, ist aber vermutlich seit 200 000 Jahren alles ungefähr konstant geblieben. Die biologische Ausrüstung des Menschen ist da. Gefühle sind entwicklungsgeschichtlich und anthropologisch gesehen vermutlich in der Mitte zwischen biologischer Ausrüstung und geistiger Weltorientierung des Menschen angesiedelt. Da das eine konstant blieb und das andere sich veränderte und Gefühle an beidem teilhaben, geht wohl durch die Zeiten hindurch ein Strom der Veränderung von Gefühlen, aber kein grundsätzlicher. Wir müssen vermuten, daß die Menschen in der Antike in sehr wichtigen Punkten wie Angst, Liebe, Haß oder Neid oder Eifersucht doch ziemlich ähnlich reagiert haben wie wir. Das scheinen auch die historischen Dokumente zu bestätigen. Andererseits darf man sich nicht allzusehr darauf verlassen, wenn man etwa die Gefühlslage des Menschen im Mittelalter ausloten will, seine Daseinsangst, seine Panik, die Angst vor dem Weltuntergang um das Jahr 1 000 n.d.Z., dann die Angst vor Krankheiten wie Pest, die so ähnlich als Verhängnis über den Menschen schwebte wie heute die Atombombe. Da gibt es Varianten. Aber ich bestehe darauf, daß Ähnlichkeiten immer da sind.

Sind das von Geburt an festgelegte Gefühle, die diese Ähnlichkeit bestimmen?
Nein. Gefühle sind zu vergleichen mit Möglichkeiten des Menschen. Er hat die Möglichkeiten zu Liebe, Haß, Neid, Eifersucht. Aber wie sich das herauskristallisiert, wie sich das gestaltet, das hängt dann von den Erziehungsprozessen ab, von den kulturellen Gegebenheiten, von Nachah-

mung, Vorbild, Weltanschauung, vom kulturellen und emotionalen Klima einer Zeit. Gefühle sind Dispositionen, aber nicht vererbt wie zum Beispiel die Atmung oder der Herzschlag. Sie sind etwas Fließendes. Die Möglichkeit ist gegeben, und der Mensch kann sie ausgestalten, je nach seinem Entwicklungsniveau.

Könnten Sie für diese unterschiedliche Ausgestaltung von Gefühlen im Laufe der Geschichte auch ein Beispiel geben?
    Was mich sehr interessiert, ist die Wandlung der Liebe im Laufe der Zeitalter. Wir müssen annehmen, daß die persönliche Liebe zwischen Mann und Frau im Laufe der Geschichte großen Wandlungen unterlag. Ich denke mir, daß in Zeiten extremen Patriarchats die Beziehung zwischen Mann und Frau stark behindert war. Die Frau war eher Sklavin oder Gebärmaschine, etwas Untertäniges. Dieses Herrschaftsgefälle läuft konträr zur Liebe. Ich könnte mir vorstellen, daß jahrtausendelang die Frau nicht unbedingt persönliche Liebe vom Mann bekam, sondern so wie das andere Eigentum, das er besaß, manchmal gut, manchmal schlecht behandelt wurde. Eine dialogische, eine personhafte Ich-Du-Beziehung wurde wahrscheinlich lange verweigert. Immerhin kam in der Antike, wie uns Herodot und andere Autoren erzählen, solche personale Liebe doch schon öfter vor, vermutlich auch in der Römerzeit und im Mittelalter. Aber es gibt Autoren, die behaupten, daß die echte Liebe zwischen Mann und Frau eine Erfindung der provençalischen Troubadours im 12. und 13. Jahrhundert sei. Diese Minnesänger fingen an, Frauen anzuschwärmen, sie als Personen zu bewundern, ihren Ruhm durch die Lande zu tragen und sie nicht allein sexuell zu begehren. Sie haben uns auch wunderbare Gesänge hinterlassen und lehrten vielleicht die Menschheit, wie man zwischen Mann und Frau Liebe aufbauen kann.

Bis zum heutigen Tag behindert der patriarchalische Ungeist diese echte Liebe zwischen Mann und Frau. Es wird zwar schon von Gleichberechtigung und Gleichstellung und so weiter geredet. Aber es braucht Jahrhunderte, bis so eine Krankheit beseitigt wird. So könnte man sagen, daß im Laufe der Geschichte die personale Liebe zwischen Mann und Frau ungeheuren Abwandlungen unterlag. Sie ist überhaupt ein Desiderat der Zukunft. Die Probleme, die wir heute mit Prostitution, mit sexuellen Perversionen, mit Unverständnis der Geschlechter gegeneinander haben – auch von der Frauenseite, nicht nur von der Männerseite –, mit heimlichem Wettkampf, in dem jeder den anderen unterkriegen will, das sind alles Störfaktoren der Liebe. Es wäre lohnend, das noch detaillierter im historischen Ablauf zu verfolgen. Das haben auch schon einige Autoren versucht.

Nun werden historische Fragestellungen nicht selten vom Unterricht in den Schulen her bestimmt. In diesen Schulen überwiegen meist traditionelle Vorgaben in den Lehrbüchern. Sehen Sie eine Möglichkeit, in den Schulen für solche von der Tiefenpsychologie inspirierte Fragestellungen und speziell auch für die Tiefenpsychologie selbst Interesse zu wecken?

Das scheint mir hauptsächlich ein Lehrerproblem zu sein. Die Programme sind zwar vorgegeben, aber der Lehrer hat einen gewissen Spielraum. Wenn die Lehrerbildung besser wäre, dann glaube ich, daß der Lehrer heute einen humanistisch orientierten Geschichtsunterricht machen könnte. Aber ich bin sehr traurig darüber, daß die Tiefenpsychologie in die Lehrerausbildung noch fast nicht eingedrungen ist. Die Lehrer bekommen ihre Didaktik, ihre Unterrichtstechniken und Stoffklärungen und so weiter. Das ist alles schön und recht. Aber in Wirklichkeit sollte der

Lehrer auch Persönlichkeit sein, denn er wirkt mit seiner Person viel mehr als mit dem Stoff. Es müßte eine Charakteranalyse des Lehrers und Schulung in Tiefenpsychologie möglich gemacht werden. Dann würde natürlich auch viel mehr Lebensmut in solche Lehrerpersönlichkeiten hineinkommen. Sie würden sich nicht mehr von den Schülern auf der Nase herumtanzen lassen, denn heute besteht nicht mehr Lehrerherrschaft, sondern Schülerherrschaft mit entsetzlichen Folgen für den Unterricht. Es kann ja kaum mehr richtig unterrichtet werden. Stärkere Lehrerpersönlichkeiten würden auch darauf dringen, daß die Schüler Lebenskenntnis und Menschenkenntnis mitbekommen. Da versagt unsere Schule vollkommen. Sie ist immer noch instrumentell gedacht. Man will Werkzeuge heranbilden, gute Arbeiter, gute Kaufleute, Techniker. Aber daß da Kulturmenschen geformt werden sollen, nimmt die heutige Schule gar nicht ernst.

Der Lehrer als selbstbewußte, innerlich aufgeklärte Persönlichkeit würde den Schwerpunkt darauf legen, nicht Stoff allein zu vermitteln, sondern charakterliche Entwicklungen anzubahnen, die Kinder zu lehren, mit ihm und untereinander zusammenzuarbeiten, und den Idealismus der Kinder zu fördern. Heute wird der Idealismus in den Schulen überhaupt nicht mehr gepflegt. Das war früher spürbar mehr, als ein geschlossener Kulturhorizont da war. Heute lebt man einfach in den Alltag hinein. Der Schüler kommt nicht über den Privategoismus hinaus. Tiefenpsychologische Arbeitsweisen sollten nicht nur im Geschichtsunterricht die Schüler lehren, aus ihrem Leben etwas zu machen. Wir lernen viele Künste, aber die Kunst des Lebens, die bringt man uns nicht bei. Wenn wir Therapeuten dann zwanzig, dreißig Jahre später in die Lücke einspringen müssen, ist das sehr hart für uns. Die Kindheit wäre eine viel bessere Chance, aber das ist eben heute ein unerhörtes Manko: Man will nicht mehr richtig erziehen, man hat nicht mehr den Mut zur Erziehung.

Wenn nun ein künftiger Geschichtslehrer heutzutage an einer der deutschen Universitäten tiefenpsychologische Ausbildung und tiefenpsychologische Geschichtsforschung betreiben will, dann hat er es ja nicht leicht. Einerseits stößt er auf Vorbehalte und Vorurteile seitens etablierter Wissenschaftskreise, Historikerkreise, andererseits wird er aber auch vergebens nach Möglichkeiten Ausschau halten, sich tiefenpsychologisches Wissen an den Universitäten anzueignen, ein Wissen, das über eine theoretische Aneignung von Texten hinausgeht. Eine konkrete tiefenpsychologische Ausbildung kann man an den psychologischen Instituten der deutschen Universitäten noch nicht absolvieren. Sehen Sie einen Ausweg aus diesem Dilemma?

Ich begreife die Historiker ganz gut. Die betreffenden Professoren sind Spezialisten auf ihrem Gebiet. Da haben sie nun eine bestimmte Kompetenz erlangt, und nun nochmals auf der Schulbank zu sitzen und etwas Neues zu lernen, das ist für Menschen in Autoritätspositionen immer sehr schwer. Andererseits muß ich auch uns Analytikern die Schuld geben, daß wir vielleicht nicht immer eine glückliche Hand im Umgang mit den Fachwissenschaftlern hatten. Aber die Tiefenpsychologie mußte sich eben durchsetzen, so gut sie konnte, ohne Hilfe von Nachbardisziplinen. Dabei wurden bestimmte Einseitigkeiten formuliert. Aber das ist nun immer in der Jugendgeschichte einer Wissenschaft der Fall. Trotz allem war von seiten der etablierten Wissenschaft zu wenig Neugier vorhanden, denn die Tiefenpsychologie geriet in ein schiefes Licht bei konservativen Kreisen. Man spürte, das ist eine Wissenschaft, die in Frage stellt, die Grundlagen auflockert oder auflöst. Da Hochschullehrer sehr oft konservative Persönlichkeiten sind, hat die Tiefenpsychologie lange Zeit kein Glück bei ihnen gehabt.

Dann kam die Zeit des Nationalsozialismus, die kritische Fragestellungen nicht aufkommen ließ. Und das endete nicht 1945. Es folgte zudem eine Erholungszeit von fünfzehn Jahren. Also: Die ganze Sache ist noch jung und erst im Werden.

Andererseits kann man nicht darauf warten, bis die Hochschulen die Tiefenpsychologie so integrieren, wie wir es wollen. Da wird noch lange Zeit verstreichen. Man sollte nicht immer auf den Staat warten. Der Staat ist immer schwerfällig. Beamte haben ein anderes Verhalten zu diesen Fragen als Leute, die lebendig in diesen Zusammenhängen stehen. Hier ist Privatinitiative gefordert. Was haben nicht Sigmund Freud und seine kleine Gruppe von Psychoanalytikern an Wissen und an Anregungen in die Welt gesetzt, ohne daß der Staat dabei benötigt wurde! Und es ist auch mein Stolz, daß mein Institut ganz auf privater Initiative beruht. Wir haben keinen Pfennig vom Staat verlangt und auch nichts erhalten.

Da könnte man nun sehen, ob man nicht von psychoanalytischer Seite den Historikern Angebote macht. Aber es wird Zeit verstreichen, bis die Leute das erfahren und bis sie sich dafür interessieren. Prinzipiell wollen wir nicht warten, daß andere es tun, sondern jeder soll tun, was er kann.

Wenn also ein Historiker bei Ihnen in Berlin eine Zweitausbildung als Tiefenpsychologe beginnen möchte, um dann tiefenpsychologische Geschichtsforschung zu schreiben, wäre das möglich?

Prinzipiell ist das leicht möglich. Unsere Veranstaltungen finden immer abends statt, sie kollidieren also nicht mit den Veranstaltungen an der Hochschule und anderswo. Wer kommt, wird gerne angenommen. Er muß sich allerdings bewußt sein, daß er ein Riesenpensum vor sich hat und daß so eine schnelle Zusatzausbildung von ein paar Monaten oder vielleicht einem Jahr nicht viel bringt, denn die Tiefenpsychologie ist so beschaffen, daß man sie entweder ganz oder gar nicht konsumiert. Wenn jemand meint, er könne aus diesem Kuchen nur ein paar Rosinen herauspicken, geht das nicht. Wenn man Tiefenpsychologie studiert, muß man zuerst einmal sich selbst therapeutisch behandeln und die eigene Persönlichkeit durchleuchten lassen. Dann muß man verschiedene theoretische Studien treiben. Die Literatur der Tiefenpsychologie ist wie ein Gebirge. Außerdem muß man die Zusammenhänge zwischen der Tiefenpsychologie und angrenzenden Wissenschaften studieren. Es ist im Grunde ein Vollpensum für einige Jahre. Aber der Betreffende kann es sich ja aufteilen. Neben seinem Studiengang kann er sich dann parallel bei uns informieren. Ich schätze in etwa drei bis fünf Jahren kann man annähernd einen Einblick bekommen, um dann lebenslang weiter zu suchen. Und das genügt ja. Schulung soll nicht endgültig sein, sondern sie soll nur in den Stand setzen, sich lebenslang weiter zu schulen.

Das ist also ein zeitintensives, aber doch realisierbares Unternehmen. Nun ist die Frage, ob aber nicht solch ein Unternehmen eventuell an der Finanzierung scheitern würde. Ist das nicht ein finanziell sehr aufwendiges Unternehmen?

In meinem Berliner Institut nicht. Ich war immer tief beeindruckt, daß die alte Psychoanalyse sehr große Kosten verursachte, so daß in Psychoanalytikerkreisen der Witz kursierte: Der Patient, der reich und neurotisch in die Behandlung kommt, ist am Ende gesund, aber verarmt. Das ist nicht der Zweck der Übung. In unserem Falle wird das Soziale sehr stark betont. Die Kosten sind so veranschlagt, daß sich das jeder Mensch leisten kann. Das habe ich so eingerichtet. Wir haben auch Veranstaltungen, die sehr wenig kosten. Der Student mit seinem geringen Stipendiumbetrag hat keine Schwierigkeiten, bei uns mitzumachen, geschweige denn jemand, der schon ein bißchen verdient. Es ist also wirklich möglich, und es sollte auch so sein. Denn vergessen wir nicht: Freud und vor allem Adler waren der Meinung, daß die Tiefenpsychologie allen Menschen gehört. Sie nur einer finanziellen Elite vorzubehalten, ist im Grunde ein schwerer Mißbrauch der Tiefenpsychologie. Wenn heutzutage Psychotherapie ein Beruf ist, der den Mann reich macht, dann finde ich das nicht gut. Das ist nicht Tiefenpsychologie. Es geht vielmehr darum, vielen Menschen bei geringen Kosten die Resultate unserer Wissenschaft zu vermitteln.

Herr Rattner, Sie haben schon angedeutet, daß Ihre Ausbildung meist abends stattfindet. Können Sie noch etwas das Ausbildungsprogramm detaillieren: Legt sich dann ein Historiker, der zu Ihnen kommt, auf die Couch, oder wie betreiben Sie Ihre Ausbildung?

Das Zentrum ist natürlich die Persönlichkeitsanalyse. Sie geschieht hier nicht auf der Couch, sondern im Gespräch. Die Couch ist ja sehr in Frage gestellt worden. Das war noch naturwissenschaftliche Orientierung. Freud wollte ein Objekt vor sich haben, das er kühl und unbefangen studieren konnte. Da war die Couch gerade gut genug dafür. Wir sind mehr dialogisch orientiert. Wir bevorzugen die demokratische Anordnung. Man sitzt einander gegenüber und schaut sich an. Jeder sieht, wie dem anderen zumute ist. Das ist besser für die Entwicklung des Patienten.

Ich selbst habe mich teilweise aus diesen Individualtherapien zurückgezogen. Mein Institut ist zu groß. Wenn ich jedem Einzelstunden geben wollte, müßte ich hundert

Stunden pro Tag zur Verfügung haben. Aber das machen meine Mitarbeiter. Bei ihnen kann man Einzelstunden nehmen und eine genaue Analyse der eigenen Lebensgeschichte und Charakterstruktur erarbeiten.

Dann gibt es kleine Gruppen, in denen gruppentherapeutisch Zusammenhänge erforscht werden. Es wird auch Sozialverhalten eingeübt, Kontaktnahme, Interesse an anderen. Das Zentrum unserer Therapie sind die Großgruppenveranstaltungen, die ich mit meinen Mitarbeitern zusammen durchführe. Da sprechen Patienten nach und nach vor vielen Personen. Man kann lange Zeit schweigen. Aber wenn man Vertrauen faßt, öffnet man sich. Ich deute, mit meinen Mitarbeitern, vor einer größeren Zahl von Menschen Lebensgeschichten, Neurosen und psychologische Entwicklungen, so daß alle dabei lernen können. Es ist im Grunde eine Psychotherapieschule für jedermann. Der Patient wird als halber Therapeut betrachtet. Er soll auch in der Therapie mithelfen. Ich finde es verkehrt, wenn ein Gefälle vom Analytiker zum Analysanden hinunter entsteht – und der Analysand wird immer nur analysiert. Bei uns soll er nach einiger Zeit, wenn er etwas versteht, an der Kur seiner Leidensgenossen mithelfen. Wer hilft, heilt sich selbst.

Es ist eine unumstößliche Wahrheit, daß einem anderen helfen mehr Heilung bringt, als analytisch zu zergliedern, was man in der Kindheit irgendwann einmal vielleicht erlebt hat.

Das ist der therapeutische Anteil. Hinzu kommt ein theoretischer Anteil. Wir haben Schulungsveranstaltungen, in denen wir jedes Semester ein zentrales Thema der Theorie durchnehmen. Jetzt zum Beispiel Sexualität, aber sehr breit gefächert: kulturhistorisch, analytisch, therapeutisch, erzieherisch, moralkritisch, religionspsychologisch und so weiter. Ein anderes Mal kommen vielleicht Fragen der Behandlungstechnik, der Kulturanalyse und so weiter vor. Dann

gibt es immer wieder Vorlesungen von mir über fächer-
übergreifende Themen. Das sind zum Beispiel die genannten Psychographien und Pathographien. Jetzt gerade eine
Darstellung von Heinrich Heine. Im nächsten Jahr wird es
eine große Nietzsche-Vorlesung von vielleicht achtzehn
Veranstaltungen geben, in denen der Psychologe, der
Moralkritiker und der Kulturphilosoph Nietzsche sehr
detailliert dargestellt wird. Später ist eine Goethe-Vorlesung
vorgesehen.

Aus diesem Ausbildungsprogramm kann jeder wählen,
was seiner Zeit und seinen Möglichkeiten entspricht. Nach
und nach wächst er in unsere Arbeit hinein und wird angeregt, selber zu forschen und zu suchen. Und das innerhalb
einer Gemeinschaft, in der jeder jeden unterstützt. Das ist
vielleicht das Zentrale, was ich vorhin schon sagte: Solidarität. In diesem Institut wird Solidarität großgeschrieben.
Man hilft einander, man trifft sich, man kommt zusammen
zu Veranstaltungen, zum Frühstücken, zu geselligen
Zusammenkünften. Das ist mit inbegriffen, denn eine
Wandlung an einer Persönlichkeit zu vollziehen ist schwer.
Der Mensch, wenn er mal erwachsen ist, ist fast Granit. Um
das aufzulockern, müssen viele Veranstaltungen zusam-
menwirken. Und das scheint mir an unserem Institut gegeben.

Religion und Psychotherapie

Herr Rattner, in welchem Verhältnis stehen Religion und Psychotherapie?

Das Thema ist sehr umfassend, wir werden nur in Andeutungen seine Konturen beschreiben können. Da Religion nach der Definition von Erich Fromm »ein System der Orientierung und Hingabe« ist, kann man sich kaum vorstellen, daß dieses von der Neurose nicht tangiert wird. Jede neurotische oder andere psychische Erkrankung der Persönlichkeit wird das religiöse Denken und Empfinden unbedingt beeinflussen und formen. Die traditionell gegebene Religiosität wird von jedem einzelnen je nach Charakter und Persönlichkeitskonstanten modelliert. So hat vermutlich jeder den Gott in seinem Innern, der zu seiner Gemütsverfassung, seinem Temperament, seiner »Geistigkeit«, seiner Triebstruktur und so weiter paßt. Auch wählt das Individuum aus dem Gesamtbestand religiöser Denkformen, Riten und Verhaltensmodelle immer jene aus, die seinen emotionalen und libidinösen Bedürfnissen entsprechen. Die *Gottes- und Glaubensvorstellungen* sind mit dem ganzen seelischen Inventar der *Persönlichkeit* innig verwoben, so daß jede Analyse der Persönlichkeit mit diesen Vorstellungen konfrontiert wird. Darum haben die Psychoanalytiker schon in der Frühzeit ihrer Wissenschaft und Praxis die Forderung erhoben, daß das religiöse Weltbild des Patienten aus dem psychotherapeutischen Diskurs nicht ausgespart werden darf.

Nun waren aber Freud und seine ersten Schüler durchweg Atheisten, so daß die genannte Forderung bedeutete, daß der Analysand in der Therapie auf seine »religiösen Illusionen« verzichten lernen müsse. Bei Freud war dies offenbar ein wichtiges Teilstück seiner Therapiebemühung. Jeder Patient, der mit ihm arbeitete, wußte früher oder später, daß er es mit einem radikalen Atheisten zu tun hatte. Freud hielt mit seiner philosophischen und weltanschaulichen Überzeugung nicht hinter dem Berg. Sah er sich doch als »Erzieher, Lehrer, Aufklärer und Künder einer freieren Weltanschauung«. Demgemäß kommentierte er religiöse Vorstellungen kritisch oder ironisch. Sie abzubauen und zu verflüchtigen war Teilprogramm der psychoanalytischen Kur.

Wie allergisch Sigmund Freud auf Religionsrelikte bei seinen Schülern oder Gesprächspartnern zu reagieren vermochte, möchte ich an zwei Beispielen zeigen.

C. G. Jung erzählt in seinem Spätwerk *Erinnerungen, Träume, Gedanken*, daß ihm Freud 1910 in einem Gespräch eingeschärft habe, er möge niemals die Sexualtheorie aufgeben. Man müsse daraus ein Bollwerk gegen den »Okkultismus« machen. C. G. Jung war sofort klar, daß Freud unter dieser Vokabel nicht nur Aberglauben und Parapsychologie, sondern auch die Religion (eventuell auch die Philosophie) verstand. C. G. Jung schloß aus diesem Dialog, daß das Sexuelle für Freud selbst eine religiöse und »okkulte« Bedeutung habe; es sei für ihn ein »Numinosum«. Damit war gewissermaßen auch einer der Trennungsfaktoren zwischen den beiden Vätern der Tiefenpsychologie gegeben.

Victor von Weizsäcker besuchte Freud im Jahre 1926. Es kam zu einem ausführlichen Gespräch, das zeigte, wie weit die weltanschaulichen Positionen der beiden Gesprächspartner auseinanderklafften. Aber man wahrte Höflichkeit und Haltung; der deutsche Neurologe und »Psychosomatiker« war Freud doch sehr willkommen. In seinem Buch *Natur und Geist – Erinnerungen eines Arztes* berichtet von

Weizsäcker folgendes: »Beim Abschied aber wurde doch noch offenbar, daß die Begegnung nicht so ganz über die stürmischeren Untergründe des geistigen Kampfes wegge- glitten war. Wie man, schon stehend, nicht immer gleich das abschließende Wort findet, so unterbrach ich die entstan- dene Pause mit einer vielleicht mehr ehrlich gefühlten als gut angebrachten Bemerkung. Ich sagte nämlich etwas abrupt, es schiene mir ein merkwürdiges Zusammentref- fen, daß mein Besuch bei ihm gerade auf den Allerseelen- tag fiele. Das war nämlich der Fall. Der unerwartete Erfolg war, daß Freud erstaunt frug: ›Wieso?‹ Ich kam etwas in Ver- wirrung und versuchte zu erklären, ich sei ›im Nebenamte wohl auch etwas Mystiker‹. Darauf aber wandte er sich mir rasch zu und sagte mit einem geradezu entsetzten Blick: ›Das ist ja furchtbar!‹ Einlenkend sagte ich: ›Ich will damit sagen, daß es auch etwas gibt, was wir nicht wissen‹, wor- auf er: ›Oh – darin bin ich Ihnen über!‹«

Gleichwohl mußten sich Freud und die Psychoanalytiker dazu bequemen, die religiösen Einstellungen der Patienten zu tolerieren, ansonsten hätte man schwerlich im katholi- schen Österreich und anderswo Psychotherapie machen können. Andererseits ist es kaum glaublich, daß so profi- lierte Ungläubige wie Freud, Adler, Reik, Rank, Ferenczi nicht dann und wann ihren »Schützlingen« kundgaben, daß sie von der »bergenden Macht der Religion« nicht unbedingt überzeugt waren. Es wurde eben auch in der »weltan- schaulichen Dimension« therapiert.

Sowohl Paul Schilder als auch Harald Schultz-Hencke haben die Ansicht vertreten, daß die neurotische Deforma- tion der Persönlichkeit weit in den »weltanschaulichen Überbau« hineinreiche. Darum wäre eine Therapie sehr unvollständig, die die Weltanschauung des Analysanden außer acht läßt. Mitunter können in diesem Bereich sogar mächtige »Widerstandsnester« der Neurose liegen. Ändert

der Patient etwa eine sture, dogmatische und vorurteilserfüllte religiöse beziehungsweise politische Ideologie, dann
wird der Zugang zu seinem Innenleben viel offener und
unproblematischer. Die ganze Person kann sich hierdurch
viel mehr Entwicklungsfähigkeit zulegen. Psychotherapie
bewegt sich nicht nur in der Sphäre der Triebe, der Erinnerungen, der Symptome, der Affekte und Gefühle; neben
dem Psychischen und Somatischen muß sie auch das Geistige berücksichtigen, das heißt die Welt der Werte und
Gesinnungen, das »Weltbild« in allen seinen Differenzie-
rungen.

Sobald aber der therapeutische Dialog um Weltanschau-
ungsfragen kreist, muß sich der Analytiker klar darüber
sein, daß er für seine Ideen oder Ideologien keinen absoluten Wahrheitsanspruch erheben kann. Er würde sonst so
dogmatisch sein wie die Religion, die er bekämpft oder
zumindest in Zweifel stellt. Daher muß – sobald Religion
oder Politik irgendwann in der Therapie berührt werden –
größtmögliche *Objektivität* im Gespräch angestrebt werden. Es handelt sich oft nicht um *Wahrheitsfindung*, sondern um *Wahrheitssuche*. Wenn der Patient das von seinem
Therapeuten lernt, ist er menschlich und geistig beträcht-
lich vorangekommen. Die Ringparabel aus Lessings *Na-
than der Weise* kann durchaus zur Veranschaulichung dessen dienen, was die Protagonisten der analytischen Kur
erreichen wollen, wenn sie sich in einen Weltanschau-
ungsdisput einlassen.

Manche Autoren vertreten die Idee der absoluten weltanschaulichen *Abstinenz im Therapiedialog*. Man soll solche
Themen nicht berühren; insistiert der Patient auf Weltan-
schauungsfragen, dann kann sich der Analytiker auf sein
berufsadäquates »Schweigen« zurückziehen, das heißt im
Sinne von Freud seine »Spiegelfunktion« bewahren und nur
zurückspiegeln, was der Patient ihm erzählt und anvertraut.

Aber dieses Schweigenkönnen ist schwierig, meistens kommt es doch zu unwillkürlichen Stellungnahmen, und sei es auch nur ein zustimmendes Lächeln, eine abweisende Miene oder vielfältig intonierte Grunzlaute (»Hm«) und ähnliches mehr. Von Freud selbst ist bekannt, daß er die »freien Assoziationen« seiner Analysanden stets mit solchen *Miniatur-Exklamationen* begleitete und so kundtat, ob er mit den geäußerten Gedankenfragmenten zufrieden war oder nicht. Auch wird wohl niemand behaupten können, daß zum Beispiel C. G. Jung in Religionsfragen Toleranz und Objektivität einhalten konnte. Durch seine Schriften zieht sich eine fast *leidenschaftliche Apologie der Religion*. Für ihn war die Zugehörigkeit zu einer bestimmten Konfession ein wichtiger »Neurosenschutz«. Von der katholischen Kirche meinte er, daß diese infolge des Reichtums ihrer Bilder, Symbole und Rituale mehr Neurosenprophylaxe zustande bringe als der von Puritanismus angehauchte Protestantismus. Zudem sei die protestantische Lehre in fast vierhundert verschiedene Bekenntnisse aufgesplittert, die dem Gläubigen die religiöse Orientierung eher erschweren als erleichtern. Das Wiedererwecken der »religiösen Funktion« war für C. G. Jung geradezu ein Therapieziel. Wer nicht in die offiziellen Kirchen hineinpaßte, sollte gewissermaßen durch die Beschäftigung mit der Jungschen Psychologie zu einer »privaten Religiosität« finden. Dies geschah in der Auseinandersetzung mit dem »kollektiven Unbewußten« und dem Bilderschatz seiner »Archetypen«, das heißt den quasi *religiösen Urerfahrungen der Menschheit*. Man hat mit Recht gesagt, daß C. G. Jungs Archetypenlehre eine modernisierte Religion und Esoterik darstellt. Wie stark der Begründer der Analytischen oder Komplexen Psychologie in Religiosität, Aberglauben und Parapsychologie verankert war, erkennt man unter anderem an seiner erwähnten Autobiographie, die weithin über »okkulte Erlebnisse« berichtet.

Wie unentrinnbar Psychotherapeuten von religiösen Problemen angezogen werden, zeigt auch das Beispiel Alfred Adlers. Dieser war in seiner Frühzeit einer der leidenschaftlichsten Atheisten. So hat es jedenfalls sein Schüler Manés Sperber in seiner Autobiographie *Die vergebliche Warnung* (1975) und in dem Band *Alfred Adler oder das Elend der Psychologie* (1970) bezeugt. Aber der späte Adler goß einiges Toleranzwasser in seinen religionskritischen Wein. 1933 publizierte er zusammen mit dem protestantischen Geistlichen Jahn das Buch *Religion und Individualpsychologie*. Darin wird eine *Übereinstimmung zwischen ärztlicher und pastoraler Seelsorge* anvisiert. Das Resultat dieser Bemühung ist nicht sehr überzeugend. Adlers Argumentationen verraten an allen Ecken und Enden immer noch ihre Herkunft von Ludwig Feuerbach, Karl Marx und Friedrich Nietzsche. Gott wird gewissermaßen als »nützliche Fiktion« oder als »Ziel menschlicher Vollkommenheit« hingestellt. Pastor Jahn jedoch bekämpft die Diesseitsgläubigkeit der Individualpsychologie, hebt auf die Sündhaftigkeit der menschlichen Natur ab und will Psychotherapie mit einer »Krisenbewältigung im Glauben« verknüpfen. Man spürt, daß die beiden Gesprächspartner oft aneinander vorbeireden. Andererseits kann man verstehen, daß die heillosen Ereignisse der zwanziger und dreißiger Jahre den Begründer der Individualpsychologie derart bedrückten, daß er überall nach *Gesinnungsgenossen im Kampf um ein höheres Gemeinschaftsethos* Ausschau hielt. Dabei verfiel er der nachvollziehbaren Illusion, daß unter anderem auch Geistliche zu einer Art »Psychagogen« und psychologischen Beratern werden könnten. Er hat aber offenbar den Schwierigkeitsgrad einer solchen Synthese zwischen ärztlicher und pastoraler Seelsorge unterschätzt. Die Erfahrung der letzten fünfzig Jahre hat uns gelehrt, daß die Pfarrer nicht allzuviel Interesse an einer tiefenpsychologischen Menschenkunde und Menschenbetreuung haben. Aber gewisse Anregungen werden mitunter aufgegriffen. Das Beispiel von Eugen Drewermann weist immerhin in diese Richtung. Aber Drewermann ist eine nicht gerade beliebte Randfigur in der katholischen Kirche.

In fast vorbildlich neutraler Weise scheint unser Thema Medard Boss in seinem Aufsatz *Beispiele für den Einfluß einer Psychotherapie auf die religiöse Einstellung von Analysanden* zu behandeln.

Boss ist katholischer Herkunft, aber seine sehr gründliche Beschäftigung mit der Philosophie Martin Heideggers – er war über Jahrzehnte hinweg der Intimus des Philosophen – hat ihn über jede konfessionelle Einseitigkeit hinausgehoben. Die von ihm inaugurierte »daseinsanalytische Methode« ist eine *philosophische Psychotherapie*, die dem Früh- und Spätwerk Heideggers außerordentlich viel verdankt.

Boss gibt acht Beispiele religiöser Entwicklungen in von ihm durchgeführten seelenärztlichen Behandlungen. Er befleißigte sich in allen Fällen größtmöglicher ideologischer Zurückhaltung. Die Patienten sollten ihre *Lebensgrundstimmung* positiv verändern, ihr *Mitsein* mit den Menschen erfahren und zur *Transparenz ihres Daseins* gelangen. Therapeutisch ist der Ansatz von Boss nicht weit von dem Freudschen entfernt. Es geht ebenfalls um freie Assoziation, viel Traumdeutung und sensible Interpretation der Beziehung zwischen Analytiker und Analysand. Das theoretische Gerüst allerdings, in welches die Erfahrungen der Therapie eingebaut werden, ist »existentieller« und »daseinsgemäßer« als die psychoanalytischen Konstrukte. Boss meint, daß er seit der Einführung dieser neuen Betrachtungsweise viel tiefere Wandlungen bei seinen Patienten erzielen konnte. Nun zu den Erfahrungsberichten von Boss:

1. Ein Hindupriester mit Magengeschwür lernte in der Daseinsanalyse, sich von den Formalismen des Hinduismus zu lösen und eine lebendigere Ehrfurchtsbeziehung zu Buddha aufzubauen. Nebenbei wurde auch sein Geschwürsleiden kuriert.

2. Eine atheistisch aufgewachsene Jüdin in orthodox-jüdischer Ehe geriet in Depressionen, deretwegen sie die daseinsanalytische Kur benötigte. Sie fand dabei eine freie und offene Beziehung zum »Göttlichen«, ohne religiöser Praktiken zu bedürfen.

3. Ein Katholik, der kurz vor der Priesterweihe ins weltliche Leben zurück flüchtete, bekam durch die Daseinsanalyse eine »sündenfreie Beziehung« zum Sexuellen und entwickelte eine humane Gottesvorstellung im Kontrast zum strafenden Gott, den man ihn in seiner Kindheit gelehrt hatte. Er erfuhr in der Therapie eine Art von »Gnade«, die ihm den Kirchgang wesentlich erleichterte.

4. Ein depressiver Trinker und exzessiver »Konsument von Frauen« wuchs in einem patriarchalischen Katholizismus auf, gegen den er mit seinem ausschweifenden Lebensstil protestierte. Die Therapie machte ihn »ungläubiger« als zuvor, aber sie erlaubte ihm auch, den Sinn der Kirche und der religiösen Riten und Gesetze zu erkennen. So schätzte sich der Patient im Zeitpunkt der Befragung als »auf dem Wege zu einem echten Glauben befindlich« ein.

5. Eine Melancholikerin wuchs in der daseinsanalytischen Kur über ihren anerzogenen Gottesglauben hinaus und wurde »weltfromm«, hielt sich aber weiterhin offen für die Erfahrung des »Numinosen«.

6. Ein protestantischer Rechtsanwalt, der in einem Pfarrhaus aufgewachsen war, kam in der Therapie von der »Überschätzung des Intellekts« los und gewann in ihr einen

existentiellen Glauben, aber auch eine persönliche Bindung an Christus. Boss meint, der Patient sei offen geworden für »das begegnende Göttliche«.

7. Ein areligiös aufgewachsener Mann lernte in der Therapie die »Kunst des Liebens«, blieb aber religiös unansprechbar; das Versagen seiner (lieblosen) Mutter konnte offenbar nicht korrigiert werden. Aber menschliche Erfüllung und Reifung kam zustande.

8. Eine depressive junge Frau wurde in der Therapie offen für die »Fülle des Seins«, blieb aber frei von jedem religiösen Empfinden.

So weit die Falldarstellungen von Boss. Trotz der betonten Objektivität hinsichtlich von Religion und Atheismus meine ich doch, in dieser Kasuistik einen verhaltenen »Trend zur Religion« wahrzunehmen. Es mag Boss in dieser Beziehung ähnlich gegangen sein wie seinem Mentor Heidegger. Auch dieser löste sich vom anerzogenen Katholizismus seiner Jugend, wurde Agnostiker in der Schule von Husserl (in *Sein und Zeit* deutlich hervortretend), neigte aber in seiner Spätzeit wieder zum Mystizismus seiner Anfänge. Auch Boss spricht gelegentlich von »verstockten Atheisten«, eine Vokabel, die Antipathie zum Ausdruck bringt. Aber der Wille, neutral zu sein, kann dem großen schweizerischen Therapeuten gewiß nicht abgesprochen werden.

Das gilt kaum für Viktor E. Frankl, den Begründer der Logotherapie und Existenzanalyse, die den Anspruch erhebt, eine »dritte Wiener Schule der Tiefenpsychologie« zu sein. Frankl behauptet seit langem lautstark und suggestiv, daß seine Lehre Freud und Adler übergipfle; nun erst sei die *Dimension des Geistigen* für die Psychotherapie entdeckt! Mit dem angeblich von der Psychoanalyse und der Individualpsychologie vernachlässigten Geist wird auch die *Religion* in die Seelenheilkunde wirkungsvoll eingeschmuggelt. Zu welchen Kruditäten das führt, kann man unter anderem in Frankls Broschüre *Der unbewußte Gott – Psychotherapie und Religion* (1977) nachlesen.

Frankl korrigiert tatsächlich manche Engen und Einseitigkeiten seiner Wiener Vorgänger. Aber er versteigt sich zu Behauptungen, die durchweg im Sinne eines leicht erkennbaren *Konformismus* formuliert sind. Vor allem sollen die Religion und speziell die katholische Kirche von den Franklschen Theorie-Innovationen profitieren. Der Autor gibt sich zwar geschickt als philosophisch gebildeter Wissenschaftler aus, aber beim genaueren Hinsehen leistet er lediglich Schützenhilfe für den frommen *Katholizismus,* der in Österreich über die Vergabe von Lehrstühlen wacht und in den USA die schweigende und in den Medien zu Wort kommende Majorität dominiert.

Frankl war ein Schüler von Adler, aber schon in den späten zwanziger Jahren gehörte er einer Gruppe von katholisierenden Individualpsychologen an, die Adler wegen ihrer konfessionellen Engstirnigkeit aus dem Verein ausstieß. Nach dem Einmarsch der Deutschen 1938 in Österreich kam Frankl bald ins Konzentrationslager. Bis zum Kriegsende überstand er vier Lager und überlebte nur durch Zufall. Aus dieser Hölle entlassen, beeilte er sich in der Nachkriegszeit, den Weg zum Weltruhm einzuschlagen. Dies gelang ihm durch viel Polemik gegen die traditionellen Schulen der Psychotherapie, aber auch durch einen *religiösen Existentialismus,* der nach 1945 »in der Luft« lag. Die Lehren von Heidegger, Sartre und Jaspers wurden in der Logotherapie und Existenzanalyse mehr oder minder geistreich abgewandelt. In den USA kam die Mixtur aus Psychologie, Religion und Existenzphilosophie sehr gut an.

Aber viel Neues wurde dabei nicht geboten. Frankl ist unkorrekt, wenn er seinen Vorgängern Freud und Adler nicht zubilligt, daß auch sie schon um die *Sinndimension des menschlichen Daseins* bemüht waren und eine »Analyse zum Geistigen hin« durchführten. Es ist schlechte Originalitätshascherei, wenn man Funde und Befunde der frühen Tiefenpsychologie unter neuen Namen als »große Entdeckungen« vorlegt.

Wie das im Detail bei Frankl geschieht, kann hier nicht erörtert werden. Aber Frankl scheut sich nicht, eine »unbewußte Religiosität« in jedem Menschen – auch im Atheisten – anzunehmen. C. G. Jung war noch vorsichtig genug, von sich zu behaupten, daß er nur *psychische Phänomene* beschreibe und keine *metaphysischen Existenzaussagen* mache; der Psychologe finde zum Beispiel ein »Gottesbild« im Menschen, aber ob nun Gott wirklich existiere, könne er als Wissenschaftler nicht sagen. Frankl überspringt diese Hürde mit dem Übermut des *gewiegten Konformisten.* Für ihn gibt es Gott so fraglos, wie ihn die Kirche verkündet. Und der Beweis dafür? Nun, für Frankl liegt er im *Gewissen.* Daß Aufklärung und Ideologiekritik, Schopenhauer und Nietzsche, Freud und Adler im Gewissen die Ablagerung von Erziehung, Gesellschaftsdruck, sozialer Angst und neurotischem Perfektionismus entdeckten, ficht Frankl nicht an. Er verkündet mit absoluter Gewißheit, daß im Gewissensruf die »Stimme Gottes ertöne«, daß Gott eine Person sei und als solche die menschliche Persönlichkeit sittlich in Anspruch nehme. Jungs Reduktion der Gotteserfahrung auf *archetypische Dynamismen* genügt dem frommen Kirchenbekenner an der Wiener Universität nicht. Gott muß der leibhaftige, aber verborgene Allmächtige sein, damit Kirche und Staat von ihm ihre autoritären Strukturen herleiten können.

Interessant sind Beispiele, die Frankl als »Traumdeutungen« gibt. Es gelingt ihm mit suggestiver Rhetorik, in Träumen »religiöse Bedürfnisse des Menschen« zu enthüllen. Derlei sei eine viel tiefere Traumauslegung als etwa bei

Freud und Adler, wo Träume auf Sexus, Macht und Selbst-
wertprobleme »reduziert« werden. Frankls Texte muten
weithin wie Gefälligkeitsadressen an die (katholische) Kirche an; kein Wunder, daß Logotherapie und Existenzanalyse in der Alten und in der Neuen Welt von kirchlichen und
religiösen Instanzen gut aufgenommen wurden.

Sowohl Viktor E. Frankl als auch C. G. Jung gehören zur
Gegenaufklärung innerhalb der Tiefenpsychologie, das
heißt im Gegensatz zu Freud, Adler und ihren Schülern
möchten sie den Menschen zur Religion und mitunter sogar
zur Kirchenfrömmigkeit zurückführen.

Als Beleg hierfür zitiere ich einen Passus aus Jungs Aufsatz *Die Beziehungen der Psychotherapie zur Seelsorge*
(1932). Der konservative Schweizer schreibt: »Unter allen
meinen Patienten jenseits der Lebensmitte, das heißt
jenseits 35, ist nicht ein einziger, dessen endgültiges Problem nicht das der religiösen Einstellung wäre. Ja, jeder
krankt in letzter Linie daran, daß er das verloren hat, was
lebendige Religionen ihren Gläubigen zu allen Zeiten
gegeben haben, und keiner ist wirklich geheilt, der seine
religiöse Einstellung nicht wieder erreicht, was mit Konfession oder Zugehörigkeit zu einer Kirche natürlich nichts
zu tun hat.«

Und Frankl schreibt in *Der unbewußte Gott – Psychotherapie und Religion*: »Nun aber hat die Existenzanalyse
in einer dritten Entwicklungsphase innerhalb der unbewußten Geistigkeit des Menschen so etwas wie unbewußte Religiosität entdeckt – im Sinne einer unbewußten Gott-
bezogenheit als einer dem Menschen anscheinend immanenten, wenn auch noch so oft latent bleibenden Beziehung zum Transzendenten. Während sonach mit der Entdeckung der unbewußten Geistigkeit das Ich (Geistiges)
hinter dem Es (Unbewußtes) in Sicht kam, wurde mit der
Entdeckung der unbewußten Religiosität noch hinter dem

immanenten Ich das transzendente Du sichtbar. Hatte sich
sonach das Ich als ein ›auch unbewußtes‹ bzw. das Unbewußte als ein ›auch geistiges‹ erwiesen, so erschloß sich
nunmehr dieses geistig Unbewußte als ein ›auch transzen-
dentes‹. Die sich so enthüllende unbewußte Gläubigkeit
des Menschen – mitgegeben und mitgesehen im Begriff
seines ›transzendent Unbewußten‹ – würde besagen, daß
Gott von uns unbewußt immer schon intendiert ist, daß
wir eine, wenn auch unbewußte, so doch intentionale
Beziehung zu Gott immer schon haben. Und diesen Gott
eben nennen wir den unbewußten Gott. Unsere Formel
vom unbewußten Gott meint also nicht, daß Gott an sich,
für sich, sich selbst – unbewußt sei; vielmehr meint sie, daß
Gott mitunter uns unbewußt ist, daß unsere Relation zu
ihm unbewußt sein kann, nämlich verdrängt und so uns
selbst verborgen.«

*Die psychotherapeutische Erfahrung zeigt uns, daß die
Religion nicht unbedingt ein so bedeutender psychohygie-
nischer Faktor ist, wie diese anpassungswilligen Autoren
mutmaßen. Im Gegenteil: Religiöse Erziehung erzeugt sehr
viele »ekklesiogene Neurosen«, und auch im Erwachsenenleben stellt der religiöse Faktor nicht selten ein »neurotisie-
rendes Moment« ersten Ranges dar. Herr Rattner, können
Sie jene neurotischen Strukturelemente namhaft machen,
die direkt oder indirekt aus der religiösen Sozialisation
und Weltanschauung zu stammen scheinen?*

Die Neurose des Patienten ist oft verankert in seiner Religiosität, was natürlich nicht heißen muß, daß die Religion
selbst allemal »neurotisch« ist. Aber es ist wichtig für den
Psychotherapeuten, das »Neurotische« seines Schützlings
auf dem Hintergrund von dessen Gottesgläubigkeit zu
sehen und eventuell auch zu behandeln. Neurotische
Strukturelemente sind:

1. Infantilismus

Es ist auffällig, wie oft sich das »fromme Gemüt« mit einer gewissen Kindlichkeit verbindet. Der religiöse Mensch hat als Kind von seinen Eltern und Erziehern das traditionelle Weltbild vermittelt bekommen. Er verspürt keine Impulse in sich, diese Lehre und Glaubensartikel zu überprüfen und zu revidieren. Das ist fast ein sicherer Hinweis auf *Leicht- und Autoritätsgläubigkeit,* untermalt von einer gewissen *Naivität.* Daher kann der kritische Betrachter angesichts mancher »Frömmler« nicht das Gefühl unterdrücken, er befinde sich vor einem Kind, das bestimmte intellektuelle und emotionale Reifungsschritte nicht vollzogen hat. Wer nicht über die Familienbindungen hinauswächst, bleibt kindlich, auch wenn er sein Brot verdient und einen beruflichen Status erwirbt. *Geistige Regsamkeit* verlangt immer nach *Skepsis.* Ein Kind glaubt an die Märchen, die man ihm erzählt. Sofern ein Erwachsener märchengläubig im weitesten Sinne ist, wird die Sache prekär. Auch die Politiker profitieren von dieser intellektuellen Stumpfheit der Massen, die nicht denken und zweifeln können.

2. Realitätsabwendung

Man mag es drehen und wenden wie man will: Bei vielen Menschen ist Religiosität mit einer Abkehr von der Wirklichkeit verbunden, die an eine »milde Psychose« erinnert. Nach Freud soll der Mensch sich nach und nach vom Lustprinzip abwenden und das Realitätsprinzip akzeptieren. Die Welt ist kein Ort der Wunscherfüllungen. Wer hauptamtlich als »Wünschender« durchs Leben geht, muß sich *Illusionen* machen, denn nur im luftigen Bereich der *Wunschträume und Wahnbilder* bekommen wir alles, was wir haben wollen. Je erwachsener wir werden, umso eher können wir uns in die kargen Verhältnisse der Realität schicken. Wir verzichten dann auf das große *Landgut auf dem Mond* und sind zufrieden mit dem *Gärtchen auf der Erde*, das wir kultivieren können.

Sofern der Fromme seine psychische Energie in religiöse Erwartungen investiert, fehlen ihm die entsprechenden Kräfte in der realen Lebensbewältigung. Er betet, anstatt zu arbeiten; er liebt Gott und nicht den Mitmenschen; er betreibt Theologie anstatt Politik (die nach Napoleon unser Schicksal ist); er hofft auf himmlische Hilfe, anstatt irdische Solidarität aufzubauen; er träumt von der göttlichen Allmacht und Liebe, anstatt die menschliche Macht auf Erden auszuweiten und die irdische Liebe zu praktizieren und so weiter.

Psychotherapie ist – unter anderem – *Erziehung zur Realität*. Als solche kann sie eine verstiegene Frömmigkeit nicht unangetastet lassen. Sie muß sie im therapeutischen Gespräch in Frage stellen. Aber die Entscheidung, ob er die fromme Illusion mit den ernüchternden Gedanken an die Wirklichkeit vertauschen will, bleibt dem Patienten selbst überlassen.

3. Libidoverlust

Was ich soeben erklärt habe, kann man psychoanalytisch auch mit dem Begriff »Libidoverlust« ausdrücken. Viele Menschen bestreiten ihre religiöse Vorstellungswelt mit einem gewissen Betrag an Libido, der eigentlich für Liebe, Eros und Sexus eingesetzt werden soll. Die *Resignation im partnerschaftlichen Bereich* stimuliert die *Zuwendung zum Gottesglauben.* So mancher liebt Jesus oder die Mutter Gottes mit jenen »Libidoquantitäten«, die er dem anderen Geschlecht vorenthält. Auf diese Weise läßt er den Mitmenschen darben, verschwendet sich aber an die Gottheit. Nietzsche dachte an diesen Zusammenhang, als er sagte: »Es ist nicht genug Liebe und Güte in der Welt, um noch davon an eingebildete Wesen wegschenken zu dürfen.«

Natürlich ist es eine große innere und äußere Not, die den Menschen veranlaßt, den »Strom seiner Libido« vom Realen ins Imaginäre zu lenken. Meistens sind es gewaltige *Enttäuschungen an den Menschen,* die zur Gottesliebe überleiten. Oder aber der Betreffende hat als *verwöhntes Kind* so mächtige Ansprüche bezüglich Liebe und Entgegenkommen, daß er derlei nur bei einem Gott finden kann, der dauernd für ihn zugänglich ist und ein geneigtes Ohr für ihn hat. Gott wird so für viele zum »Dauerverwöhner«, zum *Mutterersatz;* sehr viele *Mutterkinder* können nur leben, wenn sie nach dem Ablaufen ihrer Kindheit zu »Gotteskindern« werden.

4. Narzißmus I

Die Religion ist, psychologisch gesehen, ein *Narzißmus-Reservat.* Das Leben in seiner Alltäglichkeit verletzt permanent unsere narzißtischen Bedürfnisse und unseren hochgemuten Glauben an uns selbst. Jeder Größenwahn muß sorgfältig vor Realitätseinflüssen geschützt werden. Das Reale dokumentiert uns oft, daß wir *Winzlinge* sind und im Weltenlauf wenig oder gar nichts bedeuten.

Diese Erfahrung ist schmerzlich und kann von den meisten Menschen nicht ertragen werden. Sie schaffen sich daher Naturschutzparks für ihre *Eitelkeit* und auch für ihre *Größenansprüche.* Dem dienen zum Beispiel die Zugehörigkeit zu einer bestimmten Konfession, die besser ist als andere Konfessionen, und die Teilhabe an einer Nation beziehungsweise Rasse, die vornehmer ist als ihre Rivalen. *Religion und Nationalismus* werden uns in der Kindheit als Trost und Balsam für die narzißtischen Verletzungen verabreicht, die man uns im Laufe der Sozialisation zumutet. Zusammengestaucht, wie wir sind, erlaben wir uns am Hochmut, den uns religiöse und nationale Gemeinschaften suggerieren. Wir brauchen keine Minderwertigkeitsgefühle mehr zu haben, denn wir sind die *Rechtgläubigen* und die *Reinrassigen.* Unsere Nation ist die beste, größte, siegreichste und so weiter.

Narzißmus ist ein *Krankheitssymptom.* Man kann ihn nur heilen, wenn man ihn auch auf der Ebene der Weltanschauung zersetzt und zergliedert. Religiöser und nationaler Größenwahn sind nie frei von *Aggression*; die Folgen in Politik und Kulturleben sind bekannt!

5. Narzißmus II

Es bedeutet für den Menschen eine hohe narzißtische Befriedigung, wenn er der Auffassung ist, im Besitz der »alleinseligmachenden« Lehre und Wahrheit zu sein. Leider wird dieser Narzißmus mit intellektueller Unbeweglichkeit bis hin zur Stumpfheit bezahlt, denn wer sich im Besitz der Wahrheit wähnt, kann sie meistens nicht mehr suchen und finden. Der gläubige Mensch wirkt nicht selten auf den ungläubigen wie ein »Denkgehemmter«. Nicht umsonst hat Freud die in der Kindheit eingepflanzten Denkhemmungen als die »religiösen, sexuellen und autoritären« bezeichnet. Alle drei Denkeinschränkungen sind miteinander verkoppelt; jede stützt und bekräftigt die andere.

Wenn der religiöse Dogmatismus eines Menschen angeknackst oder gar aufgelöst werden kann, bedeutet das für ihn ein mächtiges Stimulans für Staunen, Denken und Forschen. Nur die Dummen und Trägen wollen nichts lernen; sie »wissen« schon.

In gewisser Weise macht die religiöse Erziehung die Ausbildung von *Vorurteilen* zu ihrem Instrument der Beeinflussung. Der Vorurteilsträger hat, ähnlich wie der Fromme, feste Kategorien und Überzeugungen, die niemand anzweifeln darf.

Den Narzißmus als intellektuelle Sturheit visiert Sartre in *Betrachtungen zur Judenfrage* (1945) an, wenn er sagt:

»Der denkende Mensch zermartert ächzend sein Gehirn, er
weiß, daß seine Erwägungen immer nur Möglichkeiten und
keine Gewißheiten ergeben werden, daß andere Betrachtungen alles wieder in Frage stellen werden, er weiß nie,
wohin er geht, er ist allem ›geöffnet‹, und die Welt hält ihn
für einen Zauderer. Aber manche Menschen werden von
der ewigen Starre der Steine angezogen. Sie wollen wie
Felsblöcke unerschütterlich und undurchdringlich sein und
scheuen jeden Wechsel: denn wohin könnte der Wechsel
sie führen? Es handelt sich um eine Urangst vor dem Ich,
eine Scheu vor der Wahrheit. Sie fürchten nicht so sehr die
innere Wahrheit, die sie nicht einmal ahnen, als ihre stets
fliehende, unerreichbare Gestalt.«

6. Masochismus

Dieselbe Angst vor dem Ich beziehungsweise eine Ich-
flucht liegt dem Masochismus zugrunde, der viel häufiger
ein moralisches als ein sexuelles Phänomen ist. Sexualma-
sochismus kommt als Perversion vor, aber Charaktermaso-
chismus ist fast ein konstanter Faktor in der Seele des
Durchschnittsmenschen und hat psychologisch eine nahezu universelle Tragweite.

Es scheint nun, daß Religion und (moralischer) Masochismus fast »siamesische Zwillinge« sind, das heißt sie sind
untrennbar voneinander. Will man daher einen Patienten
von seinen *masochistischen Charakterpanzerungen*
befreien, dann ist das unter Umständen nur möglich, wenn
man auch seine religiöse Überzeugungs- und Wertewelt
etwas auflockert.

Tatsächlich ist jede religiöse Erziehung mit der Anprei-
sung und Konditionierung exquisit masochistischer
»Tugenden« verknüpft. Man denke etwa daran, daß die
mönchischen Kardinaltugenden der *Armut*, der *Keuschheit*
und des *Gehorsams* als Trias wie ein Stenogramm des

Masochismus anmuten. So manches schwache Ich, das nicht in der Lage ist, im täglichen Existenzkampf Selbstbehauptung und Ich-Expansion zu praktizieren, erlabt sich im Ausblick auf den frommen Tugendkanon, der eben die *existentielle Unfähigkeit* glorifiziert.

Ein Ziel jeglicher psychotherapeutischen Intervention ist die *Ich-Stärkung* beim Patienten. Aber wie will man das Ich kräftigen, wenn der Analysand davon träumt, im Schutze einer allmächtigen Instanz zu leben, die ihm das Ich-Selbst-Sein abnimmt? Ludwig Feuerbach und Nicolai Hartmann waren der Auffassung, daß man die »Prädikate Gottes« wie Allmacht, Allgüte und Allwissenheit auf den Menschen zurücknehmen müsse. Weil man sie auf Gott projiziert habe, seien sie für den Menschen unerreichbar geworden. Es versteht sich von selbst, daß der Mensch nur in einem sehr kleinen Maße mächtig, wissend und gut sein kann – aber das genügt für ihn.

Wir nannten oben den Masochismus einen Charakterpanzer im Sinne von Wilhelm Reich. Tatsächlich ist der weiche, hingebungsselige und scheinbar selbstflüchtige Masochist irgendwo im Innern viel härter und selbstsüchtiger, als er meint. Man kann nur Masochist sein, wenn man viele *Gefühle verdrängt.* Wo Masochismus diagnostiziert wird, ist *Sadismus* nicht fern. Die Psychoanalyse spricht von der Einheit der sado-masochistischen Grundhaltung. Novalis hat schon um 1800 darüber gestaunt, daß man nicht den Zusammenhang zwischen *Religion, Wollust und Grausamkeit* sehe!

7. Angst und ontologische Unsicherheit

Religion ist, nach religionskritischer Meinung, Ausdruck von Angst und Unsicherheit; zugleich ist sie aber auch eine *versuchte Abhilfe* gegen beide quälende Zustände. Das ist nicht nur eine moderne Anschauung. Schon Lukrez hat im römischen Altertum die Lehre vertreten, daß die »Furcht die Götter geschaffen hat«.

Nun gibt zwar die Religion im allgemeinen vor, daß sie ein Heilmittel gegen Furchtsamkeit und Verlorenheit in der Welt bedeutet, aber die Beobachtung zeigt, daß religiöse Menschen trotz des Glaubens nicht von ihrer Verängstigung freikommen. Zwar reden sie sich ein, daß eine schützende Gottheit über den Welten thront. Andererseits aber wissen sie nie genau, ob sie alle Vorschriften und Gesetze dieses Gottes wirklich befolgen können. Es bleibt stets ein Rest von Ungewißheit. Kierkegaard hat ihn deutlich gemacht, als er sagte: »Im Grunde jeder Seele schlummert die Angst, daß sie von Gott vergessen und verworfen sein kann.«

Es fragt sich daher, ob man die Lebensangst fundamental kurieren kann, wenn man den Menschen nicht zugleich auch von allzu verfestigten religiösen Dogmen befreit. Man nehme etwa nur den Begriff der *Erbsünde*. Wer ihn ernst nimmt, muß doch in gewissen Grenzen als Sünder *Kleinmut und Katastrophenstimmung* ausbrüten. Ein Großteil der religiösen Pädagogik macht den Fehler, die angeborene Sündhaftigkeit jedes Menschen zu betonen; das drückt die Lebensfreude der braven und wohlerzogenen Kinder herab und stimuliert *irrationale Schuldgefühle*, die verunsichernd und kraftmindernd wirken.

Nietzsche hat einmal bemerkt, daß viele Christen, für die ihr Heiland gestorben ist, durchaus nicht besonders »erlöst« aussehen. In ähnlicher Weise kann man erklären, daß die religiöse Heilsbotschaft weder Furcht noch Zittern bei den Gläubigen aus der Welt geschafft hat.

Auch die *Leibfeindlichkeit des Christentums* ist ein Angstfaktor hohen Ranges. Wer immer als Kind gelernt hat, leibliche Impulse und Bedürfnisse als »schlecht« zu taxieren, verliert seine feste Verankerung in der Welt und ängstigt sich. Angst und Verdrängung sind zwei Münzen einer

Medaille, und Sexualtabus sind Antagonismen zur Lebensfreude.

8. Konformismus

Die Religion ist immer noch die »übliche Weltanschauung«, das Weltbild von »jedermann«, da man durch Erziehung und Tradition gewissermaßen in sie hineinwächst.
Infolgedessen benötigt der religiöse Mensch keine eigenständige geistige Anstrengung, um sich in bezug auf Welt
und Überwelt zu orientieren. Das Heideggersche »Man«
stellt ihm sozusagen die *hauptsächlichen Inhalte und
Denkfiguren* zur Verfügung. Man glaubt eben, was man zu
glauben verpflichtet ist; man ist in der Gesellschaft der
Rechtgläubigen, die es immer schon gab und immer auch
geben wird.

Das aber ist nun Konformismus in hohem Grade. Der
Mensch ist nicht in die Welt gesetzt, um als Kollektivwesen
zu existieren. Die Natur hat ihm die Möglichkeit einge-
räumt, »er selbst zu sein« oder es doch zu werden. Wer von
der *Vernunft* nicht angemessenen Gebrauch macht, ver-
fehlt den Sinn des Daseins und lädt damit eine »Existenz-
schuld« auf sich. Man kann den Konformismus die *allge-
meinste Neurose des Kulturmenschen* nennen. Eine Neurose besteht nicht nur aus psychischen und psychosomati-
schen Symptomen, sondern in der *Einebnung und Nivellierung der individuellen Existenz* zugunsten kollektiver
Denk- und Verhaltensmuster. Heideggers »uneigentliches
Ich-Selbst-Sein«, das in *Sein und Zeit* als ein Modus des Exi-
stenzverfalls beschrieben wird, gehört ins Repertoire jeder
Neurosenlehre, die sich nicht mit den psychopathologi-
schen Kleinigkeiten begnügen will.

Stellt man im Gespräch mit einem Menschen seine Religion in Frage, dann kann man unter Umständen die naive
Argumentation hören: Wenn die Religion nicht der Wahr-

heit entspräche, dann hätten nicht so viele Menschen zu allen Zeiten, die eigenen Eltern inbegriffen, an sie geglaubt. Aber die Menschen haben jahrtausendelang auch furchtbaren Unsinn und Wahngedanken für wahr gehalten. Die *opinio communis* ist in keiner Weise ein »Wahrheitsbeweis«.

Psychotherapie soll nicht nur Symptome beseitigen, sondern auch die Funktion des *Selbstdenkens* im Patienten stärken. Wer andere für sich denken läßt, ist ein Faulpelz, ein Dummer, ein Verwöhnter oder eben ein Konformist. Was dann der Patient durch sein Selberdenken herausfindet, ist seine Sache. Aber daß er es überhaupt tut und wagt, ist Aufgabe und Zielsetzung des humanistischen Therapeuten.

9. Hemmungsstruktur

Man kann auch die Frage aufwerfen, ob nicht die Religiosität einen *geistigen Überbau über einer Hemmungsstruktur* im Sinne von Harald Schultz-Hencke darstellt. Gerade dieser Forscher hat deutlich gezeigt, daß Hemmungen niemals bloß die Triebschicht eines Menschen betreffen. Sie mögen im Bereich der »Antriebe« ihre Wurzel haben, strahlen aber in der Regel bis in die höchsten Gipfel des Emotional- und Geisteslebens aus.

Man wird daher bei jedem frommen Menschen untersuchen müssen, wie es um seine Antriebe der Intentionalität, des Haben- und Behaltenkönnens, des Gebenkönnens, der Aggression als Selbstbehauptung und Angehen der Lebensproblematik, der Fähigkeiten des Sich-Zeigens (Sich-Darstellens), der Zärtlichkeit und des Sexus steht. Liegt diese *primäre Antriebswelt* im argen, dann bleibt unweigerlich auch der genannte Überbau blockiert und unentwickelt. Die Ansprechbarkeit auf imaginäre Triebbefriedigungen und Verheißungen wächst mit der Frustration und Vergeblichkeit hinsichtlich realer Trieberfüllung. So manche verkümmerte Intentionalität, Oralität, Analität und

Sexualität hält sich an den Phantasiebeglückungen der Religion schadlos und überspielt damit das diesseitige Elend. Die Wonnen des Himmels und der göttlichen Sphären leuchten besonders hell für jene, die auf Erden in Trübsal und Triebentbehrung leben.

Es ist fraglich, ob man eine Antriebshemmung beseitigen kann, wenn man nicht auch ihre Verzweigung in alle Zonen der Gesamtpersönlichkeit mit in Betracht zieht. Wo Hemmung ist, findet man nach Harald Schultz-Hencke *Bequemlichkeit* und *Riesenerwartungen*: Beides ist bei den Frommen nicht selten, da sie mitunter kaum bereit sind, sich selber zu helfen, sondern sich vom Himmel helfen lassen wollen. Hinzu kommen des weiteren falsche Arbeits- und Mußegewohnheiten, Rationalisierungen, Ersatzbefriedigungen, Überkompensationen und eben eine »neurotische Weltanschauung«. Schultz-Hencke hat keine Zweifel darüber gelassen, daß er gerade letztere für ein wichtiges Neuroseningrediens hielt. Die meisten Religionen sind nicht besonders »antriebsfreundlich«, daher neurotisieren sie die Gläubigen viel mehr, als sich der Homo religiosus bewußt ist.

10. Zwangsneurose

Wie richtig die Schultz-Henckeschen Überlegungen sind, kann man auch an der Freudschen Religionskritik darlegen. Schon der frühe Freud wies darauf hin, daß die religiösen Rituale den Ritualisierungen des Zwangspatienten weitgehend ähneln. Auch der Gläubige meint, sich in große Gefahr zu begeben, wenn er seine religiösen Vorschriften nicht ganz genau einhält. Dasselbe berichtet uns der Zwangsneurotiker, der eigenes und fremdes Wohl davon abhängig macht, daß er ein bestimmtes (irrationales) Zwangsverhalten sorgfältig befolgt.

Daraus leitete Freud bekanntlich die berühmte oder berüchtigte Formel ab, daß die Zwangsneurose eine individuelle Form von Religiosität, die Religion aber eine kollektive Zwangsneurose sei. Ob das richtig oder falsch ist, sei dahingestellt. Aber auch dem unbefangensten Betrachter wird auffallen, wie oft religiöse Mentalität mit den Ausdrucksformen des *Zwangscharakters* verbunden ist.

Von letzterem läßt sich sagen, daß seine Gefühlswelt merklich reduziert ist. Gefühle verbinden uns mit der Welt und den Mitmenschen; der Zwangstyp jedoch steht eigentümlich fern vom sozialen und kommunikativen Leben: Er lebt in einer *ummauerten Eigenexistenz*. Daher hat die Familientherapie die Formulierung in Umlauf gesetzt, daß die Zwangsmentalität vor allem in jenen Familien zum Tragen kommt, die einen »Festungscharakter« haben. Die Familie ist scharf gegen die *feindliche Umwelt* abgegrenzt und betont hauptsächlich das Trennende in bezug auf die Umgebung.

Aus diesem *urtümlichen Isoliertsein* entspringt die oft fast psychotische *Angst* des Zwangscharakters. Vielleicht kann man dieser Angst auch einen primären »Welthaß« zuordnen; ganz analog zur Weltnegation vieler Religionen, die das irdische Jammertal verachten und verunglimpfen. Angst und Haß fügen sich mit der *ontologischen Unsicherheit* zur Zwanghaftigkeit zusammen, gegen die die Symptome eine unbeholfene Abhilfe schaffen. Alles dreht sich um Sicherheit beim Zwangsmenschen. Lust, Glück und Präsenz im aktuellen Leben werden aufgegeben, um den Angstpegel niedrig zu halten. Man bleibt *in der Innerlichkeit verfangen*, weil man die Welt niemals liebend und vertrauend zu umfangen gelernt hat.

11. Ressentiment

Nietzsche war – wie man weiß – der Auffassung, daß vor allem die christliche Religion eine »Verschwörung des Ressentiments« sei. Ressentiment ist ein anderes Wort für

Lebens- und Existenzneid. Nach Nietzsche ist das Christentum an seinen Ursprüngen eine »Sklavenrevolte« gewesen. Seine ersten Bekenner und Gefolgsleute waren die unterdrückten Schichten und Völker im Weltreich der Römer. Nun versuchte diese Unterschicht der damaligen Gesellschaft gelegentlich Aufstände, aber diese wurden blutig niedergeschlagen. Niemand konnte die römischen Legionen besiegen, mit deren Hilfe die Statthalter Roms den Menschen ihren Willen aufzwangen.

Aber die Möglichkeit einer *indirekten Revolution* blieb erhalten. Man konnte die gesamte Wertewelt der Römer anfeinden und in Frage stellen. Das geschah im Christentum, dessen »Reich nicht von dieser Welt war«. Sklaven, Frauen, Juden verfochten mittels der christlichen Lehre den Standpunkt, daß Macht, Lust, Diesseits und Erdenglück *absolut unwesentlich* seien. Was allein zähle und Not tue, sei der Glaube an den jenseitigen Gott, an Armut, Keuschheit, Gehorsam und Masochismus. Die vornehmen Römer begriffen nicht, was da im Entstehen war. Ehe sie es sich versahen, hatte diese *Ressentimentideologie* die Fundamente ihrer Macht und Herrschaft untergraben. Wenn die Analyse Nietzsches richtig ist, dann will das Ressentiment jene Quellen vergiften, an denen sich die Mächtigen, Lebensfrohen und Herrschenden erlaben. Dabei ist unverkennbar ein *heimlicher Machtwille* am Werk; auf Umwegen kann man die Inhaber der Macht lähmen und selbst die Überlegenheit erlangen.

Was am Christentum kollektivpsychologisch aufgezeigt werden kann, spielt möglicherweise in der individuellen Religiosität eine erhebliche Rolle. Da ist etwa in einer Familie ein Kind, das im Schatten anderer Kinder existiert, oder es fühlt sich von einem Elternteil unterdrückt und benachteiligt. Anstatt nun direkt zu revoltieren, wird das Kind *fromm.* Man kann regelrecht fragen: Fromm *gegen wen?*

Wer soll durch die Frömmigkeit getadelt und verneint werden? Nun ist Ressentiment wesensmäßig unfruchtbar, als
reine *Gegenposition* schafft es nichts Förderndes. Entspringt Religiosität dieser Wurzel, dann ist sie neurotisch
und muß in der Therapie analytisch entschlüsselt werden.

12. Wille zur Macht

Schon im vorangehenden Abschnitt wurde sichtbar, daß
Religion und Machtwille sehr oft ein »Junktim« eingehen
und nicht voneinander zu trennen sind.

Nietzsche und Adler sind die großen Psychologen der
menschlichen Machttendenzen. Vor allem letzterer hat
nachgewiesen, daß auch in den scheinbar passiven, ängst-
lichen und kleinmütigen Verhaltensweisen der Neurotiker
und anderer Seelenkranker enorm viel versteckter »Macht-
trieb« enthalten sein kann. Der Homo religiosus ist für die
tiefenpsychologische Analyse viel weniger harmlos, als es
dem frommen Gemüt scheinen mag. So mancher »Jesus-
Jünger« verehrt zwar den »Heiland am Kreuz«, ist aber selbst
ohne weiteres bereit, alle jene ans Kreuz zu schlagen, die
nicht seiner Meinung sind und nicht denselben Gott wie er
anbeten.

Wir wollen hier nicht abheben auf die religiösen Macht-
kämpfe und –exzesse in der Geschichte der Menschheit.
Die Grausamkeiten der Ketzerverfolgungen, der Inquisiti-
on, der Hexenverbrennungen, der Glaubenskämpfe innerhalb des Christentums wegen kleiner Varianten im Glau-
bensbekenntnis und anderes mehr sind ausreichend
bekannt. Fast jede große oder monotheistische Religion
verachtete ihre Nebenbuhler und hielt sich für berechtigt,
diese mit Feuer und Schwert auszurotten. Was man mit
dem Etikett »Gott« bezeichnete, war *nackte Machtgier.*
Jacob Burckhardts Diktum, daß Macht an sich böse sei, gilt
sicherlich auch für jede Form religiöser Macht.

An dieser Stelle sei aber nur die psychologische Einsicht formuliert, daß in der religiösen Mentalität von einzelnen und Gruppen alle Manifestationen des »Machttriebes« ihr Wesen treiben können; die ganze *Charakterologie der Macht* ist darin enthalten. Ehrgeiz, Eitelkeit, Neid, Mißgunst, Haß, Angst, Trauer und fehlender Gemeinschaftssinn imprägnieren nicht selten das religiöse Empfinden und Bekennen, ohne daß sich der betreffende Gläubige dessen bewußt zu werden braucht. Das ganze Panoptikum *sozial trennender Wesenseigenschaften* strömt dann und wann in den Habitus des Homo religiosus ein. Er spricht zwar von Gottesverehrung, »meint« aber im Grunde nur seine Selbstverherrlichung und die Überlegenheit über alle Andersdenkenden.

Die Tiefenpsychologie ist eine entlarvende Psychologie. Sie deckt auf, was »hinter dem Bewußtsein« steht. Wo das Bewußtsein *moralische und edle Motive* zu befolgen scheint, enthüllt die psychoanalytische oder aber auch psychologische Analyse mitunter blanken *Egoismus und Egozentrismus*. Auch im Seelenleben des Menschen ist nicht alles Gold, was glänzt.

Nietzsche hat einmal gesagt: »Art und Grad der Geschlechtlichkeit eines Menschen reicht bis in die höchsten Gipfel seines Geistes hinauf.« Man kann diesen Satz auch umkehren. Aber man darf ihn unseres Erachtens auch abwandeln und deklarieren: »Die Trieb- und Charakterstruktur eines Menschen durchdringt seine ganze Religiosität.« Und seine Religiosität beeinflußt alle seine Charakterzüge und seine Antriebsmotivationen. Darum gibt es keine tiefgreifende analytische Therapie ohne Erkundung und Abklärung der religiösen Anschauungen eines Patienten und ihres Stellenwertes innerhalb seiner Gesamtpersönlichkeit. Es kann durchaus sein, daß die Heilung einer Neurose oder einer anderen Seelenstörung eine *Revision*

der Religiosität des Analysanden erfordert, das heißt eine
Humanisierung seines Weltbildes und seiner Gesinnungen,
die durch *archaische und vorurteilserfüllte Glaubens-
strukturen* erheblich belastet sein können. Die Objektivität
des Therapeuten in solchen Gesprächen ist am ehesten
gewährleistet, wenn er selbst ein »Wahrheitssucher« ist und
sich von den Verlockungen der Dogmatismen einigermaßen befreit hat.

*Herr Rattner, Sie haben uns eine eingehende und auf-
schlußreiche Untersuchung gegeben, die geeignet ist, die
heute wieder aktuell werdende Debatte über das Thema
»Psychotherapie und Religion« auf ein festes Fundament zu
stellen. In dieser Diskussion, die Atheisten wie auch fromme Menschen in gleicher Weise angeht, melden sich derzeit
vor allem die letzteren zu Wort. Das war in der Frühzeit der
tiefenpsychologischen Forschung nicht so.*

Wir leben in einem Zeitalter der Restauration. Kühnes
und fortschrittliches Denken ist nicht gefragt. Darum hat
mich das gewichtige Werk von Eugen Drewermann: *Kleriker – Psychogramm eines Ideals* (1989) mit besonderer
Genugtuung erfüllt. Wohl ist der Autor Homo religiosus,
aber sein Denken ist so klar und schonungslos, daß auch
ein Ungläubiger seinen Darlegungen weithin mit Zustimmung folgen kann.

Eugen Drewermann lehrte bis vor kurzem systematische
Theologie an der Katholischen Philosophisch-Theologi-
schen Hochschule in Paderborn. 1991 hat man ihm allerdings die kirchliche Lehrbefugnis entzogen. Vermutlich hat
besonders das von uns erwähnte Werk zu dieser Maßrege-
lung geführt. Drewermann ist nicht nur Theologe, sondern
auch Psychotherapeut. Die Beschäftigung mit der Psychoanalyse hat ihn zu einem scharfen Kritiker religiöser Institutionen und Lebensgestaltung werden lassen. Daß er hier-

bei mit der kirchlichen Obrigkeit zusammenprallen mußte, war unvermeidlich. Ich staune über den Löwenmut dieses Mannes, der Rom und seiner Hierarchie den Kampf ansagt und gleichwohl im Schoß der »alleinseligmachenden Kirche« zu bleiben gedenkt. Das ist tapfer, aber irgendwie auch weltfremd. Man kann nicht die Fundamente des Katholizismus angreifen und gleichzeitig diesen Glauben als großartig und erhaltenswürdig proklamieren.

Aber darüber haben wir jetzt nicht zu befinden. Wir wollen der Frage nachgehen, was Eugen Drewermanns Buch für unser Thema »Religion und Psychotherapie« zu entnehmen ist. Meines Erachtens sehr viel. Auch wenn Drewermann hauptsächlich eine »Psychologie des Klerikers« in allen seinen Ausprägungen als Priester, Ordensmann, Nonne und so weiter anstrebt, gibt er doch auch nebenbei eine *Psychologie des Homo religiosus* überhaupt. Sein Buch ist ungemein scharfsinnig und wahrheitsliebend. Es ist mit Leidenschaft geschrieben, weil sein Autor offenbar von der eigenen existentiellen Problematik inspiriert ist.

Der für uns wichtigste Teil des Buches sind die Abschnitte, in denen der Autor erklärt, wie jemand Kleriker wird. Für das fromm-gläubige Gemüt besteht da kein Problem; man wird Priester oder ähnliches, weil man die *Berufung Gottes* in sich verspürt. Aber das ist nur eine schematische Aussage, die seit Jahrhunderten kolportiert wird. Was spielt sich wirklich auf dem Grunde der Seele ab, wenn jemand auf »irdisches Dasein« und »irdisches Glück« verzichtet und die »überirdische Weihe« zu empfangen bemüht ist? Der Psychoanalytiker und Therapeut gelangt zu anderen Befunden als die religiösen Instanzen.

Eugen Drewermann begeht in den Augen der Kirche schon einen unverzeihlichen Fauxpas, indem er Jean-Paul Sartres Novelle *Die Kindheit eines Chefs* zum Verstehen der Kleriker-Karriere heranzieht. Seine kirchlichen Vorgesetzten müssen demnach spätestens auf Seite 61 des Buches – sofern sie es gründlich lasen – Blutdruckschwankungen empfunden haben. Sartre will in seinem Text zeigen, wie ein Heranwachsender *nach schweren ödipalen Konflikten und Identitätsunsicherheiten* zur »bürgerlichen Wohlangepaßtheit« kommt und – nach Sartres Meinung – ein spießbürgerlicher »Schmutzfink« wird. Lucien Fleurier wird von seiner Mutter verwöhnt und entwickelt infolge dieser »Mutterbindung« ein sehr lückenhaftes Gefühl für die eigene Geschlechtsrolle. Dementsprechend macht er eine Phase exzessiver Onanie durch, pröbelt ein wenig mit der Homosexualität, läßt sich mit einem schlichten Ladenmädchen sexuell ein, verläßt diese aber, um später eine »anständige und reine Jungfrau« zu heiraten, die auch seinem gesellschaftlichen Status zukömmlich ist. Des weiteren entwickelt er sich zum *Nationalisten* und *Antisemiten*, wodurch er in die Klasse der reputierlichen Leute aufrückt. Er hat sein eigenes Ich oder Selbst preisgegeben, um *gesellschaftlich überangepaßt* zu werden. Nun hat er keine Identitätssorgen mehr, zumindest sein Bewußtsein kennt keine; denn nur im Unbewußten bleiben diese schlecht bewältigten Probleme und Konflikte erhalten. Aber Fleurier, der zukünftige Unternehmer, Patriot, Antisemit und vermutlich auch »Rechtgläubige« definiert sich als Erwachsener durch seine *Cliquenzugehörigkeiten*, und diese ersetzen ein »wahres Selbst« oder persönliche Integrität. Der »Chef«, der eine Stütze der Gesellschaft werden soll, ist zustandegekommen.

Was hat das nun aber mit dem Priester, der Nonne und dem Ordensmann zu tun? Nach Eugen Drewermann sehr viel. Im Kleriker soll sich jeder Gläubige spiegeln und erkennen, denn die priesterlichen Funktionäre bekunden im vergrößerten Maßstab, was sich in der Seele der Frommen überhaupt tut. Am spannendsten fand ich das große

Kapitel des Werkes mit dem Titel »Der psychogenetische Hintergrund oder: Die primäre Rollenzuweisung in der Familie«. Hier leuchtet der Verfasser mit seiner aufklärenden Fackel tief ins religiöse Gemüt hinein.

Nach Eugen Drewermann wird man Kleriker, wenn man in der Kindheit eine ausgeprägte »ontologische Unsicherheit« fühlte und wenn die kindlichen Lebensverhältnisse als *Ausweg aus diesen Unsicherheiten* das »Selbstopfer« anbieten oder anzubieten scheinen. Mit einem Wort: *Neurotisierende Infantilbedingungen* erleichtern das Aufkeimen intensiver Frömmigkeit und des Wunsches, jenseits des »gewöhnlichen Lebens« einen Sonderstatus zu erlangen, der einen von den üblichen Lebensaufgaben (denen man sich nicht gewachsen fühlt) dispensiert. Man kann sogar zugespitzt sagen, daß es eines *menschlichen Scheiterns* bedarf, damit einer zum »Priester« wird. Natürlich gibt es noch viele Zusatzbedingungen, über die unser Autor genauestens Rechenschaft ablegt.

Ein zukünftiger Priester (auch eine Nonne, ein Ordensmann und so weiter) lernt in der Kindheit, daß er am ehesten allen nagenden Minderwertigkeits- und Sinnlosigkeitsgefühlen entrinnen kann, wenn er etwas Öffentliches, »Geheiligtes« und »Absolut Sicheres« wird, nämlich im Schoß der Kirche als einer ihrer Funktionäre aufgeht. Dazu muß allerdings ein *Kindheitsdrama* ablaufen, über das die Kirche am liebsten ein unantastbares Schweigen ausbreitet. Wie dieses Drama oft beschaffen ist, will aber Drewermann auf Grund seiner Therapieerfahrungen mit Priestern offen diskutieren.

Der angeblich zum Priesterstand durch göttliche Berufung geweihte Mensch stammt erstaunlich oft aus zerrütteten Familienverhältnissen beziehungsweise aus einer »unvollständigen Familie«. Typisch ist etwa die Situation einer liebenden und leidenden Mutter, die unter einem verständnislosen, verwahrlosten oder abwesenden Vater ein Martyrium absolviert. Der heranwachsende Knabe identifiziert sich mit dieser »mater dolorosa«; unwillkürlich will er so werden wie sie und nicht wie der abgelehnte oder sogar gehaßte Vater. Die Mutter selbst, die ihr unbefriedigendes Liebesleben durch Religiosität kompensiert, lenkt die Gedanken und Gefühle ihres Kindes auf den tröstenden Glauben. Oft kann sie im Zustand ihres Unglücks wenig echte Liebe spenden, aber sie kann dem Kind eine »Gemeinsamkeit im Leiden« anbieten, welches eventuell der späteren Gemeinsamkeit im Leiden mit Christus am Kreuz den Weg bahnt.

Ein Kind braucht, um später »ein Selbst« zu werden, eine freundliche »Empfangswelt«, die es liebt und die seine vielfältigen Antriebe und Bedürfnisse bejaht. Stellt sich hier frühzeitig ein Manko ein, dann kann die *Verankerung in der Wirklichkeit* prekär werden. Die geschädigte Seele wird irgendwie aus der Realität aussteigen und ein *Verlangen nach dem Irrealen* bekommen. Mit einem Wort: Sie wird *fromm*.

Eugen Drewermann schreibt darüber in seinem Buch *Kleriker – Psychogramm eines Ideals*: »Um von der Verwickeltheit der Verhältnisse ein rechtes Bild zu gewinnen, mag man sich beispielsweise vorstellen, daß eine Mutter ein Kind zur Welt bringt, dessen bloße Existenz ihr im Grunde zuviel ist. Diese Frau wäre in anderen Verhältnissen, unter anderen Umständen, durchaus das, was man eine ›gute Mutter‹ nennt, – es müssen, mit anderen Worten, zunächst nicht bereits bestimmte neurotische Unverträglichkeiten sein, die das Verhältnis zwischen Mutter und Kind belasten; ganz im Gegenteil erscheint es für die Herausbildung einer späteren Klerikerpsyche sogar als besonders günstig, wenn ein Kind im Schatten einer Mutter aufwächst, deren Wesen eigentlich ›mütterlich‹ genug sein könnte, um das nötige

Gefühl von Geborgenheit zu vermitteln, die aber *de facto*
daran gehindert wird, so zu sein und sich zu geben, wie sie
es in Wahrheit möchte. Diese Voraussetzung zu machen, ist
aus zwei Gründen unumgänglich: Nur eine Frau, die nicht
von vornherein jeder Mütterlichkeit ermangelt, wird die
Behinderungen in der Ausübung ihrer Mutterrolle mit
Schuldgefühlen belegen und durch ein besonders pflicht-
bewußtes Verhalten auszugleichen suchen; und zum anderen würde eine nur abweisende, schlechterdings kalte Person als Mutter niemals ein Kind erziehen können, wie wir
es in der Psychologie der späteren Kleriker antreffen: es
gehört zum Wesen des Klerikers, zumindest *in Gott,
zumindest in einer anderen Welt* als der ›bloß‹ irdischen,
auf eine geradewegs paradiesische Einheit und Geborgenheit wie auf etwas absolut Gewisses alle Hoffnung zu setzen – nach Wegfall aller irdischen Behinderungen
wird/würde die Welt großartig, freundlich, geborgen, mit
einem Wort *himmlisch* sein.«

Das in wichtigen existentiellen Belangen frustrierte Kind
hat gute Chancen, ein Kleriker zu werden. Oft suggeriert
die im Leben zu kurz gekommene Mutter dem Kinde, daß
es durch eine religiöse Laufbahn die Mutter und die ganze
Familie »entsühnen« solle. Das Kind wird, in der Sprache
der Familientherapie, *delegiert*, um familiäre Notstände zu
kompensieren. Zu diesem Zwecke muß es vitale Antriebe,
Aggressionen und Aktivitäten, Glücksverlangen und
Lebenslust verdrängen; das geschieht fast automatisch, weil
die Lebensverhältnisse mitunter gar keinen anderen Ausweg zeigen.

Erziehung zum Schuldgefühl, zur A- und Antisexualität
und zu einem pervertierten, das heißt übersteigerten und
weltfremden Vollkommenheitsstreben ist nicht selten der
Auftakt zu einem »Priesterleben«. Der Heranwachsende
weiß nicht, wie ihm geschieht. Nach einigen durchaus nor-

malen Frustrationen im beruflichen, schulischen oder ero-
tischen Bereich (die allerdings auch fehlen können)
erwacht im Kandidaten scheinbar ganz ursprünglich der
Wunsch, sein Dasein der Kirche zu weihen. Wer aber
genauer zusieht, entdeckt im ganzen Geschehen ein *Scheitern,* eine *Fluchtbewegung* und eine unterdrückte *Verzweiflung.* Die Ecclesia triumphans baut ihre machtvollen
Institutionen mit Hilfe von zertrümmerten und mitunter
verkrüppelten Seelen auf.

Was in der üblichen Glaubensideologie mit der schim-
mernden Gloriole der *Heiligkeit* umgeben wird, zeigt sich
in psychoanalytischer Beleuchtung als eine *klägliche All-
tagstragödie.* Eugen Drewermann sagt: »Da es nur schwerlich eine Daseinsform gibt, die so stark ideologiegebunden
ist wie das Leben eines Klerikers, ist es psychoanalytisch
Stelle für Stelle unerläßlich, den vielfältigen Verflechtungen
zwischen Unbewußtem und Bewußtsein, zwischen früh-
kindlichem Erleben und erwachsener Reflexion, zwischen
Triebpsychologie und Weltanschauung so sorgfältig wie
möglich nachzugehen. So haben wir bereits die theologische Konzeption von der göttlichen ›Erwählung‹ zum Kle-
rikersein von dem Grundgefühl der ontologischen Unsicherheit und der daraus resultierenden Überidentifikation
des Ichs mit bestimmten ›rechtfertigenden‹ Idealen und vor-
gegebenen Lebensinhalten zu verstehen gesucht; desglei-
chen gab sich die Überwertigkeit mancher moraltheologi-
scher Ansichten, zum Beispiel über die Unauflöslichkeit
der Ehe, zu einem Gutteil als Rationalisierung der Erfahrungen und Konflikte mit der Ehe der eigenen Eltern zu verstehen; und selbst gewisse Details theologischer Rede, wie
zum Beispiel die monoman anmutende Theorie von der
›Bindungsangst‹ als Ursache so vieler Ehetragödien, ließen
sich unschwer als Selbstdarstellungen der Gefühlslage der
Kleriker in ihren eigenen Problemstellungen deuten.«

Sigmund Freuds These, daß Religion und Schuldgefühl untrennbar miteinander verknüpft sind, findet in Eugen Drewermann einen kundigen Apologeten. Man muß ja nicht auf das »Urverbrechen« der angeblichen »Urhorde« abheben, um die Disposition des Kulturmenschen zum Schuldbewußtsein zu erklären. Es genügt, wenn man daran erinnert, daß das Gefühl der Schuld in jenem Menschenleben dominant wird, das sich den *Aufgaben der Weltzuwendung, der Liebe und des Sexus* entzieht.

Man schaffe Kindheitsbedingungen, die Masochismus und existentielle Unbeholfenheit erzeugen, und man wird einen Menschen heranbilden, der gierig nach einer Lebensgestaltung sucht, die ihm die Einfügung in *institutionalisierten Autoritarismus* als wünschenswert erscheinen läßt und ihm den Verzicht auf mannigfaltige Formen des Selbstseins und der (authentischen) Selbstverwirklichung relativ leicht macht. Denn Charaktere, die ohnehin nicht den Mut und die Fähigkeiten zum Selbstsein haben, sind stets glücklich mit einer Ideologie, die die *Selbstlosigkeit* auf ihr Panier geschrieben hat.

Armut, Keuschheit und Gehorsam wurden zwar von der Kirche in geschichtlichen Zeiten nicht unbedingt ernstgenommen, aber als ideologische Versatzstücke waren sie unentbehrlich, damit willige »Religionssoldaten« erzogen werden konnten, ohne die die Kirche kaum zwei Jahrtausende ihre Macht hätte realisieren können. Auch der Religionskritiker kann sich eines Gefühls des Staunens nicht erwehren, wenn er nachvollzieht, mit wieviel *Schlauheit und Machtbewußtsein* in der kirchlichen Tradition des Abendlandes die menschliche Natur geformt und umgeformt wurde, mit dem Hauptzweck, die ekklesiastische Autorität aufrechtzuerhalten und zu festigen. Über die Not und Bedürftigkeit der einzelnen wurde hierbei radikal hinweggegangen. Mochten Hunderttausende seelisch und leiblich verkümmern oder zugrunde gehen – die Hauptsache war, daß die *Herrschaft der Kirche* bestehen blieb. Dostojewski hat in seinem großen Roman *Die Brüder Karamasoff* in der Legende vom Großinquisitor das lebens- und freiheitsfeindliche Prinzip des Katholizismus (und der Religion überhaupt?) unübertrefflich an den Pranger gestellt. Sein Großinquisitor würde sogar den wiederkehrenden Heiland verbrennen, da dieser die Menschen mit dem »Phantom der Freiheit« narrt, welches die Kirche schon seit langem als eine unmögliche Utopie beiseitegeschafft hat.

Eugen Drewermann berichtet auch einiges über Geschwisterkonflikte späterer Priester. Er ordnet ihnen den »Abel-Komplex« zu; nur muß man wissen, daß jeder Abel auch einen »unbewußten Kain« in sich trägt. Jedenfalls wird man finden, daß die zumindest oberflächlich braven und wohlerzogenen Kinder – die gegenüber ihren Geschwistern einen Sonderstatus haben oder anstreben – potentielle »Kirchenleute« sind, da sie auch im Erwachsenenleben einer *Großfamilie* angehören wollen, nämlich der Kirche, die ihnen suggeriert, daß sie alle Kinder der Kirche oder Gottes seien. Der »Familienkernkomplex« steht eben immer im Mittelpunkt menschlicher Probleme, Entwicklungen und Fehlentwicklungen. Oder wie Freud sagte: Die Enttäuschung an den realen Vätern macht die Menschen begierig danach, einen allmächtigen, allgütigen und allwissenden Vater im Himmel zu haben!

Der Mensch sehnt sich allemal nach *Liebe und Geborgenheit*, und seine *Einsamkeit* inmitten familiärer und sozialer Bindungen ist nicht selten größer, als er sie ertragen kann. Darum findet die fromme Heilsbotschaft Resonanz. Sie wendet sich an traurige oder doch hilflose Seelen, die von einem »magischen Helfer« träumen und auch abhängig sind. Man sollte aber nicht verkennen, daß der

Weg in die Religion in häufigen Fällen über die »Straße der Verzweiflung« führt. *Ideologische Schulung und Indoktrination* fügen ein weiteres hinzu, um das Ideal des Klerikers in der Massenpsyche zu verankern; denn nicht nur Priester und Nonnen glauben an dieses Ideal, sondern eben auch die Volksmassen, aus denen immer wieder Priesternachwuchs emporkeimt.

Wenn nun die Seele des Klerikers so viele neurotische Strukturelemente enthält, dann drängt sich die Frage auf, ob nicht in der Psyche des durchschnittlichen Gläubigen Neurose und Religion unauflöslich miteinander verschränkt sind?

Wäre das so, dann darf Psychotherapie trotz größtmöglicher Toleranz das religiöse Weltbild im therapeutischen Diskurs nicht ausklammern. Es muß zumindest überprüft werden, ob nicht die Frömmigkeit des Patienten im Zusammenhang steht mit seinen Sexualverdrängungen, Schuldgefühlen, Ängsten, intellektuellen Blockaden, Vorurteilen und so weiter. Sollte dies der Fall sein, dann kann die Heilung nur erfolgen, wenn auch ein geistiger Aufschwung in der Therapie anvisiert wird. Dogmatismus und Geist sind kontradiktorisch; dasselbe gilt für den Konformismus. Wer seelisch heilen will, muß beide *Zerrformen der Geistigkeit* bekämpfen um der echten und lebendigen Vernunft willen.

Mut zur Erziehung

Herr Rattner, brauchen Kinder Erziehung? »Antipädago-gen« forderten in den siebziger Jahren die Abschaffung jeglicher Erziehung. Wie schätzen Sie diesen Ansatz ein?

Das Wort »Antipädagogik« habe ich aus einer Publikation von Ekkehart von Braunmühl aus dem Jahre 1975 in Erinnerung. *Antipädagogik. Studien zur Abschaffung der Erziehung* hieß der provokante Titel dieses Buches. Nach meiner Idee war das eine Reaktion gegen den Mißbrauch von Erziehung. Die »Antipädagogen« fragten: Sind wir Erwachsene denn selbst erzogen, daß wir Kinder erziehen dürfen? Ein ähnliches Problem stellt sich auch bei uns in der Psychotherapie: Sind wir Therapeuten so normal, daß wir andere Leute behandeln dürfen und ihnen Normalität versprechen können?

Nun scheint mir aber doch dabei das Kind mit dem Bade ausgeschüttet worden zu sein. Gewiß gibt es Erzieher, die selber nicht recht erzogen sind. Aber Kinder brauchen Erziehung. Eine Definition von Alfred Adler lautet: Erziehung soll nicht von oben herab erfolgen, sondern Erziehung heißt: miteinander leben, miteinander lernen, miteinander sich entwickeln.

Eine Formung des Kindes ist dabei unentbehrlich. Aber offenbar muß man vermeiden, die Kinder zu Abbildern unserer selbst zu erziehen. Der Erwachsene darf sich nicht als das Nonplusultra der Schöpfung wähnen, auf den hin die Kinder erzogen werden sollen. Man muß wissen: Erziehung ist ein dialektischer Prozeß. Wir erziehen das Kind, das Kind erzieht auch uns.

Das ganze Problem erinnert mich an eine These von Immanuel Kant. Er sagte, wenn man die Kinder nur zum gegenwärtigen Niveau der Kultur erzieht, entstehen Parasiten. Das Kind soll vielmehr zu einem Repräsentanten einer zukünftigen, besseren Kultur erzogen werden. Mit anderen Worten: Wir sollen die Kinder so modulieren, daß sie über uns hinauswachsen können. Dann üben wir das Amt des Erziehers richtig aus.

Meine Argumente für die Notwendigkeit der Erziehung und gegen eine überspitzte Antipädagogik sind etwa folgende:

1. Kinder brauchen Pflege, sonst gedeihen sie nicht.

2. Kinder brauchen Information. Die Welt, in der wir leben, ist kompliziert, und das Kind weiß ja noch nichts. Der Erzieher muß das Kind informieren.

3. Kinder brauchen Gewöhnungen, Training, soziale und intellektuelle Lernprozesse. Auch das sind vielfältige erzieherische Arbeiten, die die Eltern und dann die Schule leisten müssen, sonst wird nichts aus den Kindern.

Mit einem Wort: Wir müssen den Mut zur Erziehung behalten. Aber wir müssen auch zugeben: Der Erzieher selbst bedarf der Nacherziehung, und er muß die Erziehung als einen Kreisprozeß betrachten.

Ich bin der Meinung, daß die Erziehung die schwierigste Aufgabe ist, die es überhaupt gibt. Für jede andere soziale und berufliche Tätigkeit haben wir Ausbildungssysteme und Institutionen. Der Lernende absolviert Lehrzeit, Gesellenzeit und muß eine Meisterprüfung ablegen. Aber in der Erziehung ist man von einem erschreckenden Fatalismus. Es ist fast wie ein Kinderglaube: Wir werden es schon können, wenn wir es nur unternehmen. Aber schon der Dichter seufzt: Vater werden ist nicht schwer, Vater sein dagegen sehr!

Die Erziehung ist die wichtigste Aufgabe der Kultur. Jean Paul sprach davon, sie sei der Hebelarm der Kultur, denn wer die Kinder in der Kinderstube bewegt, der bewegt nachträglich die ganze große Kultur, die uns umgibt. Der französische Philosoph Helvétius sagte im 18. Jahrhundert sogar: L'éducation peut tout, die Erziehung vermag alles. Das ist natürlich eine Übertreibung, aber gemeint ist: Wenn wir richtig erziehen würden, könnten wir viel mehr aus unseren Kindern machen, als es bis heute geschieht.

Ich würde allen jungen Leuten raten, einige Jahre zu warten, bevor sie Kinder zeugen. Denn es braucht gewaltige Anpassungsprozesse, bis zwei Menschen ein bißchen Harmonie finden. Das Nest soll vorbereitet werden, in dem sich das Kind wohlfühlen kann. Auch sollen Kinder nicht in die Welt gesetzt werden, um eine kaputte Ehe zu festigen, wie es oft geschieht.

Eltern sollen sich unendlich viele Gedanken über Erziehung machen, Bücher lesen, Vorträge besuchen, sich psychologisch informieren: Wie mache ich es am besten, daß mein Kind ein vernünftiger, freier und glücklicher Mensch wird? Wer sich zum Beispiel einen Hund anschafft und erziehen will, der informiert sich durch entsprechende Lehrbücher. Wer wird in den Garten gehen und einfach Samen ausstreuen und glauben, daß dann alles gut wächst?

Mein Fazit also: Verbesserung der Erziehung und nicht Abschaffung.

Alexander Sutherland Neill, der unkonventionelle Pädagoge in Summerhill/England, forderte in den sechziger Jahren eine »antiautoritäre Erziehung«. Hat sich dieser pädagogische Ansatz bewährt?

Ich erinnere mich noch genau: 1968 war das Buch von A. S. Neill ungeheuer verbreitet, es hatte eine Auflage von fast einer Million. Daraus kann man schließen, daß sehr viele, die sich mit Erziehung befassen, dieses Buch zumindest gekauft, vielleicht sogar gelesen haben. Ich kenne

A. S. Neill und seine Pädagogik seit 1955, damals erschien erstmals ein Text über Summerhill. Ich habe A. S. Neill bewundert wie alle progressiven Menschen. Er ist ein liebenswerter, kauziger Mensch gewesen, den gewiß eine echte Liebe zum Kind inspirierte. Seine Parole von der Antiautorität ist vollkommen richtig, denn der Autoritarismus ist das Gift jeder Erziehung. In dem Moment, da die Eltern sich über das Kind stellen und Gewalt ausüben, bringt die Erziehung nur Karikaturen, Krüppel oder seelisch verunstaltete Menschen hervor.

A. S. Neill war Internatserzieher, er leitete in der Nähe von London eine Schule mit sehr freier Atmosphäre. Mich erinnert das immer an die Pädagogische Provinz von Rabelais, die Abtei Telem, wo der Wahlspruch galt: *Fait, ce que tu veux*, mach, was du willst. Das hat auch A. S. Neill sehr schön praktiziert. Die Kinder mußten nichts gegen ihren Willen tun, sie mußten nicht einmal lernen, nur wenn sie wollten. Ohne Lernzwang brachte er glückliche Kinder hervor. Aber es hat sich dann doch gezeigt, daß die intellektuelle Bildung in Summerhill zu kurz kam. Die Absolventen waren in sich gerundete Menschen, gelöst, spontan, mit einer gewissen Vorliebe für die Kunstbetätigung, aber intellektuelle Hochbildung wurde in dieser Schule fast nie erreicht. Aber die brauchen wir auch in unserer Kultur.

Das Wesentliche der antiautoritären Erziehung möchte ich in vier Grundsätzen zusammenfassen:

1. Führen, nicht kommandieren.
2. Geistige, nicht physische Überlegenheit des Erziehers soll in die Waagschale fallen.
3. Worte, nicht Prügel.
4. Gefühle, nicht Vorschriften.

Wenn man alles zusammenfaßt, lautet die Idee: Wir wollen Freundschaft mit dem Kinde halten und keine Hierarchie etablieren, in der der Erwachsene wie ein Komman-

dant oder wie ein König hoch über dem Kinde steht und
nur noch die Befehle ausgibt und das Kind folgen muß.
Selbstverständlich gehört zu dieser antiautoritären Pädagogik auch die Abschaffung der Prügel und – vielleicht zu 99
Prozent – der Strafe. Ich sage zu 99 Prozent, weil man doch
manchmal auf Übergriffe des Kindes reagieren muß. Dies
muß nicht mit Gewalt einhergehen, sondern kann sich eher
im Sichentziehen oder Zurückziehen ausdrücken. Aber die
Strafe muß fast auf Null zurückgehen.

Wir verstehen Erziehung als Entwicklungs- und Entfal-
tungshilfe. Das ist die Absage an eine jahrtausendealte
Pädagogik, in der man immer Erziehung als Anwendung
von rücksichtsloser Gewalt der Erwachsenen gegenüber
dem Kind sadomasochistisch mißverstand. Wenn man das
Buch von Philippe Ariès liest, *Geschichte der Kindheit –*
was haben die Kinder jahrtausendelang gelitten! Oder denken wir an die Arbeit des Psychohistorikers Lloyd deMause
Hört ihr die Kinder weinen? Wir hören sie heute noch weinen. Diese Tradition soll unterbrochen werden, aber ich
möchte betonen: Antiautoritäre Erziehung stellt ungeheure
Anforderungen an die Erzieher. Die 68er-Generation dachte, das ist ganz leicht, das ist ein neues Know-how, ein
neues Rezeptbuch, und doch hat sie die Kinder genauso
neurotisiert, wie das früher die autoritären Erzieher mach-
ten. Auch A. S. Neill hatte manche Lücken in seinem Programm. Wilhelm Reich war sein Abgott in der Psychoanalyse, daraus entstand eine starke Betonung der Sexualer-
ziehung. Wenn die Kinder wissen, meinte A. S. Neill, daß
sie onanieren dürfen, dann ist alles geritzt, dann geht nichts
mehr schief. Aber wir haben schon oft Kinder gesehen, die
wußten, daß man onanieren darf, und sie waren genauso
krumm wie andere Kinder auch.

Wir dürfen in der Erziehung nicht leichtfertig experi-
mentieren. Die Erziehung in der Vergangenheit war falsch,

sie war autoritär und verbog viele Menschen. Wenn wir das abändern, haben wir zugleich eine große Verantwortung, und es muß immer genau überlegt sein. Wer Antiautorität praktizieren will, der muß im eigenen Innern aufräumen und sehen, ob er nicht verborgenen Autoritarismus in sich trägt. Viele, die mit A. S. Neills Büchern in der Hand erzogen, waren vordergründig mit dem Mund antiautoritär, aber in ihrem Wesen waren sie autoritär und haben den Kindern hinterrücks beigebracht, daß sie folgen müssen.

Sie sagen, daß man Kinder nicht prügeln soll. Warum nicht?

Ich finde, es ist eine große Feigheit, einen schwächeren Menschen zu prügeln. Grundsätzlich bin ich gar nicht gegen Prügel. Wenn sich jemand schlagen will, soll er sich einen Boxer oder einen Preisringer aussuchen und ihm vorschlagen: Jetzt prügeln wir mal los! Das fände ich tapfer. Aber ein Kind zu schlagen ist eigentlich der Gipfel der Unbesonnenheit und vielleicht auch der Feigheit, denn wir putzen unsere Schuhe an dem armen Kind ab, toben uns an ihm mit allen unseren Minderwertigkeitskomplexen und Kleinheitsgefühlen aus und fühlen uns dann riesengroß, weil wir ein winziges Wesen in die Pfanne hauen.

Aber es gibt auch andere Gründe gegen die Prügel. Erstens sind Prügel demütigend für ein Kind. Das zerstört die Selbstachtung und erzeugt im Kind prinzipiell Haß oder Misanthropie – Menschenfeindschaft. Selbst in der Tiererziehung kommt man immer mehr vom Prügeln ab. Man weiß, ein mit Liebe dressiertes Tier ist besser als ein mit Prügeln dressiertes. Ich habe mich mit den Biographien großer Menschenfeinde befaßt, die ihre Untertanen zu Hunderttausenden in den Tod geschickt haben, zum Beispiel Friedrich II., Hitler, Stalin und andere. Ein Charakteristikum in der Erziehung dieser Menschenfeinde ist, daß sie eine harte, lieblose und mit Prügeln überladene Erziehung erhielten. Denken wir an Friedrich Wilhelm I., der den kleinen Friedrich mit einer irrsinnigen Gewaltsamkeit erzogen hat. Aus dem Kronprinzen wurde dann dieser Mensch, der um des Ruhmes willen Hunderttausende zu Krüppeln schießen und umbringen ließ, nur um hochilluminiert »über der Menschheit« dazustehen. Auch Hitler, Stalin & Co. sind geprügelte Kinder, und die Menschheit hat teuer dafür bezahlt.

Ein zweiter Faktor ist: Prügel in der Kindheit können sexuelle Pathologie hervorrufen. Der erste Kronzeuge dafür ist bekanntlich Jean-Jacques Rousseau mit seinen *Bekenntnissen*. Er hat als erster offen beschrieben, daß er jedesmal, wenn ihn seine Erzieherin prügelte, eine Erektion bekam und später dann immer danach trachtete, geprügelt zu werden. Er hatte eine ganz verschrobene, masochistische Sexualität. Es ist nicht immer so, aber generell können wir heute sagen, die Gefahr ist groß, daß geprügelte Kinder eine kranke Sexualität bekommen. Mit anderen Worten: Prügel zerstören die Gefühlsbasis der Persönlichkeit. Sie erzeugen zwanghafte, lebensfeindliche Menschen, unter Umständen auch Moralisten, die das Leben eingezwängt nach »Schema F« leben wollen. Es sind Menschen, die dann in einem Panzer leben, einem Gefühlspanzer, sagt Reich. Durch Prügel bekommt das Kind auch Angst vor seinen Eltern, und eventuell entsteht daraus ein gedrücktes, schüchternes, scheues Wesen. Die Eltern wollen das Kind erziehen, aber wenn das Kind Angst vor ihnen hat, dann dringen ihre Worte nicht mehr in das Kind hinein.

Ein weiterer Punkt, den ich erwähnen möchte: Wer als Kind geprügelt wird, prügelt später sehr wahrscheinlich auch. So reicht die Kette der Tradition über die Generationen hinweg. Jeder Geprügelte wird auch ein Prügler, es kommt nie zu einem Ende, und die Mitmenschlichkeit bleibt auf der Strecke.

Sodann soll jeder bedenken, der Kinder prügelt, daß er im Grunde einer Affektreaktion folgt. Es kann mir niemand sagen, daß er Prügel aus ruhiger Überlegung und Besonnenheit praktiziert. Wenn er es dem Anschein nach tut, ist es für das Kind noch schlimmer, als wenn er im Affekt straft. Denken wir uns dies grauenhafte Bild, daß so ein Erzieher kaltblütig ein Kind herankommandiert und sagt: Weißt du, du hast diesen oder jenen Fehler gemacht, und jetzt zähle ich dir zehn Prügel ab. Das ist doch eine unerhörte Verschrobenheit. Prügel lösen auch kaum Probleme. Ich gebe zu, dort, wo der Erwachsene unruhig wird, hat das Kind ein Problem, vielleicht auch der Erwachsene, oder beide miteinander. Aber wann wurde schon ein Problem durch blindes Dreinschlagen gelöst? Im übrigen bin ich der Meinung, daß kein Kind aus bösem Willen verkehrt handelt. Es ist immer eine Not im Spiel, eine Krisensituation, die wir schwer durchschauen. Wenn wir etwas Vernünftiges wollen, und das Kind durchkreuzt es oder macht etwas falsch oder gegen unseren Willen, dann liegt immer eine Not vor, die das Kind zu seinen Fehlhandlungen treibt. Diese Not gilt es zu ergründen.

Ich fasse zusammen: Die Spätfolgen der Prügel sind – was die meisten Eltern nicht wissen – Neurosen, sexuelle Anomalien, auch Psychosen, Charakterstörungen, manchmal auch Eheunfähigkeit (denn der Geprügelte wird auch in seiner Ehe prügeln, mit Worten oder Taten) und eventuell Arbeitsstörungen, denn Prügel hemmen die Lebensfreude und die Tüchtigkeit. Ich bin immer noch der Meinung von Immanuel Kant, man soll in jedem Menschen, auch im Kind, die Würde achten. Geschieht das, wenn Eltern ein Kind prügeln? Nein! Sie behandeln das Kind wie ein wildes Tier. Prügel sind eigentlich *Krieg in der Kinderstube*. Wer Krieg führt, wird auch von seiten des Kindes Krieg ernten, oft auf sehr versteckte Weise. Wer erzieht, soll das ideale Bild vom Kinde achten, auch wenn das Kind noch kläglich erscheint.

Warum soll man Kinder nicht verwöhnen?

Das ist nun die Gegenseite: Les extrêmes se touchent, die Gegensätze berühren sich. Alfred Adler, mein Vorbild in der Tiefenpsychologie, war der Meinung, daß fast alle Kinder eine gewisse Verwöhnung durchmachen, vor allem die späteren Neurotiker und Charaktergestörten. Das Kind ist klein, hilflos, und in der ersten Zeit wird ein Kind, wenn nicht ökonomische und seelische Not vorherrscht, fast immer etwas verwöhnt, manche sogar sehr. Die Folgen sind unglückselig, denn wenn die Familie ein Treibhausklima anbietet, kommt es eines Tages zum Bruch zwischen der Atmosphäre der Familie und der der äußeren Welt. Die äußere Welt ist hart und kalt, lieblos und schwierig. Wenn ein Kind daran gewöhnt wurde, in der Kindheit alles leicht zu bekommen, dann wird es vor der Realität erschrecken und lebenslänglich eine Sehnsucht nach der Vergangenheit und der Familie ausbilden, zum kleinen, überschaubaren Raum. Verwöhnung macht unselbständig. Aber Erwachsene verwöhnen nicht aus schlechtem Willen. Sie verwöhnen aus einem unbewußten Festhaltewillen. Der Erwachsene will das Kind festhalten, das doch in die Welt hinausgehen soll, das von ihm wegwächst und ihn allein zurückläßt.

Dem Verwöhnten wird Aktivität abgenommen. Die Resultate sind nach Harald Schultz-Hencke Bequemlichkeit und Riesenansprüche. Der Verwöhnte wird faul, träge, aber andererseits hat er große Rosinen im Kopf, die er immer an die anderen heranträgt. Er will, daß die anderen für ihn alles machen. Das sind übrigens die Grundelemente jeder Neurose: Bequemlichkeit und Riesenansprüche, entstanden aus Verwöhnung. Man kann es auch so sagen: Es entstehen Pascha- und Prinzessinnen-Allüren. Oder in den

Worten Adlers: Minderwertigkeitskomplexe und daraus folgend Geltungsstreben. Die Konsequenz von allem dem ist, daß sich die sozialen Gefühle schlecht entwickeln. Der Verwöhnte geht durch das Leben mit der Parole: »Für mich!« Die andere Seite, das Du- und Wir-Gefühl, ist ihm fremd. Er ist kein Mitakteur im Spiel des Lebens. Er ist ein Störer und Spielverderber.

Wenn wir sagen, Verwöhnung erzeugt Neurose, dann meinen wir auch, sie erzeugt ein Leben im Hinterland. Der ehemals Verwöhnte ist nie an der Front des Lebens zu finden. Dort geht es ihm zu laut, zu drastisch zu, da wird geschossen. Aber er möchte ja im Schlupfwinkel bleiben. Und so haben wir bei ihm immer die Tendenz, zur Familie zurückzukehren. Die Aufgaben in Beruf, Liebe und Ehe bleiben ungelöst, das Interesse für große Gesellschaftsfragen ist kaum vorhanden. Das ist dem Verwöhnten alles fremd.

Wer als Kind verwöhnt wurde, neigt im späteren Leben zur Selbstverwöhnung. Selbstverwöhnung heißt dann unter Umständen maßloses Essen, maßloses Trinken, Suchtcharakter. Suchtmittel vom Alkohol bis zu Drogen sind auch Formen der Selbstverwöhnung. Lebenstüchtigkeit ist jedenfalls nicht im Programm. Ich meine auch, daß Verwöhnung politische Konsequenzen hat. Wir erlebten in unserer Epoche oft genug, daß die Menschen sich Führer suchten, an die sie alle Macht delegierten: ›Führer, denke du für uns, handle du für uns, entscheide du für uns!‹ Das ging vielleicht vorübergehend scheinbar gut, aber es endete dann immer in furchtbaren Katastrophen. Denn zum Führer gehört der Größenwahn, ein Gottähnlichkeitswahn, ferner soziale Unduldsamkeit und ähnliches mehr. So haben diese ehemals verwöhnten Kinder von ihren Führern grausige Quittungen bekommen, bis hin zur Zerstörung der europäischen Kultur.

Eine andere Folge der Verwöhnung ist vielleicht in der Religion zu finden. Ich habe oft den Eindruck, daß viele fromme Menschen ehemals verwöhnte Kinder sind. Sie sehen im Herrgott eine Supervaterfigur, die für sie alles tun soll wie Mami und Papi in frühen Jahren. Es ist mitunter drollig, was ehemals verwöhnte Kinder so von ihrem lieben Gott wollen. Nehmen wir an, jemand verliert sein Portemonnaie, dann betet er zum lieben Gott: ›Lieber Gott, laß mich mein Portemonnaie wiederfinden!‹ Dann soll also der liebe Gott, der Herrscher aller Welten und des Kosmos mit all seiner Unendlichkeit, seine Aufmerksamkeit auf das kleine Portemonnaie richten. Wenn man es dann findet, bekommt er auch ein Dankgebet. Religion und Verwöhnung hängen also innig zusammen.

Wir können als Folge der Verwöhnung Entwicklungshemmung diagnostizieren. Entwicklung erfordert Überwindung, Selbstüberwindung, Überwindung von Widerständen. Bleibt sie aus, sind Ichhaftigkeit, Egozentrismus und Korruption des Charakters die Folge. Die letzte Konsequenz ist vielleicht, daß der Verwöhnte ein Privatmensch wird, er interessiert sich meist nicht für soziale, gesellschaftliche und große kulturelle Fragen. Da er immer auf dem Ichstandpunkt steht, schrumpft für ihn die Welt zusammen. Wir brauchen aber keine Privatleute, sondern Menschen, die der Kultur dienen.

Wie läßt sich die pädagogische Aufgabe der Mutter aus tiefenpsychologischer Sicht beschreiben?

Die pädagogische Aufgabe der Mutter ist riesengroß. Ich habe schon oft Tiere beobachtet und war tief ergriffen, was Katzen- oder Hundemütter so leisten, um ihre Jungen großzuziehen. Beim Menschen ist es ähnlich. Die Hauptlast der ersten Jahre liegt auf der Mutter, sie muß viel vollbringen, daß aus diesem biologischen Lebewesen ein Kulturwesen wird. Die Mutter ist der erste Mitmensch. Sie muß dem Kind zeigen, daß es nicht allein auf der Welt ist, sondern daß das Leben Dialog, Pflege, gegenseitige Hilfe, Kommunikation und wechselseitig Förderung bedeutet.

Der große Pädagoge Pestalozzi hat Ende des 18. Jahrhunderts eine Entdeckung gemacht, die eigentlich schon hunderttausend Jahre früher hätte kommen müssen: Die Mutter ist die *erste Lehrerin* des Kindes. Denken wir an Rousseau; in *Émile* (1762) ist die Erziehung einem Hofmeister anvertraut; die Mutter ist unwichtig; sie ist noch nicht entdeckt. 40 Jahre später kommt Pestalozzi mit seinem Buch *Wie Gertrud ihre Kinder lehrt* (1801). Die Mutter ist hier die erste Lehrerin des Kindes. Sie soll zuerst zum Kind eine Beziehung herstellen. Dann muß sie die Sprachschulung vollbringen. Wenn das Kind lallt, ist die Mutter die erste, die dieses Lallen in Worten zurückgibt. Das Kind nimmt das wieder auf, damit fängt das erste Gespräch an.

Aber die Mutter soll nicht nur geben. Ihr Geben erfolgt fast instinktiv, das liegt in jeder echten Mutter drinnen, sie gibt überschwenglich. Auch das Kind muß geben und nehmen lernen, das heißt die Mutter muß auch empfangen. Das ist sehr wichtig, denn das Kind fängt schon nach ein paar Wochen an, nicht nur zu nehmen, sondern es gibt dann der Mutter sein Lächeln und vieles andere. Wenn die Mutter das Ideal einer schrankenlosen Geberin hat, kann sie die Entwicklung des Kindes stören. Auch muß sie die Gefühle des Kindes trainieren. Gefühle werden dem Kind nicht spontan von der Natur geschenkt, sie sind eine Mitte zwischen Geist und Trieb, hier kann und soll die Erziehung einwirken. Wenn die Mutter reich an Gefühlen ist, transfundiert sie diese in das Kind, und das Kind bekommt ähnliche Gefühle wie die Mutter. Ist die Mutter gefühlsarm, geht schon im ersten, zweiten Lebensjahr eine Entwicklung fehl, weil das Kind nicht genügend Gefühlsfaktoren erfährt, die es im späteren Leben braucht.

Wenn die Mutter gut erzieht, weitet sie möglichst bald die Gefühle des Kindes auch auf den Vater aus. Es darf nicht so sein, daß sie das Kind an sich reißt und den Vater ausschließt. Das Kind braucht beide Erziehungspersonen! Die Mutter muß später ein wenig zurücktreten und sehen, daß das Kind auch zu diesem zunächst fremden Vater Beziehung aufnimmt.

Man muß den Mut des Kindes pflegen! Das Kind bringt spontan Entwicklungsfreude mit, es will die Welt erkunden, es ist voller Neugier. Wenn die Mutter selbst ängstlich ist, dann blockt sie diese Fähigkeit ab, und das Kind spürt ein Tabu: Ich darf nicht weg von der Mutter. Mami ist nur ruhig und zufrieden, wenn ich ihr am Rockzipfel hänge. Das kann die ganze weitere Entwicklung extrem aufhalten.

Ich würde mir wünschen, daß sich jede Mutter bemüht, ein Ruhepol im Leben des Kindes zu sein. Die Mutter muß ihre Hektik abtun, sobald sie sich ihrem Kind zuwendet. Sie muß sich bewußt sein: Kinder brauchen Ruhe, Stille, alles muß zart und sacht sein. Ohne diesen Ruhepol bildet das Kind kein Gravitationszentrum aus, es flattert im Raum herum und findet keinen Mittelpunkt im Leben.

Meiner Meinung nach ist die Mutterliebe fast der Ursprung der Kultur. Was sich in den ersten zwei Lebensjahren abspielt – vor allem in der Mutter-Kind-Dyade, wie wir das zu nennen pflegen –, daraus werden die ersten Ansätze der Kultur geschaffen. Ich möchte sogar behaupten, daß alle großen Geister durch Mütter gefördert wurden. Sie waren nicht unbedingt sehr kultiviert, es waren oft sehr einfache Mütter, aber sie hatten ein Herz voller Liebe. Ich habe das letzthin bei den Brüdern Humboldt verfolgt. Alexander von Humboldt war als Kind beinahe schwachsinnig, kaum begabt, sehr langsam im Denken. Aber die

Mutter Humboldt hat für die Schulung der beiden Söhne viel in Gang gesetzt, und sie wurden immerhin recht tüchtige Leute. Auch die Mutter Goethes war geistig nicht unbedingt sehr hochstehend, aber ein lebendiger, lieber Mensch. Das schlägt zu Buche. Auch bei Schiller ist ähnliches festzustellen. Man denkt immer an den Vater Schiller mit seiner robusten, autoritären Wesensart, der hat den Jungen geformt, vielleicht auch verformt, doch die Liebe kam von der Mutter.

Im gewissen Sinn spendet die mütterliche Erziehung eine Bejahung des Kindes ohne jedes: »Du sollst!« Das ist wichtig, denn die Pflichtseite ist eher die väterliche Komponente in der Erziehung. Diese Bejahung ohne Forderung macht den Menschen bis in die Physis hinein gesund. Adler drückt das so aus: Die Mütter sind die ersten, die Gemeinschaftsgefühl oder Sozialinteresse an die Kinder weitergeben.

Aber das kann die Mutter nur, wenn sie sich selbst geachtet und geschätzt fühlt und vom Vater geliebt wird. Unsere Kultur mißachtet die Mütter. Das Patriarchat ist eine kulturfeindliche Ideologie, es hat die Mütter in ein Sklavendasein versetzt und hoffte dann, daß solche Sklavinnenmütter gute Kinder erziehen. Man muß der Mutter geistige und soziale Entwicklungschancen geben, damit sie die Kinder selbstbewußt erziehen kann.

Es ist eine ethische Grundschulung, die wir von der Mutter verlangen. Sie soll das Kind lehren zu lieben. Das ist nur möglich, wenn sie das Kind selber liebt und wenn sie ihm auch Ideale einpflanzt. Erziehung auf menschlicher Ebene ist nicht einfach ein animalischer Akt: betreuen, pflegen, hätscheln. Das Kind muß im Gespräch auch auf Güte, auf Mitmenschlichkeit, auf Progressivität, auf Schaffensfreude hingelenkt werden.

Ich wünsche mir sehr, daß die Mütter lernen, ihre Liebe auf alle ihre Kinder gut zu verteilen. Man neigt oft dazu, ein

Kind zu bevorzugen, weil es drolliger ist, niedlicher, hübscher. Aber wenn die Mutter nicht alle Kinder gleich liebt, stört sie viel in deren Entwicklung. Ferner soll sie durch Einklang mit dem Vater dem Kind das Bild einer anständigen Ehe vorführen. Das ist fast wertvoller als alle Pädagogik. Daran mißt das Kind seinen Lebensglauben und seine Zuversicht. Friedrich Nietzsche hat nicht zu Unrecht gesagt, daß jedermann lebenslänglich das Bild seiner Mutter in sich trägt. Das bestimmt, ob er Frauen achtet oder verachtet. Das Mutterbild – die Mutter-Imago, wie wir sagen – ist immer lebendig in uns.

Ich meine also, man soll die Mütter schulen und instruieren, damit sie ihrer Aufgabe gerecht werden können.

Sie haben die Stellung des Vaters zum Kind schon kurz angedeutet. Was ist die pädagogische Aufgabe des Vaters?

Sie ist mindestens so groß wie diejenige der Mutter. Ich sage das zum Teil im Gegensatz zu den Psychoanalytikern, die sehr oft nur von der Mutter reden, vor allem bei der Verursachung von Neurosen und Psychosen. Man kennt ja die Formel von der *neurotogenen* Mutter und der *schizophrenogenen* Mutter (Mütter, die Neurosen und Psychosen erzeugen), aber der Vater hat im Leben des Kindes eine ebenso wichtige Rolle. Der Vater ist, auch heute noch, *Repräsentant der Außenwelt*. Ich gebe zu, die Rollen mischen sich heute. Wir haben bereits den Vater als Hausmann, während die Mutter berufstätig ist. Aber im Prinzip ist immer noch das Patriarchat gültig. Der Mann repräsentiert die Außenwelt, oder psychoanalytisch gesprochen: Er ist die Stütze für die Entwicklung des Über-Ichs im Kinde. Über-Ich heißt Gewissen oder Wertbewußtsein. Am Vater soll, nach Freuds Erkenntnissen, das Gewissen des Kindes gebildet werden; die Mutter spielt natürlich auch eine erhebliche Rolle. Was ein Kind am Vater lernen soll, ist unter anderem die Idee der Pflicht, die Idee, daß das Leben eine Aufgabe ist, oder zusammengefaßt: Das Leben ist auch ein »Du sollst« und »Du mußt«.

Für den Sohn ist der Vater das wichtigste Identifikationsobjekt. Der Sohn soll ja werden wie der Vater: ein Mann (daneben natürlich noch vieles andere). Die Identifikation kommt nur zustande, wenn der Sohn den Vater liebt und bejaht. Haßt der Knabe den Vater oder hat er Angst vor ihm, dann fällt diese Identifikation flach. Das stört die Ausprägung des Geschlechtscharakters, das stört die Entwicklung zahlreicher Fähigkeiten, das kann in Neurose oder Psychose einmünden. Für die Tochter ist der Vater Muster und Vorbild für alle Männer, das heißt auch für den zukünftigen Gatten. Wenn die Tochter vom Vater ins Bockshorn gejagt und verängstigt wird, dann entwickelt sie eventuell Angst vor allen Männern oder wählt sich einen schwachen Ehemann. Wer am Vater scheitert, wird im späteren Leben ganz spezifische Schwierigkeiten bekommen.

Sigmund Freud hat die ganze Psychoanalyse um die Vaterthematik herum aufgebaut: Stichwort *Ödipuskomplex*. Es besagt, daß jeder Knabe zwischen vier und sechs Jahren die Mutter leidenschaftlich liebt und den Vater am liebsten eliminieren will. Jede heilsame Entwicklung im Seelenleben knüpft nach Freud an die Überwindung des Ödipuskomplexes an. Der Knabe muß lernen, den Vater zu akzeptieren und auf grob sinnliche Verwöhnungswünsche gegenüber der Mutter zu verzichten. Das nennt man den Untergang des Ödipuskomplexes. Wo er untergeht, ist der Weg in die Normalität frei.

Meistens gelingt das nicht so einfach, es kommt zu Dissonanzen zwischen Vätern und Söhnen. Manche Autoren sagen, genauso bedeutsam wie der Ödipuskomplex sei eigentlich der Laioskomplex. Laios war der Vater von Ödipus, der seinen Sohn verfolgt und angegriffen hatte, während Ödipus nur reaktiv seinen Vater totschlug. Wenn Kinder, wenn Knaben mit dem Vater nicht zu Rande kommen, setzt sich der Vater mittels Unterdrückung des Knaben, hoher Forderungen oder allerlei antagonistischer Gefühle durch. Die Kämpfe zwischen Vätern und Söhnen durchziehen die ganze menschliche Geschichte. Wenn man das durch die psychoanalytische Optik betrachtet, ist es grausig, wie oft der Vater den Sohn oder der Sohn den Vater zur Verzweiflung treibt. Friede ist der seltene Fall.

Ich glaube sogar, daß sich viele Menschen so innig Gottvater im Himmel zuwenden, weil eine Enttäuschung am leiblichen Vater vorangegangen ist. Wenn der leibliche Vater nicht mehr gefällt oder ekelhaft erscheint, fließt die seelische Energie in Richtung Himmel. Die Leute haben dort den idealen Vater, der schützt und hilft und fördert. Er ist der Ersatzvater, den man sich in der Kindheit wünschte. Das ist allerdings eine Lösung, die nur im Rahmen der Religion möglich ist.

Ich bin der Meinung, der Vater sollte ein Freund des Kindes sein, kein strafender Popanz – mild und gütig, ein Helfer, eine Stütze. Diese Rolle sollte sich der Vater unbedingt vornehmen und einüben. Dann soll er dem Kind auch Zeit widmen. Die Erziehung ist heute durch den *abwesenden Vater* gekennzeichnet. Im Mittelalter war das nicht so, der Vater arbeitete im Haus, das Kind hatte ihn immer vor Augen. Heute sieht das Kind den Vater nur kurz vor dem Einschlafen und am Wochenende. Das sind auch gesellschaftliche Notwendigkeiten. Aber der Vater soll sich regelrecht Zeit nehmen, damit ihn das Kind kennen- und liebenlernen kann. Dabei soll er allerdings mit der Mutter nicht rivalisieren. Es kommt manchmal vor, daß beide Eltern um das Kind leidenschaftlich werben, und jeder will es auf seine Seite ziehen. Das Kind wird dann zerrissen.

Ich habe es bereits gesagt: Der Vater soll jeglichen Autoritarismus vermeiden. Er soll vor allem nicht am Kind den sozialen Druck abreagieren, den er im Beruf erleidet. Wie oft kommen Väter nach Hause und sind gequält durch den Beruf und durch allerlei Terror, den Kunden oder Vorgesetzte ausüben. Es ist nur scheinbar eine wundervolle Gelegenheit, bei den Kindern den Frust loszuwerden, indem man sie tyrannisiert.

Der Vater soll die Kinder zu sozialen und kulturellen Werten hinführen. Er soll es vor allem auch vermeiden, Eifersucht gegenüber den Kindern aufkommen zu lassen. Es ist gar nicht selten, daß ehemals verwöhnte Väter die Kinder als Störenfriede empfinden. Die Frau und Mutter muß nun die Liebe zwischen Kindern und Mann aufteilen. Es gibt viele Väter, die darunter leiden, daß sie die Frau nicht mehr für sich allein haben.

Ich plädiere dafür, daß der Vater aus dem Rollenklischee des Patriarchats aussteigt. Bisher stand immer der strenge, harte Mann im Kontrast zur weichen, lieben Mutter. Die Zukunft gehört wohl eher dem *androgynen Menschentyp*, dem mann-weiblichen Menschentyp. Dieser Typus versucht, die Eigenschaften und Vorzüge beider Geschlechter in sich zu vereinigen. Warum sollen Männer nicht weich, gefühlsstark, sensibel, ja vielleicht mitunter etwas übersensibel sein? Das schadet nichts, sondern würde eventuell die Situation korrigieren können, daß sehr viele große Persönlichkeiten hauptsächlich Muttersöhne waren. Jean-Paul Sartre zum Beispiel schreibt, er sei sehr zufrieden oder fast glücklich gewesen, daß sich sein Vater »verabschiedet« habe, als er geboren wurde. Sartre meinte, er habe deswegen kein Über-Ich, kein zwanghaftes Gewissen ausgebildet. Er sei dadurch produktiv, genial und schöpferisch geworden, während alle seine Freunde mit einem imaginären Vater auf den Schultern daherwankten.

Wir wünschen uns weiche, liebevolle Väter, denn C. G. Jung hat schon 1909 in einer interessanten Abhandlung über die Bedeutung des Vaters im Schicksal des Einzelnen geschrieben, daß der Vater die Matrize abgibt, wie das Kind später die Welt erleben wird. Und das stimmt.

Was bedeutet es, wenn Kinder nicht miteinander auskommen und viel streiten?

Die Kinderstube ist eine *erste soziale Testsituation.* Das Kind erlebt zunächst die Eltern. Aber wenn Geschwister dazukommen, stellt sich die soziale Aufgabe, wie kann man sich miteinander halbwegs vernünftig einrichten. Wie kann man Geschwister akzeptieren? Die Lösung dieses Problems ist vorbildhaft für viele spätere Lebenssituationen wie zum Beispiel Freundschaft, Liebe, Beruf und anderes mehr. Nun wissen wir Psychologen, daß die Kinderstube leider sehr häufig eine Stätte von Kampf und Streit ist. Was hier an Rivalität, an Neid, an Eifersucht, sogar an Haß entsteht, ist kaum vorstellbar. Oft dreht es sich um die Rivalität in bezug auf die Liebe der Eltern. Wer bekommt mehr Liebe? Ich habe beobachtet, daß am neidischsten und eifersüchtigsten jene Kinder sind, deren Entwicklung blockiert ist. Ein Kind, daß sich normgerecht entwickelt, das vorwärts kommt, ist milder, toleranter und läßt ein Geschwisterchen leben. Aber wenn ein Kind an seiner eigenen Entfaltung verzweifelt – ›ich schaff's ja doch nicht‹ –, dann geht es in erster Linie um die Liebe und Zuneigung der Eltern.

Meistens ist es so, daß die Eltern das brave und gehorsame Kind bevorzugen. Ich rate da aber zur Vorsicht. Das brave und gehorsame Kind orientiert sich nicht immer am besten im Leben. Das vielleicht schwierigere Kind hat eventuell mehr Impulsivität, mehr Lebenskraft, mehr psychische Energie. Die Eltern sollen sich sehr davor hüten, ein Kind dem anderen als Vorbild und Muster vorzuhalten: »Schau mal, der Nikolaus, der ist so lieb, und du bist so eklig.« Das ermahnte Kind geht vor Haß fast zugrunde. Zuneigung soll gleichmäßig gespendet werden, dann vertragen sich vielleicht die Kinder eher miteinander.

Wenn die Beziehung zwischen Kindern gelingt, bedeutet das eine große Entfaltungschance. Viele Kinder verlieren Jahre der Entwicklungsmöglichkeit, indem sie dauernd wachsam sind: ›Kriegt mein Bruder oder meine Schwester mehr als ich? Waren die Eltern ihm gegenüber nun wieder großzügiger? Bin ich wiederum im Nachteil?‹ Neid ist völlig unproduktiv. Mörike hat das in einem hübschen Gedichtlein zusammengefaßt, in dem ein Kind spricht:

Nun mag ich fürder nicht mehr leben,
verwünscht ist mir das Tageslicht,
sie hat dem Franz einen Kuchen gegeben,
mir aber nicht!

Um all das zu verhüten, rate ich, Kinder auf die Geburt eines Rivalen sorgfältig vorzubereiten. Man sollte lange vorher davon in dem Sinne sprechen: »Das Kindchen schaffen wir uns an, damit du einen Gespielen hast.« Der Ältere soll beim Pflegen und Belehren des Jüngeren helfen und herangezogen werden. Das gibt einen großen Entwicklungsimpuls. Der kleine Goethe zum Beispiel hatte einen Bruder, Hermann Jakob, der schon mit vier Jahren starb. Die Mutter erzählte, beim Tod des Bruders sei Johann Wolfgang etwas unbeteiligt gewesen, innerlich abwesend. Man machte ihm das zum Vorwurf. Johann Wolfgang brachte daraufhin eine Menge von Papieren, die er vorbereitet hatte, um Hermann Jakob so zu schulen, wie er selbst vom Vater geschult worden war. Das ist die richtige soziale Tendenz! Auch Friedrich Nietzsche hat sein Schwesterchen Elisabeth sehr stark geschult, er war ihr Lehrer. Viel hat er allerdings nicht erreicht, denn diese ekelhafte Person hat ja bekanntlich seinen Nachlaß verstümmelt. Sie wurde auch eine leidenschaftliche Nationalsozialistin und hat das Bild des Führers neben das ihres Bruders gestellt. Nietzsches Spazierstock hat sie dem Führer zum Geschenk gemacht.

Wenn sich Kinder streiten, dann schauen sie sich das oft von den Eltern ab. Wer Ruhe in der Kinderstube haben will, muß zuerst einmal den Streit zwischen Mann und Frau abstellen. Kinder sind ein Spiegel unserer Schwächen. Die Eltern sollten übrigens jedes Kind so erziehen, daß es innerlich glaubt, es sei das geliebteste von allen Geschwistern. Wer das schafft, erzieht schlau. Aber er soll es auch so meinen! Beachtet werden muß auch, daß die Kinder gleichmäßig expandieren. Oft gibt es einen Star am Familientisch oder einen Rüpel, der das Feld beherrscht, die anderen stehen im Schatten. Die elterliche Aufmerksamkeit muß wirklich aufgeteilt werden. Ist sie nur auf ein Kind konzentriert, im guten oder im bösen, dann läuft die Sache schief.

Wie sollen Eltern mit sogenannten Kinderfehlern umgehen: Nägelbeißen, Nasebohren, Grimassieren und so weiter?

Meine Definition lautet: Kinderfehler sind Kinderneurosen, es sind ernstzunehmende Symptome. Man kann nicht einfach darüber hinweggehen und sagen, das wächst sich aus. Es gibt Fälle, wo es sich wirklich auswächst, aber das heißt nicht, daß die zugrundeliegende Störung beseitigt ist.

Es gibt noch andere Kinderfehler als die erwähnten, zum Beispiel Enuresis (Bettnässen), Enkopresis (Einkoten), Stottern, Trotz, Aggressionen. Ich möchte diese Kinderfehler so einordnen: Die Aufgabe der Erziehung ist es, den kindlichen Leib zu sozialisieren. Wenn das Kind zur Welt kommt, ist der Leib zwar vorhanden, er funktioniert biologisch, aber er funktioniert nicht sozial und kulturell. Jedes Organ im Leib muß auf die sozialen Normen hin geschult und trainiert werden. Vom Lallen bis zur Sprache ist ein ungeheurer Weg. Das Lallen gibt die Natur, Sprache ist Erziehungswerk. Der Leib soll also kulturell funktionieren lernen, doch bei all den genannten Kinderfehlern liegt ein Manko vor. Wir können behaupten, wo immer Kinderfehler auftreten, ist die *Gefühlsentwicklung* schief gelaufen.

Ich gehe ein paar dieser Kinderfehler durch. *Nägelbeißen* zum Beispiel ist eine aggressive Handlung, genauer gesagt eine Selbstaggression. Selbstaggression ist auch Aggression gegen andere, das wissen wir als Regel. Wer sich das Bild eines nägelbeißenden Kindes veranschaulicht, der sieht immer einen Erzieher daneben, der sagt: »Laß das sein!« Folglich ist es ein Kind, das nicht hören kann, das trotzig ist. Es kann weder gehorchen noch hören noch folgen, es ist ein ungehorsames Kind. Im guten Sinne heißt Gehorsam: Zusammenspiel mit den Eltern. Ich würde also behaupten, ein solches Kind verweigert die Einfügung. Wenn man genauer hinschaut, dann sieht man, daß es dem Kind am sozialen Interesse fehlt.

Oder nehmen wir das *Bettnässen*. Die Psychoanalytiker haben gesagt: Bettnässen ist ein Weinen durch die Blase. Man muß nicht nur durch die Tränendrüsen weinen. Damit beschreibt man die traurige Verfassung vieler Bettnässer. Aber ich glaube, das ist unvollständig. Es ist nicht nur Trauer in der Enuresis, sondern auch eine Protesthandlung: Ein solches Kind pinkelt die Welt an! Es ist unmutig, es ist unzufrieden mit der Welt, mit der Mutter, mit dem Vater, mit den Geschwistern. Wir finden oft, daß ein Kind, das früher reinlich war, mit dem Bettnässen anfängt, wenn ein Geschwister geboren wird. Es soll nun die Liebe der Eltern mit dem Geschwister teilen. Das will oder kann es nicht. Es sehnt sich unwillkürlich in das Säuglingsdasein zurück, näßt ein und »spielt« das kleine Kind. Mit Schimpfen und

Schreien und Schlagen wird gar nichts gebessert. Man muß dem Kind Mut machen, sich zu entwickeln, dann geht es vielleicht.

Oder nehmen wir den Fall des *Stotterns*. Ich sagte schon, Sprechen ist eine eminent soziale Funktion! Wir haben die Sprache, um Verbindung mit dem Mitmenschen aufzunehmen. Diejenigen Kinder, die gute Gefühle für den Mitmenschen aufbauen, bekommen einen reicheren Sprachschatz, sie verwenden die Sprache als einen Brückenschlag vom Ich zum Du. Es handelt sich um eine Liebeswerbung. Kinder, die sozial gehemmt sind, sprechen karger, schlechter, unmelodischer. Es wurde einmal ausgerechnet, daß der Sprachschatz von Goethe oder Shakespeare etwa 40 000 Wörter umfaßt, aber die B.Z. benutzt, glaube ich, höchstens 2 000 Worte. Das reicht vollkommen für diese traurigen Schlagzeilen, für das, was man in die Psyche der Massenindividuen hineinpumpen will.

Es ist der Sinn der Sprache, gute Gefühle auszudrücken. Natürlich kann man mir sagen: Und was ist mit den Beschimpfungen, den Aggressionen und so weiter? Auch das ist Sprache, aber eine Defizitärform. Doch wenn sich die Sprache rein entfaltet, ist sie eine Dokumentation der Liebe, der Kommunikation. Darum wird vor allem jenes Kind vom Stottern befallen, das sich aus irgendwelchen Gründen innerlich von seiner Familie abgeschnitten fühlt, sei es aus Neid, aus Eifersucht, aus Ängstlichkeit, aus Verzweiflung oder was immer. Es gibt wahrscheinlich auch ein biologisches »X« beim Stottern, wir können nicht in das Brocasche Sprachzentrum im Gehirn hineinschauen. Aber das »X« wird überlagert durch sehr viel seelischen Überbau, und die Heilung erfolgt durch die Ausbildung des sozialen Interesses beim Kinde.

Wenn Kinderfehler vorhanden sind, dann empfehle ich, folgendes zu überprüfen:

1. *den Erziehungsstil der Eltern*; ist er wirklich produktiv und fördernd? Oder ist er autoritär, lieblos, verwöhnend, verängstigend, hemmend?

2. *die Charaktere der Eltern*; sind die Eltern selber schwierige Menschen? Machen sie es sich einander schwer und auch den Kindern?

3. *die Situation der Ehe*; erleidet die Ehe eine Krise? Ist sie so schlecht, daß die Kinder sich nicht in die schlechte Situation hineinentwickeln wollen oder können?

4. *die Geschwisterkonstellation*; leidet ein Kind unter einer schlechten Geschwisterkonstellation, so daß die Kinderfehler Protest dagegen anmelden?

Hilfeleistung erfolgt durch Kinder- und Elterntherapie. Beides ist wichtig! Nie nur das Kind in die Therapie abschieben. Die ganze Familie muß mitmachen, sonst geht es nicht! Oft ist eine tiefgreifende Umstellung aller nötig. Wenn nichts getan wird, verschwinden die Kinderfehler zwar mit der Zeit, aber es bleibt eine Disposition zur Neurose, die oft nach zehn, zwanzig oder dreißig Jahren fulminant ausbrechen kann.

Bei Kinderfehlern geht es immer darum, daß der Mut des Kindes zusammengebrochen ist. Ein Kind, das mutig im Leben steht, hat keine Kinderfehler oder überwindet sie sehr schnell.

Man kann beobachten, daß sich Kinder derselben Familie mitunter sehr unterschiedlich entwickeln. Sie haben auch schon angedeutet, daß es den Braven gibt, den Störenfried und so weiter. Wie ist das überhaupt psychologisch zu verstehen?

Früher hat man es sich in dieser Beziehung sehr einfach gemacht und sprach von unterschiedlicher Erbmasse. Man suchte in der Familie alle möglichen Charaktereigenschaften zusammen: Der eine glich dem Vater, der andere der

Mutter, der dritte dem Onkel, der vierte der Tante, der fünfte dem Opa, der sechste der Großmama und so weiter. So kombinierte und konstruierte man den Menschen aus einem Mosaik von *postulierter* Erbmasse, die eigentlich nie schlüssig nachzuweisen war.

Dieses Prinzip ist heute sehr fraglich geworden. Was ein Kind biologisch mitbringt, ist ein »X«, wir wissen es nicht, wir können es einfach nicht prüfen, wir können nicht in das Kind hineinschauen. Heute akzentuieren wir die *Umwelteinflüsse* stärker. Die können wir begreifen. Das Schicksal des Kindes hat eine enorm große Bedeutung für seine Charakterentwicklung.

Uns interessieren allerdings nicht nur die äußeren Schicksale, sondern auch die inneren! Wie ein Kind seine Erlebnisse aufnimmt und verarbeitet, ist in gewisser Weise dem Zufall anheimgestellt. Es können fünf Kinder Ähnliches erleben, zum Beispiel Unfall, Krankheit oder Frustrationen, aber im Innern des Kindes wird gearbeitet, und je nach Ausgangslage wird das Erlebnis anders eingeordnet und verwertet. Ein Schock kann einen Entwicklungsimpuls setzen oder eine Entwicklungshemmung verursachen. Die inneren Werdensgeschehnisse im Kinde beeinflussen das ganze hochkomplizierte Geschehen der Persönlichkeitsentwicklung, die wir nur ahnungsweise rekonstruieren können.

Kinder sind immer enorm verschieden. Es ist verblüffend, was an Variationen innerhalb einer Familie vorhanden ist. Man muß stets bedenken, welche verschiedenen Einflüsse Kinder erleiden. Die Eltern sind bei jedem Kind anders. Sie sind jünger oder älter, haben ihre eigenen Schicksale, die Ehe kann sich von einem Kind zum anderen fundamental verändern, sie kann sich von einer glücklichen Ehe zu einer Katastrophe wandeln. Dann kann die ökonomische Lage der Familie wechseln, das eine Kind wird in saturierte Verhältnisse hineingeboren, das andere in materielle Not, das dritte in wieder erreichte Stabilisierung. Dann gibt es auch Schicksalsschläge wie Krankheiten der Eltern, des Kindes und so weiter. Es ist schnell einsehbar, daß der Lebenslauf eines jeden Menschen etwas Einmaliges ist. So bilden sich lebensgeschichtlich Individualitäten aus.

Ich tendiere wie Alfred Adler sehr dahin, auf jede *Vererbungsmythologie* zu verzichten. Die Rekonstruktion eines Menschen aus der Erbmasse ist enorm fatalistisch. Oft haben sich Eltern, wenn sie an ihren Kindern Unarten entdeckten, mit der Erklärung zufrieden gegeben: Ach ja, der Onkel Otto war ja auch so! Oder: Das hat er von der Urgroßmutter und so weiter. Aber es wäre besser, wenn man fragen würde: Ist es nicht etwas Entstandenes, etwas Gewordenes, können wir es nicht abändern? Denn Entwicklungsanomalien können korrigiert werden. Erbmasse dagegen ist unkorrigierbar, höchstens leicht modifizierbar.

Ein weiterer Faktor für die große Unterschiedlichkeit der Kinder ist auch die Stellung in der Geschwisterreihe. Es ist nicht gleichgültig, ob man Erstgeborener, Zweitgeborener oder Jüngster ist, Knabe unter lauter Mädchen oder Mädchen unter lauter Knaben. Ich habe mich kürzlich mit der Psychologie des Kindermärchens beschäftigt. Es ist in den Kindermärchen außerordentlich auffällig, daß der Jüngste immer der Schlaukopf ist. Er löst die Rätsel, er erwirbt den großen Zauber, er heiratet die Prinzessin. Das nenne ich Weisheit des Volkes! Denn der Jüngste hat eine auffallend günstige, aber auch problematische Situation; entweder wird er enorm verzärtelt und scheitert am Leben, oder er hat so viele Vorbilder und Helfer vor Augen, daß er oft ein Schnelläufer wird. Er überholt alle, er hat die Siebenmeilenstiefel an. Es ist verwunderlich, wie viele Genies unter den jüngsten Kindern zu finden sind, allerdings auch unter den ältesten. Die haben auch eine günstige Stellung, denn sie übernehmen oft die Autorität der Eltern und spielen gegenüber den Kleinen Papa und Mama. Es wundert mich nicht, daß beispielsweise Freud ein Ältester war. Auch Goethe war ein Ältester, Nietzsche ebenso. Je nach der Stellung in der Geschwisterreihe gibt es verschiedene Probleme und Vorteile.

Man muß sich auch klar sein, daß die Zuwendung der Eltern sehr unterschiedlich ausfällt. Man geht theoretisch immer davon aus, daß Eltern ihre Kinder gleich lieben; das stimmt aber nicht! Einer ist Papas Liebling, einer ist Mamas Liebling, einer ist der Eltern Liebling, einer ist der Sündenbock der Familie. Es gibt sehr viele Rollen, und entsprechend antwortet das Kind im Sinne von Toynbees *challenge and response*. Wenn ein Kind andere Herausforderungen vorfindet, wird die Antwort ganz anders ausfallen.

Thomas Mann hat in *Buddenbrooks* sehr hübsch dieses Thema abgehandelt. Er läßt den verwahrlosten Christian Buddenbrook zu seinem Bruder, dem ehrenwerten Senator Thomas Buddenbrook, sagen: Weißt du, ich mußte anders werden als du. Du hattest den Platz des Anständigen, Korrekten schon besetzt, da wurde ich das Gegenteil. Es ist merkwürdig, wie oft Kinder sich kontrapunktisch, kontradiktorisch entwickeln. Wenn ein Platz schon besetzt ist, dann macht man eben das Gegenteil und sucht nicht eine Mittellage.

Kinder erleiden auch unterschiedliche Traumatisierungen. Ob ein Kind mit zwei Jahren schwer erkrankt oder mit fünf, macht einen Riesenunterschied aus. Denn mit zwei Jahren ist eine Persönlichkeit noch nicht gefestigt und kann durch eine Krankheit ziemlich geschädigt werden, mit fünf Jahren ist es eine Episode, die vielleicht harmlos vorübergeht.

Die *Individualität* soll man also nicht so sehr in der Erbmasse suchen. Sie ist eine *Schöpfung des Kindes*, eine

Eigenschöpfung, die sich aber im ständigen Dialog mit allen biologischen, sozialen, familiären und gesellschaftlichen Einflüssen vollzieht. Es gibt tausende Faktoren, die eine Individualität bestimmen. Man muß sich auf eine *multikausale Perspektive* einstellen. Darum ist eigentlich eine genaue Erarbeitung all dessen, was da hineinspielt, kaum möglich. Wir können einfach nur nachvollziehen, was entstanden ist. Der Wunschtraum, die Entwicklung eines Kindes vollständig programmieren zu wollen, ist Illusion, und nicht einmal eine schöne. Wir lassen die Kinder lieber frei heranwachsen, stellen gute Bedingungen, und dann sehen wir, was wird.

So, meine ich, klärt sich dann das Rätsel, daß zum Beispiel ein Handwerkerehepaar im 18. Jahrhundert, der Vater Sattler, die Mutter eine ganz schlichte Frau, einen Immanuel Kant in die Welt setzte. Das Ehepaar Kant war arm, kleinbürgerlich, und dann wuchs einer der größten Denker aller Zeiten heran. Auch das Ehepaar Goethe war nicht so imposant. Eine liebe, hypomanische Mutter, ein pedantischer Vater – aber das erklärt doch keinen Goethe! Ebenso das Ehepaar Freud: der kleine, erfolglose Kaufmann Joseph Freud und die liebe Mutter – das erklärt keinen Sigmund Freud.

Ein sehr wichtiger Test für die Entwicklung der Kinder ist die Schule. Wenn nun ein Kind in der Schule versagt, was können die Erzieher, Eltern und Lehrer, tun?
Meine These: Die Schule ist der *Beruf des Kindes*. Die Schule ist sehr wichtig. Wenn ein Kind in der Schule versagt, ist das oft ein Vorspiel zum Versagen im Leben. Es wurde oft behauptet, daß Genies schlechte Schüler waren, und dann geht eines Tages wunderbarerweise der Knopf auf, und aus dem schlechten Schüler entfaltet sich ein Genie. Aber ich würde vorsichtig sein, die Chance ist viel-

leicht eins zu hunderttausend oder eins zu einer Million. In
der Regel ist es so: Man muß die Schule gut absolvieren,
damit später Lehre, Studium, Beruf und so weiter gelingen.
Die Schule verlangt meistens nur mittlere Leistungen, ich
möchte sogar behaupten – obwohl ich nicht so genau im
Bild bin –, heute nur knapp durchschnittliche Intelligenz-
leistungen. Ich meine, daß wir in unserer Zeit mehr gefordert wurden. Wir mußten sehr viel büffeln, zur Verzweiflung vieler Mitschüler. Wer es schaffte, hatte dann ein Training, das ihm zugute kam.

Wenn nun ein Kind diese mittlere Leistung nicht bringt,
diese knapp durchschnittliche Intelligenzleistung, fehlt es
sehr oft nicht an Intelligenz. Fast immer verfügen die Kinder über diese Intelligenzbasis, aber es fehlt an Charakter,
an der Gefühlsdisposition. Die Ursache kann sehr komplex
sein. Ich gebe nur einige Andeutungen: Wenn ein Kind
stark verwöhnt wurde, kann es schlecht lernen. Lernen
bedeutet Schwierigkeiten. Und ein verwöhntes Kind sitzt
dann in der Schule und fragt sich immer: ›Warum nimmt
mir dieser doofe Lehrer nicht die Schwierigkeiten weg?
Mama macht's doch immer.‹ Und es wartet dann vielleicht
bis zum Ende der Schulzeit, und der doofe Lehrer kommt
ihm nicht entgegen und kann es gar nicht. Aber die Schulzeit ist im Eimer, und gelernt wurde nichts.

Ein anderer Faktor ist: *Angst macht dumm.* Kinder werden oft von den Eltern verängstigt, weil die Eltern selber
ängstlich sind, autoritär erziehen oder sonst Fehler bege-
hen. Angst ist ein Dummheitsfaktor ersten Ranges. Wie will
ein Kind denken, wenn es in der Schule dasitzt und stän-
dig schüchtern ist, Angst vor der eigenen Stimme hat, Angst
davor, aufgerufen zu werden oder Fehler zu machen? So ein
Kind denkt dauernd: ›Wie könnte ich vermeiden, daß der
Lehrer mich fragt?‹ Lernen steht dabei überhaupt nicht mehr
im Vordergrund.

Lernen erfordert *Selbstvertrauen*. Viele Eltern erziehen unbewußt und ungewollt so, daß sie das Selbstvertrauen des Kindes durch Spott, durch Erniedrigungen, durch ängstliche Atmosphäre, durch tausend andere Faktoren zermalmen. Ohne Selbstvertrauen zu lernen ist wie die Quadratur des Kreises – es geht nicht! Kein Mathematiker kann aus einem Kreis ein Quadrat machen. Kein Lehrer kann aus einem Kind ohne Selbstvertrauen ein kluges Kind machen, es klappt einfach nicht. Ich plädiere deswegen dafür, das Kind vor allem zum Mut zu erziehen. Meine Definition von Mut lautet: Mut ist die Eigenschaft, Schwieriges zu vollbringen – aber kein soldatisches Heldentum. Das ist nicht schwierig, es braucht nur eine Selbstmordtendenz, dann kann man ein Held werden. Alles, was im Leben schwierig ist, wie zum Beispiel lernen und lieben oder eine Partnerschaft aufbauen oder kulturelle Werte assimilieren, braucht in erster Linie Mut. Lernschwache Kinder sind mutlose Kinder. Das schließt nicht aus, daß sie frech sind. Um anständig und kooperativ zu sein, braucht es auch Mut. Frech sein kann jeder, man braucht nicht einmal viel Verstand dazu. Man muß ja nur *anti* sein, das kann jedes Kind, das verzweifelt ist.

In der Gedankenwelt von Harald Schultz-Hencke ist das Kind mit Schulschwierigkeiten ein *gehemmtes Kind*. Seine Lehre postuliert eine ganze Reihe von Antrieben, die man entfalten muß, um das Kind zu entwickeln. Ein Kind kann zum Beispiel *intentional* gehemmt sein, es hat kein Interesse an der Welt. Das sind vor allem die ungeliebten Kinder, und die sagen dann: Die Welt ist mir wurscht! Wie will man lernen, wenn einem die Welt wurscht ist? Eine andere Hemmung, die Harald Schultz-Hencke beschreibt, ist die *kaptative*, das Habenwollen. Kinder müssen ein natürliches Habenwollen entfalten dürfen, das heißt sie müssen Besitz haben, eigene Spielsachen, wenn möglich ein eigenes Zimmer, eine eigene Sphäre. Wenn man das dem Kind verweigert oder dauernd in seinen Lebensraum hineintrampelt, dann kann es das Kaptative nicht entwickeln. Alles Lernen heißt, sich etwas aneignen. Lernen ist Haben von Wissen. Ist ein Kind in seinem Besitzstreben geschädigt und wird es zur Uneigennützigkeit erzogen, zum Sich-nicht-behaupten-dürfen, dann kann es auch nicht lernen. Eine andere Impulswelt nach Harald Schultz-Hencke ist die *retentive*, das Behaltendürfen. Das heißt zum Beispiel: Kinder müssen vor ihren Eltern auch Geheimnisse haben dürfen. Wenn Eltern immer in ihre Kinder eindringen und alle Winkel des Seelenlebens ausleuchten, hat das Kind nichts mehr für sich. Und vergessen wir nicht: Lernen heißt festhalten im Gedächtnis. So sieht man, daß eigentlich zu allen Lernvorgängen ein charakterlicher Unterbau nötig ist. Wenn dieser in der Erziehung nicht geschaffen wird, baut der Lehrer auf Sand. Er kann ein schlauer und guter Lehrer sein, aber das Fundament muß das Elternhaus bereitstellen, das kann der Lehrer nicht.

Ich könnte das alles auch nach der Typologie von Fritz Künkel abhandeln, in der vier Kindertypen, vier Menschentypen beschrieben werden. Fritz Künkel spricht vom *Cäsar*, der über alle herrschen will, vom *Star*, der immer eine Show abziehen will, vom *Heimchen*, das schüchtern und ängstlich ist, und vom *Tölpel*, der sich gegen die Welt abschirmt und sagt: Ihr könnt mir alle den Buckel runterrutschen, ich will ungestört sein. Alle sind Produkte einer falschen Erziehung. Und alle Typen, die ich jetzt genannt habe, können schlecht lernen. Der Cäsar tritt an den Lernstoff heran und denkt: Veni, vidi, vici (ich kam, sah und siegte). Was nicht schnell geht, interessiert ihn nicht. Man zeige mir mal einen wichtigen Lernstoff, den man schnell assimilieren kann. Oder der Star denkt: Wozu denn gründlich lernen, die Hauptsache ist, ich kann schönen Schein entfalten. Stellen wir uns einen Schüler vor, der vor den Prüfungen schnell ins Lehrbuch guckt, es vielleicht sogar schnell auffaßt – aber wie gewonnen so zerronnen. Nach der Prüfung ist alles wieder vergessen. Und daß das Heimchen und der Tölpel schlecht lernen, das ist sowieso klar, das muß ich gar nicht ausführen.

Mit einem Wort, es gibt viele Lernstörungen. Sind sie erst einmal da, empfehle ich, unbedingt Hilfe zu leisten. Das kann auf verschiedene Art geschehen. Man kann einen Nachhilfelehrer suchen, aber der Erfolg stellt sich nur ein, wenn das Kind den Nachhilfelehrer mag. Ohne Sympathie lernt der Schüler nicht. Dann soll man die psychologische Elternschulung zu Rate ziehen. Die Eltern eines lernschwachen Kindes müssen selber einiges dazulernen, sonst geht es schief. Noch besser ist Therapie für alle Beteiligten, Erwachsenentherapie und Therapie für das Kind. Denn ein lernschwaches Kind hat auch Einstellungsfehler und Gefühlslücken. Das wird durch Nachhilfe nicht beseitigt. Kontaktpflege mit dem Lehrer ist wichtig, doch ohne jemandem Schuld zuzuweisen. Es hilft nicht weiter, wenn vom Lehrer die Schuld den Eltern, von den Eltern die Schuld dem Lehrer zugewiesen wird. Niemand ist schuldig, vielmehr gibt es eine Misere, die alle gemeinsam abstellen müssen. Wenn die Eltern es können, sollen sie selber mit dem Kind üben, aber das braucht Geduld und langen Atem.

Vergessen wir nicht: Es kann große Verzweiflung auslösen, wenn Kinder schlecht lernen. Jedes Jahr, wenn es Zeugnisse gibt, verüben Schüler in der Bundesrepublik Selbstmorde. Ich schätze, es sind einige Dutzend, vielleicht sogar mehr. Diese Kinder sagen sich: Wenn ich schlechte Noten nach Hause bringe, kommt so viel Frustration, da lebe ich lieber nicht länger. Das könnte verhütet werden, wenn Eltern die Haltung einnehmen: Schlechte Noten sind nicht das Schlimmste, da müssen wir raus, wir machen, was

wir können. Hermann Hesse hat diese Tragik sehr schön in
seiner Novelle *Unterm Rad* beschrieben. Das sollten Eltern
gelegentlich lesen, um mit ihren Kindern mitfühlen zu können. Es ist ein großes Martyrium, ein schlechter Schüler zu
sein. Tag für Tag in die Schule zu gehen und Mißerfolg zu
haben, das ist so furchtbar, daß Kinder manchmal total
daran verzweifeln. Das müssen sich Eltern vor Augen halten.

Herr Rattner, soll man Kinder überhaupt ernst nehmen?
    Ich bin sehr dafür. Man sollte sie so behandeln, als wenn
sie Erwachsene wären. Man soll sie nicht foppen, nicht mit
ihnen frotzeln, auch nicht in einer »niedlichen Sprache« mit
ihnen reden, als ob sie noch gar nicht begreifen könnten.
Zusammenfassend würde ich es so ausdrücken: sich zu
ihnen herabbeugen, aber ohne Herablassung. Ich erinnere
mich an ein Beispiel, das mich selber stark beeindruckt hat.
Vor etwa vierzig Jahren machte ich mit meinem damaligen
Lehranalytiker einen Spaziergang, wir suchten eine Straße.
Da kam uns ein ganz kleiner Junge entgegen, vielleicht fünf
oder sechs Jahre alt. Mein Lehranalytiker zog den Hut, als
ob da eine Respektsperson vor ihm stände, und fragte mit
ausgesuchtester Wiener Höflichkeit: »Würdest du so freundlich sein, uns zu sagen, wo wir diese Straße finden?« Der
Knabe stutzte, gab dann Antwort und bekam einen Dank,
der ebenfalls voller Wiener Charme und grandseigneur-
hafter Höflichkeit war. Ich war damals sehr erstaunt, finde
das Verhalten aber vollkommen richtig. Kinder sollen
mit wirklicher Höflichkeit behandelt werden, denn sie
fühlen sich noch so klein, hilflos und schwach, und es tut
ihnen unsäglich wohl, wenn sie spüren, daß man sie
respektiert.
    Etwas Ähnliches erlebte auch ich letzthin in meiner Pra-
xis. Mit einer Mutter, die zu mir wegen ihres etwas ver-

wahrlosten Sohnes in die Erziehungsberatung kommt, hatte ich bereits einige Gespräche geführt. Dann kam auch der neunjährige Knabe mit. Ich unterhielt mich mit ihm ganz korrekt und höflich über sein Leben, die Schule, die Gründe seiner Aggressionen und so weiter. Nachdem ich ihn verabschiedete, sprach er zunächst zu Hause nicht viel über diese Sitzung. Für die nächste Sitzung mit der Mutter hatte ich ein Manuskript vorbereitet, eine Reihe von Regeln, wie sie ihren Sohn behandeln solle, das ich ihr mitgab. Unter anderem empfahl ich ihr, nicht zu meckern, nicht zu schimpfen, keine Vorhaltungen zu machen, und wenn es doch geschähe, solle sie sich entschuldigen, denn ihr Sohn sei so weit, das zu verstehen.

Die Mutter war sehr kooperativ, sie brachte diesen Zettel nach Hause, klebte ihn an die Tür des Kinderzimmers, und der Knabe jauchzte und jubelte, daß er einen Bundesgenossen gefunden hatte, der ihn gegen den Tadel der Mutter unterstützte. Wenn nun die Mutter gelegentlich meckert, hebt er nur die Hand und zeigt mit dem Zeigefinger auf den Zettel, auf dem steht, daß man mit den Kindern nicht nörgeln und schimpfen soll.

Man muß Kinder unterstützen und auf ihrer Seite stehen. Sie brauchen unseren Beistand. Wenn ich mit Kindern zu tun habe, dann rede ich mit ihnen völlig ernsthaft über ihre Lebenssituation, über ihre Sorgen, ihren Kummer, auch über ihre Zukunft. Ich finde es wichtig, daß sich Kinder frühzeitig Gedanken machen, welchen Beruf sie ausüben wollen. Denn damit trainieren sie bereits, eine Rolle in der Gemeinschaft einzunehmen, mitzuhelfen am Bau der Welt. Ich bin auch dafür, daß man Kinder im Gespräch ethisch beeinflußt. Nicht mit erhobenem Zeigefinger und durch Moralpredigten, sondern durch eine intransitive Art. Wir Erwachsene sollten immer im Auge behalten: Da ist ein junger Mensch, den ich darauf hinführen muß, daß er

Mitmensch und Partner im Leben wird, daß er kooperieren kann. Das muß man den Kindern vormachen, indem man sie als gleichwertige und gleichberechtigte Partner nimmt. Jeder Autoritarismus ist Gift für den Umgang mit Kindern.

Es gibt Publikationen, die das bereits empfehlen. Beispielsweise wird die sogenannte Familienkonferenz vorgeschlagen, bei der Erwachsene und Kinder gemeinsam beraten, was die Familie tut. Rudolf Dreikurs, ein Adler-Schüler, sprach von Demokratie in der Familie. Wir müssen einen *Circulus vitiosus* unterbrechen, in dem Frau und Kinder jahrhundertelang in der Familie wie Untertanen gehalten wurden. Diese Untertanensituation ist vorbei! Und wer sie beibehalten will, der wird von seinen Kindern viel Kummer und Sorgen einheimsen.

Wenn ich mit Kindern Therapiesitzungen durchführe, so auf kindlichem Niveau, aber im Grunde sind sie den Gesprächen mit Erwachsenen außerordentlich ähnlich. Es gibt Rede und Gegenrede, es wird erwogen, gedeutet und interpretiert. Wenn man Kindern ein unbewußtes Verhalten erläutert, so verstehen sie das genauso gut wie Erwachsene. Wenn zum Beispiel ein Kind bestimmte Verhaltensweisen aufweist und man ihm sagt, ich glaube, der Schlüssel davon ist die Eifersucht auf deinen Bruder oder deine Schwester, dann gibt es genau dieselben Aha-Erlebnisse und eine Bewußtwerdung wie bei Erwachsenen.

Kinder begreifen überhaupt sehr viel. Manchmal philosophiere ich sogar mit Kindern, und das ist nach meinem Gefühl durchaus angemessen. Ich habe vor Jahren einen siebenjährigen Jungen in einer Therapiesitzung fragen hören: Ich denke manchmal nach, warum ist man überhaupt auf der Welt? Da wird man geboren, dann ist man da, dann stirbt man ... Wozu das alles? – Wenn das nicht eine philosophische Fragestellung ist.

Es ist kürzlich ein Text des Berliner Pädagogen Hans-Ludwig Freese mit dem Titel *Kinder sind Philosophen* erschienen. Er hat ganz recht, man kann mit Kindern Lebensfragen bis zur letzten Konsequenz durchdenken: Der Sinn des Lebens? Wozu sind wir da? Was ist unsere Aufgabe in der Welt? Wo soll denn das alles hin? Verantwortung für Mensch und Erde? Das alles können Kinder begreifen.

Doch wenn man Kinder in diese Richtung instruiert, soll man nicht den Superschlauen spielen. Ich jedenfalls bevorzuge die Haltung des Sokrates, die man *docta ignorantia* nennt, eine »wissende Unwissenheit«. Ich weiß natürlich mehr als das Kind, aber ich mache daraus kein Wesen. Und manchmal, wenn ich eine Antwort weiß, sage ich: »Wir müssen darüber nachdenken«, und gehe auf Umwegen darauf zu. Diese wissende Unwissenheit ist wichtig, damit wir die Kinder nicht entmutigen. Entmutigend wirkt, wenn die Erwachsenen so tun, als ob sie alles und die Kinder gar nichts wüßten.

Adler hat in der Erziehungsberatung ähnlich gearbeitet. Er sprach mit Kindern über ihren Lebensstil, über ihren Charakter, deckte Charakterfehler auf und sagte: »Wenn du trainierst und übst, dann kannst du das überwinden, aber das geht nicht von heute auf morgen.« Und die Kinder nahmen das so ernst, wie man es von einem erwachsenen Patienten wünscht. Demokratie im Umgang mit dem Kind ist unverzichtbar! Aber dabei ist nie zu vergessen, daß der Erwachsene auch Rechte hat! Der Umgang miteinander sollte »Gleich zu Gleich« sein. Heute spielt es sich manchmal ein, daß die Kinder den Erwachsenen auf der Nase herumtanzen. Das ist nicht die richtige Manier.

Man kann diese Haltung Ehrfurcht vor dem Kinde nennen oder, wie Goethe sagte, Ehrfurcht vor dem, was unter uns ist. Diese Ehrfurcht ist unentbehrlich in der Erziehung,

denn wir haben es mit einem Menschen zu tun, der heranwächst. Kinder sind die Zukunft der Menschheit und der
Hebelarm der Kultur. Wir müssen die Kinder also behutsam behandeln.

*Herr Rattner, was sollte ein Erzieher auf jeden Fall vermei-
den?*
Es gibt eine ganze Menge von Regeln, die man erwähnen könnte. Weil wir immer noch in einem patriarchalischen und autoritären Zeitalter leben, würde ich zunächst
einmal sagen: *Schläge und Prügel* unbedingt vermeiden!
Aber man kann Kinder nicht nur mit Stöcken oder mit Händen schlagen, sondern auch mit Worten. Auch das sollte
man unbedingt vermeiden. Strafe sollte, wenn es irgendwie
geht, ganz ausgeschaltet werden. Gelegentlich ist es vielleicht nötig, daß man sich vom Kind zurückzieht und sagt:
»Du, das halte ich nicht aus; wenn du dich so benimmst,
dann muß ich auf mein Zimmer gehen, dann kann ich nicht
mit dir zusammen sein.« Aber mit grober Gewalt etwas
zurechtrücken ist ein unsäglicher Fehler.
Ein zweiter Punkt ist der *Autoritarismus*. Wir haben
keine Herrschaft über das Kind. Physisch könnten wir sie
durchsetzen, das ist ganz leicht, aber es bringt nichts, es
zerstört die Seele des Kindes. Ich plädiere dafür, daß der
Erwachsene seine Übermacht aus den Händen gibt und
sagt: »Ich kann dich zu nichts zwingen; aber hör mich an,
ich will Gutes für dich, und wenn du es anders machen
willst, probier es. Ich kann zustimmen, wenn du dein
Leben nicht gefährdest. Wenn ich den Eindruck habe, daß
du dich in große Gefahren begibst, muß ich einschreiten,
denn ich will dich nicht verlieren.«
Ein anderer Ausdruck dafür ist: dem Kind keine *Angst
einflößen*. Das ist leicht gesagt und schwer getan. Wenn die
Erwachsenen selbst ängstlich sind, bekommt das Kind

durch Gefühlsansteckung Angst. Einige Autoren nennen solche Familien mitunter »Sanatoriums-Familie«. Sie haben Angst vor Krankheit, vor bösen Menschen, vor der Kälte, vor Schwierigkeiten, vor dem Neuen. So kriegt manches Kind die Angst schon mit, bevor es überhaupt weiß, was Angst ist.

Dann soll man *der Entwicklung des Kindes nicht im Wege stehen.* Es liegt in der Natur der Sache, daß das Kind aus der Familie strebt. Es sucht Kameraden, Spielgefährten, es will nicht immer zu Hause bleiben. Manche Eltern möchten ihr Kind anbinden, vor allem Mütter, die ein unerfülltes Leben führen. Dann spürt das Kind bei jeder Regung von Initiative und Selbständigkeit, daß das der Mama nicht gefällt, und läßt es mit der Zeit bleiben. Es wächst dann ein passives Kind heran.

Ein ganz großer Fehler ist meines Erachtens das *Verzärteln und Verwöhnen.* Verzärteln und Verwöhnen sind kein Ausdruck von Liebe, sondern dienen eher dem Ziel, Macht über das Kind zu gewinnen. Hinter den Zuwendungen steht die Forderung: ›Dann mußt du aber auch bei mir bleiben‹ oder: ›Du mußt all meinen Wünschen entsprechen.‹ Es ist, wie wenn dem Kind eine Fessel angelegt würde. Adler hielt die Verwöhnung für den Urquell aller späteren neurotischen Entwicklungen.

Ich möchte auch raten, dem Kind keine *Vorurteile* einzupflanzen. Aber wie gelingt das, wenn der Erwachsene selbst Vorurteile hat? Er muß in seinem Kopf damit aufräumen. Wir sind mit so vielen idiotischen Vorurteilen erzogen worden, daß wir selbst einen stumpfen Verstand darüber bekommen. Wir haben Vorurteile gegen andere Völker, gegen andere Rassen, gegen andere Religionen; zwischen Mann und Frau gibt es tausend Vorurteile; wir haben Vorurteile gegenüber dem Kind, dem Arbeiter, dem Bürger, gegenüber allen möglichen gesellschaftlichen Schichten.

Vorurteile vermeiden heißt, den Verstand des Kindes schärfen.

Das Kind soll nicht für den *ehelichen Zweikampf* mißbraucht werden. Allgemein wird gesagt, ein Kind ist für beide Eltern da – das stimmt oft gar nicht. Wenn die Eltern uneinig sind, entsteht der Wunsch, im Kind einen Bundesgenossen zu haben. Die Eltern versuchen, das Kind jeweils auf eine Seite zu ziehen. Das schafft im Kind eine unerhörte Zerrissenheit, dabei soll es doch beide Eltern liebhaben, es braucht beide. Wenn die Eltern uneinig sind, sollten sie beim Kind immer – und auch bei sich selbst – einen gewissen Respekt vor dem anderen Partner wahren. Man kann dem Kind sogar eingestehen: »Ich verstehe mich mit Papa (oder Mama) schon längere Zeit schlecht. Papa (oder Mama) ist im Grunde ein sehr lieber Mensch, aber wir zwei können nicht gut miteinander auskommen. Du kannst es vielleicht besser mit uns beiden.«

Das würde ich fair und hochanständig nennen. Aber in der Praxis geschieht oft das Gegenteil. Kinder darf man nicht vernachlässigen, sie brauchen Zuwendung und Zeit. Auch wer viel beschäftigt ist, soll sich zumindest eine kleine Spanne des Tages, und wenn es nur eine halbe Stunde ist, voll und ganz dem Kinde widmen, mit ihm spielen, sich unterhalten, dem Kind zuhören. Das Seelenleben des Kindes wird erst durch die Aufmerksamkeit der Erwachsenen gebildet. Kinder, die wenig Aufmerksamkeit erfahren, bilden lediglich ein *Schmalspurseelenleben* aus. Sie neigen zur Apathie, weil keine Anregung da ist. Erst Reize entfalten das Seelenleben.

Ein Kind benötigt Liebe. Bereits alltägliche Aufmerksamkeit ist Liebe, Liebe heißt aber auch Fürsorglichkeit, heißt, für den anderen in die Zukunft denken, Interesse nehmen, sich selbst hingeben an den anderen, offen sein für den anderen, heißt, seine Gedanken und Gefühle mitteilen. Liebe ist eine Art Wir-Empfindung. Es ist unerhört, was das für einen Auftrieb für das Kind bedeutet, wenn es solche Wir-Erlebnisse in großer Menge hat: Wir machen das zusammen, wir sprechen miteinander, wir haben das und das überlegt. Ich möchte fast sagen, das sind die Quader, auf denen das Haus des Seelenlebens gebaut wird. Wir-Erlebnisse sind die Substanz der Seele. Das ist durch die Liebe möglich, aber sie muß hellsichtig sein, es darf keine Affenliebe werden.

Ferner soll man in den Kindern keine *Minderwertig-keitskomplexe* erzeugen. Kinder haben schon von Natur, wie Adler sagt, eine Neigung zum Minderwertigkeitsgefühl. Wenn man als Gulliver in einer Riesenwelt lebt, Swift hat das sehr schön ausgemalt, dann ist man immer von Riesen umgeben. Es ist fürchterlich. Man kann nicht auf ihre Tische klettern, ihre Stühle sind zu hoch. Dieses Bild hat Maria Montessori zum Ansatzpunkt ihrer ganzen Kinderpädagogik gemacht. Das Kind fühlt sich klein und hilflos, es kann fast nichts, und es weiß noch nichts. Wenn nun der Erwachsene dieses Gefühl durch bestimmte traumatisierende Verhaltensweisen verstärkt, bekommt das Kind einen Minderwertigkeitskomplex, das ist mehr als ein Minderwertigkeitsgefühl. Minderwertigkeitskomplex heißt nun Resignation. Ein Minderwertigkeitsgefühl kann auch ein Stachel zur Entwicklung sein: ›Ich bin klein, aber ich will groß werden.‹ Bei einem Komplex aber gibt man sich auf und sagt: ›Ich schaffe das nie, ich werde nie klug, ich kann nie lernen, ich kann nie gescheit werden, ich kann nie zeichnen, ich kann nie rechnen …‹ Die Folgen sind für die Schule und das Leben verhängnisvoll.

Die Kehrseite davon ist, das Kind zum *Größenwahn* zu erziehen. In manchen Familien wird ein Größenwahn gezüchtet. Ich las kürzlich die Biographie des Arztes und Psychoanalytikers Georg Groddeck. Groddeck erzählt von einem Spruch, der in seiner Familie üblich war: »Es gibt gute Leute, es gibt böse Leute, und es gibt die Groddecks.« Ich finde das sehr anmaßend. Die Groddecks sind keine Extrafiguren. Aber diese Haltung kommt sehr oft vor in Familien: ›Wir sind doch die Besseren, gucke mal, die Nachbarn, wie blöd die sind, und die Armseligen jenseits der Straße, und Onkel Jonathan ist ein Schuft, und Tante Kunigunde ist verwahrlost‹ und so weiter. So reden manche Erwachsene und spielen sich vor den Kindern auf, um selber groß zu erscheinen. So flößt man schon dem kleinen Gernegroß die Haltung ein, von unten auf andere herabzuschauen. Ich finde das sehr übel, denn großmannssüchtige Kinder strengen sich im Leben nicht mehr an, während doch alles Gute durch Anstrengung erreicht wird.

Ich bin dafür, daß man Kinder zur selbstbewußten Bescheidenheit erzieht. Die wichtigsten Eigenschaften des Menschen sind polar: stolze Bescheidenheit, konzilianter Eigensinn, vorsichtige Zuversicht – das sind Eigenschaften, zu denen wir die Kinder erziehen sollen. Sie sind paradox, aber sie entsprechen der menschlichen Natur.

Schule und Lernen dürfen nicht bagatellisiert werden. Die Schule ist für die Kinder sehr wichtig, und man soll darauf achten, daß sie in der Schule mitkommen. Man darf nicht *über den Lehrer schimpfen*, denn die Beziehung zum Lehrer ist die Brücke zum Lernen. Man soll dem Kind helfen, schulischen Erfolg zu erringen. Nichts stärkt das Selbstbewußtsein eines Kindes mehr, als wenn es in der Schule, in der Gruppe der Gleichaltrigen, gut abschneidet. Das ist ein Vorspiel fürs Leben. Darum soll man Lernen üben. Aber nicht trist und zwanghaft, sondern heiter und hilfreich.

Der Erzieher soll sich vor dem Kind nicht als *Popanz* aufbauen. Die Erwachsenen erleben viele Zurücksetzungen im Beruf und anderswo. Da liegt es nahe, sich vor der Familie wichtig zu machen. Aber es ist nicht gut, die Rolle des

Alleskönners und Alleswissers zu spielen. Bevor wir in die Familie und zu unseren Kindern kommen, die gläubig zu uns aufschauen, soll man den Dampf ablassen. Vor unseren Kindern sollen wir uns schlicht geben, mit unseren Vorzügen und unseren Mängeln.

Dann bin ich dafür, daß man die Kinder nicht *sexuell verängstigt*. Nacktheit darf nicht zu einem großen Tabu gemacht werden. Man soll über Sexualität reden, sie aber auch nicht überbewerten. Sexualität ist ein Faktor im Leben, sie ist nicht alles.

Ein weiterer Punkt ist, daß dem Kind nicht zu früh und nicht zu dogmatisch *religiöse Vorstellungen* eingeflößt werden. Religion verstehen die Kinder noch nicht. Religion ist eine Art Philosophie, eine uralte Philosophie mit gewissen Fragwürdigkeiten. Man soll die Kinder erst in der Pubertät über mehrere Religionen informieren, vor allem auch über den philosophischen Gegensatz, den Atheismus. Sie sollen sich dann selbst eine Religion wählen. Wenn wir sie früh in ein Bekenntnis hineinpferchen, schafft das nur Fanatiker und Dummköpfe. Mit einem Wort: Man soll Kinder zu nichts pressen. Goethe hat sehr schön gesagt: Wir können die Kinder nach unserem Sinn nicht formen; so wie Gott sie uns gab, soll man sie haben und lieben. Ich würde das ersetzen durch den Spruch: So wie die Natur sie uns gab, soll man sie haben und lieben.

Was sind Tugenden eines guten Erziehers?

Das sind beinahe die Tugenden eines guten Menschen, aber auch die Tugenden eines Künstlers, denn Erziehung ist eine Kunst. Nun bin ich nicht so ganz informiert über alle Eigenschaften eines wahren Künstlers, aber einige kenne ich doch. Mir scheint, die wichtigste Eigenschaft des Erziehers ist die *Geduld*. Denn alle Lernprozesse beim Kind gehen langsam vor sich. Übereilt man etwas, wird das Kind kopfscheu, schaltet ab, verhärtet sich, wird widerständig. Ein guter Gärtner, ein guter Erzieher und ein guter Künstler brauchen Geduld. Das war auch Goethes Meinung, der die Geduld als eine der göttlichsten Eigenschaften würdigte.

Dann sollte ein Erzieher *wahre Liebe* zu einem Kinde empfinden. Das ist nicht jedermann gegeben, aber man kann es erlernen. Ob wir dem Kind Liebe weitergeben können, hängt sehr davon ab, wie wir selbst unsere Kindheit erlebt haben, wie wir uns als Kind fühlten. Wer die Liebe noch nicht in sich spürt, der wird sie vielleicht auf dem Umweg über das Wissen erlernen. Das ist eine merkwürdige Dialektik: Was man versteht, kann man leichter lieben, was man liebt, lernt man besser verstehen. Wer ahnt, daß er emotional etwas zu kurz gekommen ist, nicht genug weiche, zarte und feine Gefühle besitzt, der soll das Kind wissenschaftlich, pädagogisch studieren. Er wird es dann besser lieben können.

Eine Eigenschaft guter Erzieher ist eine gewisse *Nachdenklichkeit* und *Stille* oder *Besinnlichkeit*. Kinder sind zarte Pflanzen, und jede Art von Hektik oder Betriebsamkeit ist in der Erziehung fehl am Platze. Die besten Erzieher, die ich erlebt habe, waren ruhige, ernsthafte, bedächtige Leute. Ehe sie etwas sagten, spürte man, wie es innerlich in ihnen arbeitete.

Ein Erzieher soll *gute Manieren* haben. Dieser Punkt wird heute manchmal ein bißchen zurückgedrängt. Viele denken, Hauptsache ich kann meinen Beruf und verdiene Geld. Früher gab es eine Art des noblen Benehmens. In der Erziehung soll man gegenüber dem Kind diese noble Haltung sehr oft an den Tag legen. Höflichkeit ist eine Art Selbstachtung, verbunden mit der Achtung des anderen. Es bedeutet nicht, daß man ein Kind zu tausend Kleinigkeiten dressieren soll; ob es das linke oder rechte Händchen gibt, ist nicht so wichtig. Wichtig ist aber, im Umgang mit dem anderen immer dessen Wohlbefinden im Auge zu behalten. Das nenne ich gute Manieren beziehungsweise Achtung vor der fremden Persönlichkeit.

Auch würde ich von einem Erzieher eine gewisse *Wißbegierde* oder Forscherleidenschaft erwarten. Ich habe das schon vorhin angedeutet. Es gibt kein rein instinktives Verstehen, es muß erarbeitet werden. Gefühle sind vielleicht ein Ansatz von Verstehen, das mag schon sein. Aber dieser Ansatz muß radikalisiert und erweitert werden. Ich wünschte mir von jedem Erzieher, wie von jedem Psychotherapeuten, eine große Forscherleidenschaft bei der Frage: Wie ist mein Kind? Man glaube nicht, daß das mit einer Formel abzutun ist: Es ist lieb, es ist böse, es ist ehrgeizig, es ist neidisch … Das sind nur Schlagwörter. Ein Kind ist ein Kosmos, eine ganze Welt, ein Kontinent! Wenn man früher einen Kontinent bereiste, las man hundert Bücher drüber, rüstete sich aus, blieb dort ein, zwei Jahre und konnte Erkenntnisse mitbringen. Auch das Kind ist ein unbekanntes Land, und wer es nicht erforscht, der benimmt sich wie der Elefant im Porzellanladen.

Ich wünsche mir vom Erzieher eine gewisse *Großherzigkeit*. Mit dieser Eigenschaft können wir Ziele ins Auge fassen, die nicht für uns allein Vorteile bringen. Den Vorteil der Welt im Sinn haben, das nenne ich Generosität. Ich habe oft bei guten Therapeuten und Erziehern gesehen, daß sie ihr Leben ins reine zu bringen versuchten und dann für andere Seelen Platz hatten, auch für das Kind. Wenn jemand selbst voller Probleme steckt, ist seine Seele so verschachtelt, daß dann das Kind gar nicht hinein kann.

Aus meiner eigenen Erinnerung schätze ich Erzieher besonders hoch, die einen gewissen *Idealismus* vertraten. Das berührte bereits die Forderung nach Großherzigkeit. Ich meine hier insbesondere soziale und kulturelle Ideale, damit die Menschheit vorwärts kommt. Der Erzieher muß diese Ideale nicht unbedingt beim Kind thematisieren, es versteht sie oft noch gar nicht. Aber wenn der Erzieher das Ideal einer vorwärtsdrängenden, aufsteigenden Menschheit in sich trägt, spürt das Kind: Ich muß auch vorwärts gehen, die Menschheit braucht mich, die Menschheit geht mit mir!

Fast in dieselbe Richtung weist die *Dialogfähigkeit.* Wir halten sie für das höchste Gesundheitskriterium in der Psychologie und Psychohygiene. Ein Kind braucht Dialog, und zwar immer angepaßt an die wechselnden Stufen seiner Intelligenz und seines Wachstums. Im Gespräch bleiben und helle, heitere, gedankenvolle Ideen vermitteln, das Gespräch als belebendes Element, als Lebenselixier verwenden, das ist für eine vorzügliche Erziehung unabdingbar.

Der Erzieher sollte gegenüber Menschen und Ideen *tolerant sein.* Ob ein fremdes oder unser eigenes Kind, es bringt ganz andere Dispositionen mit und schlägt Richtungen ein, die uns vielleicht manchmal fremd sind, die wir auch gar nicht immer richtig finden. Toleranz zu üben, nenne ich Respekt vor dem anderen.

Ich habe Erzieher erlebt, die sich unablässig selber erziehen. Das war ihnen fast noch wichtiger als die Erziehung des Kindes. Aber das wirkte! Wenn das Kind spürt, der Erwachsene arbeitet auch an sich, muß man ihm gar nicht sagen: Entwickle dich, tu was für dich! Es ahmt uns sowieso in allen Belangen nach.

Erzieher sollen *Mut zum Leben, zum Leiden und Dulden* mitbringen. Alle drei Punkte sind wichtig. Man spürt, ob ein Mensch Schwierigkeiten anpackt, Hindernisse überwindet, ob er sich komplizierte Dinge im Leben zumutet. So bekommt das Kind einen Maßstab, ein Über-Ich, was wirklich machbar ist im Leben. Heute meint man oft, es sei besser, die Kinder zu schonen und wenig von ihnen zu verlangen. Aber allein durch unser Dasein und unser Wirken verlangen wir unwillkürlich einiges vom Kinde, und das ist gut so, denn es soll Vorbilder haben, die seinen Weg hinauflenken zur Menschlichkeit, zur Tüchtigkeit. Auch Dulden und Leiden muß das Kind lernen, sich am Erwachsenen abschauen, denn das Leben bedeutet auch Rückschläge, Krankheit und so weiter. Das ist ein Lernpensum, das nicht zu vermeiden ist.

Ich wünschte mir von einem Erzieher viel *Geist.* Geist heißt Verstehen des Lebens, heißt, offen sein für die Fülle der Welt, heißt Wandlungsfähigkeit, heißt, einen Blick für die Tiefe des Daseins haben. Geist entwickelt sich. Das Leben bedeutet nicht nur Geld verdienen, nicht nur Macht erobern, es hat auch seine Tiefen, seine existentiellen Themen. Geist ist der stärkste Erziehungsfaktor, und Geistlosigkeit ist der größte Mangel, den ein Kind erleiden kann. Wir sprechen immer von mangelnder Liebe. Das ist in der Tat ein großer Fehler. Aber Liebe ohne Geist macht auch nur harmlose Spießbürger. Geist ist das, was die Menschheit vorangeführt hat. Ich wünschte mir diesen personalen Geist im Erzieher, damit er das Kind zum objektiven Geist, zur Kultur hinführen kann, denn sonst ist die Erziehung für die Katz.

Ein anderer Aspekt dieses Geistes ist die *Liebe zum Leben.* Ich glaube, Hölderlin hat einmal gesagt, wer das Tiefste gedacht hat, liebt das Lebendigste. Nun, das Tiefste ist vielleicht das Verstehen unserer Conditio humana; das Lebendigste, was es gibt, ist das Kind. Jeder echte Kulturmensch hat eine gewisse Neigung zum Kind, weil es die Zukunftshoffnung der Kultur verkörpert.

Ein letzter Punkt, er gehört noch zum Geist, ist die *Echtheit.* Ein Erzieher darf nicht mogeln. Er muß schlicht und gerade sein. Er soll sich dem Kind so geben, wie er kreatür-

lich ist, mit seinen Vorzügen und Mängeln. Er soll vor dem
Kind weder hoch- noch tiefstapeln. Dieses Echtsein ist sehr
schwer zu erreichen, denn wir leben in einer verlogenen
Kultur. Nicht nur was die Sexualmoral betrifft, eigentlich
spielt jeder dem andern etwas vor. Auch das ist für die Kinder Gift. Aber wie soll denn nun ein Erwachsener leben,
der ihnen gegenüber keine Rolle spielt, sondern sich so
gibt, wie er ist? Ich frage das so leichthin, aber wer es mal
probiert hat, wird bald ins Schwitzen kommen.

*Herr Rattner, kann man es lernen, ein guter Erzieher, eine
gute Erzieherin zu werden?*
Man kann es schon, aber es ist eine unendliche Aufgabe. Ich erinnere mich daran, daß Saint-Exupéry einmal
gesagt hat, man muß sehr viel lernen, um ein Mensch zu
sein. Das kann man auf den Erzieher übertragen. Es mag
da und dort Naturtalente geben, aber sie sind viel seltener,
als die Eltern meinen. Fast alle Eltern denken, wenn wir ein
Kind bekommen, werden wir es nach den üblichen Vorstellungen erziehen, und das wird schon irgendwie klap-
pen. Aber das ist selten der Fall. Auf Naturtalent soll niemand vertrauen.
Ich halte sehr viel davon, daß Erzieher eine *Charakteranalyse* absolvieren, um überhaupt zu wissen, welche
Eigenschaften sie haben, welche neurotischen Deformatio-
nen und so weiter. Eine Psychotherapie für Eltern würde ich
unterstützen. Ein Erzieher sollte auch das Studium der Tiefenpsychologie betreiben, es ist immer lesenswert, was die
Tiefenpsychologen über Erziehung, Neurosenverursa-
chung oder Psychohygiene geschrieben haben. Das versteht auch ein Laie. Sehr wichtig ist das Studium der allgemeinen Kinderpsychologie. Sie ist eine alte Wissenschaft
und wird nicht nur von den Tiefenpsychologen betrieben.
Die Standardwerke von William Stern und seiner Gattin

und vom Ehepaar Skupin, die die Entwicklung ihrer Kinder schon 1910 beschrieben haben, und anderen Autoren sind sehr lehrreich. Nicht zu vergessen das Studium der Pädagogik überhaupt.

Ein guter Erzieher sollte ein halber Psychologe sein, wobei ich nicht behaupten möchte, daß Psychologen unbedingt hervorragende Resultate bei der Erziehung ihrer Kinder erzielen. Im übrigen würde ich raten, daß ein guter Erzieher ganz allgemein seine Lebenstüchtigkeit ausbilden soll. Ich meine Fähigkeiten im Beruf, in der Liebe, im Gespräch, in der Kultur – all das schlägt bei der Erziehung zu Buche. Denn es ist nicht entscheidend, was man in der Erziehung *will*, sondern was man *ist*. Erziehung ist der schwierigste Beruf, den wir kennen, deshalb sollte man auch eine lange Lehrzeit veranschlagen.

Ich glaube manchmal, so richtig erziehen lernt man erst im Alter – aber dann braucht man es nicht mehr. Wer Kinder haben will, soll sich über eine längere Phase ohne Kinder auf diesen Gedanken vorbereiten. Man soll die Kinder nicht zu früh bekommen. Es ist heute üblich, mit 20 oder 22 Jahren die Kinder in die Welt zu setzen, dabei sind die beiden Eltern selber noch halbe Kinder.

Ich würde den Eltern raten, Erziehung als eine Art Beruf oder anspruchsvolles Hobby zu verstehen, was einen großen Einsatz an Kräften und Vernunft erfordert. Wer diese Aufgabe zu leicht nimmt, fällt früher oder später auf die Nase.

So gut es jeder auch machen will; wer Kinder erzieht, muß damit rechnen, daß er scheitert. Wie kann man diesem Scheitern vorbauen? Und wie soll man sich im Fall des Scheiterns verhalten?

Es müßte vielleicht zunächst geklärt werden, was unter Scheitern zu verstehen ist. Wir gehen ja davon aus, daß

Erziehung für das Kind ein ungeheures Lernpensum beinhaltet. Damit die Kinder kulturfähig werden, müssen sie unendlich viel lernen, üben und trainieren. Verschiedene Modelle beschreiben, was eigentlich alles in den frühen Kindheitsjahren erworben werden soll. Eines der bestausgearbeitetsten Modelle stammt von Erik H. Erikson. In seinem Buch _Kindheit und Gesellschaft_ zählt er minutiös auf, welche Fähigkeiten sich das Kind im Laufe seines Werdens aneignet. Ich will diese acht Phasen nicht alle rekapitulieren. Sie sind eine Weiterentwicklung des Freudschen Modells, der schon andeutungsweise eine orale, anale, phallische und genitale Phase beschrieben hatte. Es gibt Schritte der Persönlichkeitsbildung, die das Kind zu vollziehen hat, und wir müssen immer wieder wachsam sein, ob es seinem normgemäßen Entwicklungsalter entspricht oder ob es Rückstände gibt.

Das Kind zeigt sein Scheitern nicht offen, sondern verbirgt es sehr oft. Ein Kind kann reibungslos funktionieren, aber im Innern bildet es eine kräftige Neurose aus. Um dies zu erkennen, muß man eine mikroskopische Diagnostik entwickeln. Harald Schultz-Hencke unterscheidet zwischen groben und feinen Hemmungen. Die groben sieht jeder, ein Kind ist schüchtern oder hat Angst. Die subtilen Hemmungen arbeiten irgendwo im Hintergrund der Seele: Hemmungen im Leben zuzupacken, etwas zu behalten, Zärtlichkeit zu zeigen, im Liebesleben, im Herangehen an die Lebensprobleme. Diese Fehler sind nicht unbedingt gleich auf den ersten Blick hin zu erkennen.

Wenn Charakterfehler, insbesondere Kinderfehler oder Schulversagen offenbar werden, soll man sie so ernst nehmen wie eine physische Krankheit. Bei einer körperlichen Krankheit wird kein Elternpaar das Kind selber behandeln wollen, das wäre verhängnisvoll und unverantwortlich. Es geht zum Arzt, und dieser stellt die Diagnose und leitet die

Therapie ein. Bei psychologischen Mängeln erziehen die Eltern oft jahrelang allein an ihren Kindern herum. Die Folgen sind tragisch, denn eine Krankheit kann sich verhärten und versteifen. Sobald eine Kinderneurose oder ein Kinderfehler auftreten, soll der Fachmann konsultiert werden. Die Seelenärzte erfassen diagnostisch und können die Therapie angeben. Am glücklichsten sind wir bei jenen Eltern, die nicht sagen: Unser Kind hat eine Neurose, was tun wir? Die richtige Formulierung wäre: Wir alle haben ein Problem, das sich an unserem Kind besonders deutlich manifestiert. Was soll unsere Familie tun? Meistens wird eine Familientherapie das Beste sein. Es sind alle davon betroffen, wenn einer die Neurose zeigt.

Wenn Eltern sich scheiden lassen, eine Ehe auflösen, ist das von Nachteil für die Entwicklung der Kinder? Es wird ja oft gesagt: Nur nicht scheiden lassen, das ist eine Katastrophe für die Kinder.
Eine Scheidung ist immer schwierig für Kinder. Aber ebenso problematisch ist bereits, was sich im Vorfeld der Scheidung abspielt. Wenn es zur Trennung kommt, ist die Ehe schon disharmonisch oder zerstört. Das Kind leidet bereits, bevor es zur eigentlichen Trennung kommt. Generell halten wir das Aufrechterhalten der Ehe für wünschenswert; wann immer eine Ehe zu retten ist, soll man es tun. Andererseits möchte ich nicht den Standpunkt des sturen Katholizismus vertreten, der meint, daß eine Ehe im Himmel geschlossen wird und bis in alle Ewigkeit dauern soll. Es gibt eine falsche Partnerwahl und unverträgliche Charaktere, und manchmal kann es die Hölle für die Beteiligten werden, wenn sie unbedingt zusammenbleiben müssen.
Wenn die Trennung beschlossene Sache ist, würde ich sehr empfehlen, daß die Eheleute das Kind nicht in die

Scheidung und in den Kampf um die Scheidung einbeziehen. Vom Partner, von dem man sich trennt, soll man immer
mit hohem Respekt reden. Dem Kind muß immer wieder
gesagt werden: ›Du bist nicht schuld; *wir* können nicht miteinander auskommen, aber du könntest die Beziehung zu
uns beiden aufrecht erhalten.‹ Manchmal ist eine Scheidung
sogar für das Kind günstiger, da es dann eine einheitliche-
re Erziehung erhält. Es kommt zu einem der beiden Eltern-
teile, der nun auf seine Weise erzieht. Das Kind lebt nicht
mehr im Kreuzfeuer zweier verschiedener Meinungen. Wie
gesagt, mitunter ist eine Scheidung besser als eine »Kriegs-
ehe«, denn ein Ende mit Schrecken ist besser als ein
Schrecken ohne Ende.

*Welchen Beitrag hat Sigmund Freud zur pädagogischen
Psychologie geleistet?*

Sigmund Freud hat alle Wissenschaften vom Menschen
und seiner Kultur mächtig angeregt, darum ist ihm auch die
Pädagogik zu großem Dank verpflichtet. Er selbst bezeichnete sich nicht als Pädagoge und meinte, in diesem Fach
sei er unzuständig. Aber wir haben doch viel von ihm
gelernt. Es gab früher auf Jahrmärkten eine Attraktion, die
sogenannte *Dame ohne Unterleib*, das war irgendein Zau-
bertrick. Im Grunde gibt es schon jahrtausendelang ein
ähnliches Phänomen in der Erziehung: das *Kind ohne
Unterleib*. Freud hat uns darauf aufmerksam gemacht, daß
Kinder biologische, triebhafte Wesen sind und diese Triebhaftigkeit, die man früher nur als Laster, nicht als Naturtrieb,
kannte, in der Erziehung angemessen berücksichtigt werden muß. Freud hat uns zur Leibhaftigkeit des Kindes
zurückgeführt.

Er hat uns durch die Neurosenlehre viel Aufschluß über
die normale kindliche Entwicklung gegeben. Die Pathologie der Neurose ist wie ein Vergrößerungsglas. Wenn man

erkennt, was in einer Entwicklung fehlläuft, kann man daraus ableiten, wie es normal sein sollte. Freud wies sehr drastisch darauf hin, daß Triebverneinung und seelische Verkrüppelung in einem engen Zusammenhang stehen. Wir sollten gegenüber dem Kind »antriebsfreundlich« sein, wir müssen es leben lassen, auch in seiner oft merkwürdigen, seltsamen Art, die uns Erwachsenen schon fremdgeworden ist, weil wir unsere eigene Kindheit vergessen haben.

Sigmund Freud hat uns auch darauf aufmerksam gemacht, daß die Erziehung ein langer und schwieriger Entwicklungsweg ist. Der ganze Leib muß sozialisiert werden, nicht nur der Kopf des Kindes. Er hat die Trieb- und die Beziehungsschicksale in den Vordergrund gerückt, die Wichtigkeit der Vater-, der Mutter-, der Geschwisterbeziehung, ferner die Rolle der Angst im kindlichen Seelenleben. Wir wissen heute, was schädlich wirkt und was tragische Fehlentwicklungen verursachen kann. Wer hat das vor Freud so subtil gewußt?

All das haben wir von Sigmund Freud übernommen, und wenn wir im einzelnen nicht mit allen seinen Theorien einverstanden sind – mit der zugespitzten Formulierung des Ödipuskomplexes beziehungsweise der Ödipustheorie –, dann schmälert das nicht sein Verdienst. Wir verdanken ihm auch den Hinweis auf das Unbewußte im Erziehungsgeschehen. Vor Freud ging man von einem bewußten Geschehen aus: Wir Erwachsene erziehen das Kind mit Hilfe von Grundsätzen, Zielen und Zwecken. Durch die Psychoanalyse wissen wir, daß enorm viele unbewußte Faktoren hineinspielen: die Persönlichkeit der Eltern, die Atmosphäre des Hauses, die Verdrängungen der Eltern, ihre ungelebten Lebenssphären. Wenn Eltern richtig erziehen wollen, müssen sie einen Teil ihres eigenen Unbewußten bewußt machen. Beispielsweise kann man an ein Kind sehr viele Forderungen herantragen, die dem eigenen, nicht realisierten Teil des Lebens entstammen. Was wir selber nicht zustande gebracht haben, soll nun mit Gewalt das Kind zuwege bringen. Es wird dabei überfordert.

Die Psychoanalyse lehrt uns, daß Denken, Fühlen und Wollen eines Menschen in einer Beziehung zu seiner Triebschicht stehen. Darum sagen wir, daß nicht nur der Kopf, sondern der ganze Mensch samt seinem Leib erzogen werden soll. Trieb, Verhalten, Seele und Geist sind eine Einheit. Folglich müssen wir den Menschen allseitig erziehen und ihm die Möglichkeit zur Sozialisierung seiner Triebwelt geben. Das Kind muß lange Zeit Kind sein dürfen, es darf nicht zu übereilt mit Forderungen überschwemmt werden. In diesem Sinne kann und soll Erziehung Neurosenprophylaxe sein. Man bedenke, was das für das Gemeinwesen, für die soziale Gruppe an Ersparnissen brächte. Denn wenn einmal eine Erziehung schief läuft, dann kostet es die Mitwelt sehr viel, das wieder auszugleichen. Neurosen sind enorm weit verbreitet. Wenn wir die Kinder richtig erziehen würden, hätten wir viel weniger charaktergestörte Menschen, Neurotiker, Psychotiker, Kriminelle.

Freud hat in der Erziehung ein neues Tor geöffnet. Doch er hat nicht alles richtig gesehen. Wir sind heute der Meinung, daß er das Kind in mancher Hinsicht zu sehr angeschwärzt hat. Darin folgte er der uralten Tradition des Abendlandes, die im Kinde vor allem »das Böse« sah. Bei Freud war es das triebhafte, fast perverse Kind, das wir in der Realität eigentlich nicht beobachten können. Aber trotzdem hat die Psychoanalyse der Erziehung sehr wichtige Impulse gegeben. Nicht nur Freud allein, auch seine Tochter Anna, Oskar Pfister, Hans Zulliger, Heinrich Meng, August Aichhorn, Siegfried Bernfeld, Wilhelm Reich, A. S. Neill und andere. Mit einem Wort, die Psychoanalyse gehört zum modernen pädagogischen Denken.

Alfred Adler hat stärker als Freud seine Nähe zur Pädagogik deutlich gemacht. Welchen Beitrag hat er zur pädagogischen Psychologie geleistet?

Adlers Beitrag zur Pädagogik war größer als derjenige Freuds. Adler war ein eminent erzieherischer Mensch. Wir verdanken ihm in erster Linie eine *Interaktionstheorie* der Erziehung. Er hat uns gezeigt, wie die Wechselwirkung zwischen Kind und Erwachsenen in allen Details abläuft. Er betrachtete die Erziehung vor allem als eine Entwicklungshilfe, als Ermutigung zur Mitmenschlichkeit. Das Kind soll ein Mitmensch, das heißt ein produktiver Mensch werden, der Schwierigkeiten angeht, der anderen hilft, der für andere Leute eine Stütze im Leben ist. Adler formulierte das viel expliziter als Freud. Freud hat von der erzieherischen Tradition des Abendlandes wenig konsumiert. Adler steht gewissermaßen in der Mitte zwischen Tiefenpsychologie und uralter Erziehungstradition. Tiefenpsychologie und Erziehungsdenken strömen bei Adler sehr schön zusammen.

Als sehr wertvoll erachte ich seine Kritik des Vererbungswahns. Vor Adler wurde angenommen, der Charakter sei angeboren, alles sei präformiert, so daß die Erzieher kaum eingreifen können. Manche Kinder gerieten gut, andere nicht, dafür wurden vorher die Urgroßmutter oder der Opapa verantwortlich gemacht, sie waren dann schuld. Adler zeigte, daß ein Großteil der kindlichen Eigenschaften, vermutlich der weit überwiegende Teil, in Wechselwirkung zwischen Kind und Milieu innerhalb der Erziehung als Schöpfung des Kindes entsteht. So wie es Toynbee sagte: *challenge and response* – die Umwelt stellt die Herausforderung dar, das Kind antwortet mit einer gewissen, nicht allzu großen Freiheit. Aber insgesamt ist ein Charakter etwas Gewachsenes und Gewordenes und kann durch Einsicht korrigiert werden. Ich halte das für sehr ermutigend.

Adler hat auch konsequent Gewaltlosigkeit und Antiautorität vertreten. Das ist sehr wichtig, denn wir werden in der Erziehung nicht vorankommen, wenn wir nicht gewaltlos und antiautoritär vorgehen. Das heißt nicht, daß man nun dem Kind die Autorität zuschieben darf. Das Kind darf nicht dominieren, sondern alle sollen kooperieren, keiner darf sich mit Hilfe von Gewalt über den anderen stellen.

Adler hat uns außerdem die Dynamik der Geschwisterbeziehung deutlich gemacht. Die Stellung in der Geschwisterreihe ist ein Schicksalsfaktor. Ob man Erstgeborener, Zweitgeborener, Knabe unter Mädchen, Mädchen unter Knaben, Jüngster ist – das alles hat riesigen Einfluß und bestimmt die Charakterologie der Kinder. Des weiteren hat sich Adler für die Schule eingesetzt. Es gab in Wien eine Versuchsschule auf individualpsychologischer Grundlage. Er war der Meinung, der Lehrer könne die Fehler des Elternhauses wiedergutmachen. Diese Hoffnung hat sich nur zum Teil bewährt. Zum einen können die Lehrer nicht korrigieren, was die Eltern falsch machen, zum anderen sind Lehrer selten wirkliche Erzieher für das Kind.

Die Erziehungsberatung ist auch eine Adlersche Erfindung. Sie war eine echte Kind-Eltern-Beratung, um die gröbsten Erziehungsfehler abzustellen. Ich halte diese Form der Beratung auch heute noch für sehr wichtig. Viele Eltern sind nicht dazu bereit, eine langwierige Kinder- oder Erwachsenenanalyse auf sich zu nehmen. Aber Erziehungsberatung, im Adlerschen Sinne praktiziert, kann sehr viel helfen.

Welchen Beitrag hat C. G. Jung zur pädagogischen Psychologie geleistet? Für die »Erziehung der Erzieher«?
Über C. G. Jung ist weniger zu sagen, denn er war eigentlich kein erzieherischer Mensch. Er sagte selber, ihn interessiere in erster Linie die zweite Lebenshälfte, also reife,

erwachsene Menschen, denen er zur Seelenvervollkomm-
nung und zur Sinnfindung im Leben helfen wolle. Allerdings hat er in der Frühzeit, als er zwischen 1908 und 1910
noch Freud-Schüler war, zwei kleinere Bücher über Erziehung veröffentlicht. Das eine heißt *Konflikte der kindlichen Seele*, das andere *Die Bedeutung des Vaters für das
Schicksal des Einzelnen*. In beiden Texten sagt er sehr richtig, daß der entscheidende Erziehungsfaktor die *Atmosphäre des Elternhauses* ist, weniger die erzieherischen
Maßnahmen, denn das Kind lebt mit seinen Eltern in einer
unbewußten Partizipation. Der Franzose Lévy-Brühl nannte das in seinem Buch *Psychologie der Primitiven* die *Par-
ticipation mystique*. C. G. Jung meinte, eine solche mystische Teilhabe gibt es auch bei Kindern, sie leben alles mit,
was die Eltern fühlen und denken. Er dachte zu Recht, man
müsse die Ehe in Ordnung bringen, jeder Partner müsse
selber sein Gleichgewicht suchen, sonst sei die Erziehung
auf Sand gebaut. Erziehung ist ein Seins-Verhältnis, von
elterlichem Sein zu kindlichem Sein, und was der Kopf
dabei sagt und tut, ist nur peripher und zweitrangig. Seine
Schüler Michael Fordham und Frances Wickes haben die
Jungsche Psychologie dann stärker auf die Pädagogik angewendet. Aber insgesamt sind die Jungianer bis zum heutigen Tag im wesentlichen doch mehr auf den erwachsenen
Menschen konzentriert.

*Sigmund Freud sagte einmal, es gäbe drei unmögliche
Berufe: das Regieren, das Erziehen und das Psychothera-
pieren. Ist der Psychotherapeut zugleich ein Erzieher?*
  Meiner Meinung nach ja. Ich verstehe Psychotherapie als
eine Nach- und Umerziehung. Ich weiß, daß meine Kolle-
gen in der orthodoxen Psychoanalyse anderer Auffassung
sind. Sie sagen, ein Analytiker und Therapeut darf nicht
erziehen, er begleitet seinen Analysanden auf der Reise ins

unbewußte Seelenleben, er wirkt nur durch seine Person. Erziehung sei schon zu viel Beeinflussung und Suggestion. Ich bin aber der Meinung, daß man unwillkürlich erzieht. Wenn zwei Menschen längere Zeit zusammen sind und kooperieren, wirkt jeder auf den anderen erziehend ein. Es geht gar nicht anders. Wenn wir einen Patienten monate- oder jahrelang vor uns haben und sehen, daß er Fehler im Denken, Fühlen, Verhalten, in seinen Einstellungen und Motivationen hat, dann kann man nicht dazu schweigen und warten, bis sich das von allein reguliert.

Sigmund Freud war meiner Meinung nach ein Erzieher. Er hat selbst einmal gesagt, der Therapeut müsse Erzieher, Vorbild und Künder einer freien Weltanschauung sein. Das ist weit entfernt von der verbreiteten psychoanalytischen Regel, man müsse wie ein »unbeteiligter Spiegel« das Verhalten des Analysanden zurückspiegeln. Freud war nicht unbeteiligt, er konnte leidenschaftlich agieren. Seine Analysanden haben berichtet, daß er manchmal zornig wurde, daß er Affekte zeigte und sagte: Ich bin unzufrieden mit Ihnen, was haben Sie nur, daß Sie nicht voran gehen! Oder: Was haben Sie gegen mich, daß Sie nicht vorwärts kommen? Selbst wenn er bei den freien Assoziationen seiner Patienten gelegentlich ein »Hm« sagte, war das so gezielt, daß der Patient wußte, jetzt bin ich auf einem richtigen oder auf einem falschen Weg.

Ich bin dafür, daß wir unsere Patienten erziehen. Ich bin mir dabei wohl bewußt, daß Erziehung Beeinflussung ist. Da Erziehung ja ohnehin nicht vermeidbar ist, sollten wir die Karten offen auf den Tisch legen. Der Therapeut sagt dem Patienten, wo er erzieherisch wirken will. Er weist auch darauf hin, daß dieser Standpunkt falsch sein kann. Man ringt miteinander um die Wahrheit. Das bedeutet, daß die Patienten uns Therapeuten auch erziehen dürfen. Jede richtige Erziehung ist eine Zweibahnstraße.

Ich arbeite so, daß ich die Erziehung durch Dialog vor-
antreibe, durch Austausch, durch mein Vorbild, sofern ich
das sein kann, schließlich auch durch gezielte Einwirkung.
Aber immer wieder relativiere ich, sage klar: Ich habe die
absolute Wahrheit auch nicht mit Löffeln gegessen. Aber
ich habe doch einen Vorsprung gegenüber fast allen meinen Analysanden. Ich weiß etwas mehr vom Seelenleben,
ich habe mehr Erfahrung über menschliche Verstrickungen
und Probleme, und warum sollte ich da nicht erzieherisch
einwirken, wenn es ohnehin getan sein muß. Für diese
Erziehungseinwirkung in der Therapie ist es unentbehrlich,
daß der Therapeut selbst eine großherzige Persönlichkeit
ist. Ich gebe den Analysanden meine besten Gedanken und
Gefühle. Das sollen sie als Bausteine für ihre weitere Entwicklung mitnehmen. Sicher wirkt der Therapeut auch
erzieherisch durch sein Sein selbst. Wenn er eine weite,
umfangreiche Persönlichkeit ist, spürt das der Analysand,
und das erhält für ihn einen Aufforderungscharakter: Entwickle dich auch in jene Zonen hinein, die deinem Therapeuten vertraut und eigentümlich sind.

Ich halte es immer noch mit Sokrates: Wir sind dazu da,
unsere Mitmenschen zu fördern und zu erziehen und uns
von ihnen erziehen zu lassen.

*Es klang schon in Ihren Antworten an, daß Sie sich viel von
einer »Erziehung der Erzieher« versprechen. Woran denken
Sie konkret, wenn Sie eine Erziehung der Erzieher fordern?*
Ich halte es für die größte Herausforderung des 21. Jahrhunderts, daß wir die Erziehung der Erzieher in die Hand
nehmen. Friedrich Nietzsche sagte einmal, es wird eine Zeit
kommen, die nichts Höheres als Erziehung kennen wird.
Aber die ersten, meint er, müssen sich noch selbst erziehen.
Wir stehen vor der Frage, wie wir Eltern und Lehrer dazu
erziehen, ihrer Aufgabe gerecht zu werden. Das Pensum ist

riesig. Es müßten eigentlich *Schulen oder Akademien der Lebenskenntnis* geschaffen werden, Schulen, in denen Nicht-Akademiker und Akademiker zusammen das Leben des Menschen thematisieren. Die Akademie müßte multidisziplinär sein, denn die Erziehung oder Lebenskunde betrifft Fragen der Soziologie, der Politik, der Philosophie, der Biologie und Medizin, der Literatur, der Geschichte, der Psychologie, der Pädagogik und so weiter. In diesen Schulen sollten alle genannten Wissenschaften in Funktion treten und die Eltern darauf vorbereiten, aus ihren Kindern eine Generation zu schaffen, die seelisch und geistig höher steht als die vorangehende.

Es ist tragisch, daß Jahrhunderte vergehen und der Fortschritt im menschlichen Zusammenleben nur millimeterweise voranrückt. Ich spreche jetzt nicht von Technik, von Industrie, von Handel, sondern vom Fortschritt im ethischen Sinn. Sonst wäre es doch nicht möglich gewesen, daß in unserem Jahrhundert noch die faschistische Barbarei und der Kommunismus mit seiner primitiv-archaischen Lehre triumphiert hätten.

Der Fortschritt muß über die Erziehung gehen. Ich stelle mir vor, daß Eltern Gelegenheit gegeben wird, so wie in unserem Institut hier in Berlin, in der Woche zwei-, drei- oder viermal freiwillig zu kommen, je nach Wunsch und Laune, um etwas über Lebensprobleme und Erziehungsfragen zu lernen, ein Ort, wo man sich ausspricht: Wie geht es euch in der Erziehung, in der Ehe, in der Sexualität, im Beruf und so weiter? Wenn eine fachkundige Betreuung vorhanden ist, geht jeder mit einem tieferen Wissen und mit einem umfänglicheren Bewußtsein nach Hause und kann im Laufe von Jahren Veränderungen in seinem Leben und in seiner Persönlichkeit zuwege bringen.

Als Hauptfach müßte man lehren, den Mitmenschen zu verstehen. Wir haben die Distanz bis zum Mond überwunden, aber der Weg zum Mitmenschen, der oft nur einen Meter von uns entfernt lebt, scheint uns zu lang und verbaut. Technisch ist der Mensch ganz auf der Höhe des Zeitalters, aber menschlich gesehen haben wir kaputte Ehen, zerstörte Kinder, unglückselige Menschen, die überhaupt nicht mit ihrem Leben zu Rande kommen, Selbstmörder, Trinker, Drogensüchtige, Verzweifelte aller Art. Psychohygiene sollte die leitende Idee des 21. Jahrhunderts werden.

Es muß Kurse und Schulung wissenschaftlicher Art geben, aber man muß auch jeden einzeln erfassen. Es ist merkwürdig: Man kann den Leuten wundervolle Theorien predigen, aber das Unbewußte nimmt nur das an, was ihm eben genehm ist – außer man arbeitet gezielt von Mensch zu Mensch. Darum braucht es die persönliche Beziehung zum Lehrer. Damit könnte man weit kommen. Wir haben schon einiges davon in unserem Institut verwirklicht, aber das wäre ein anderes Thema, darauf wollen wir jetzt nicht eingehen.

Die Erzieher der Erzieher müssen sich selbst erziehen. Ist Selbsterziehung denn überhaupt möglich?

Sie ist sehr schwierig. Ich plage mich seit vierzig Jahren bewußt damit ab. Ich könnte nicht sagen, daß ich schon riesige Resultate erreicht habe. Einiges ist mir gelungen, glaube ich. Vielleicht habe ich das meinem Beruf zu verdanken, denn ich bin mit tausenden Menschen zusammengekommen, die mir offen von ihren Problemen gesprochen haben, und ich konnte mich darin spiegeln. In einem anderen Beruf hätte ich diese Chance nicht gehabt. Eigentlich habe ich von meinen Patienten ebenso profitiert, wie sie von mir.

Aber wie kommt ein Mensch, der diese Möglichkeiten nicht besitzt, zur Selbsterziehung? Ich muß wiederum Nietzsche zitieren. Er sagte, die Voraussetzung für die eigene Erziehung ist, sich selbst zu erkennen. Das ist aber schwer, weil man sich hinter Charakterzügen wie Eitelkeit, Empfindlichkeit, Stolz und so weiter verschanzt. In diesem Fall müssen, sagt Nietzsche, die Freunde helfen, indem sie zu dieser Festung irgendwelche Zugänge erahnen und in unser Inneres sehen. Kluge und gute Freunde, die psychologisch hellsichtig sind, können durchaus hilfreich sein.

Ebenso der Partner oder die Partnerin, denn wenn man mit einem Menschen zusammenlebt, erfährt man unendlich viel über ihn, selbst als Laie. Wie oft habe ich erlebt, daß ich in einer Eheberatung nach langer Untersuchung etwas herausgefunden habe, was ich dann mitteilte. Der Ehepartner oder die Ehepartnerin meinte dann: Das sage ich meiner Frau oder meinem Mann doch schon jahrelang! Also, irgendwie weiß man es doch schon. Aber man müßte auf seinen Partner hören! Andererseits stimmt das, was der Partner oder die Partnerin sagt, auch nicht, denn die Beobachtung ist gefiltert durch den Charakter des Betrachters. Aber wer gelegentlich seine Frau, seinen Mann, seine Kinder bittet, ausführlich zu sagen, was bei einem schiefliegt, der kann schon einiges dazulernen.

Im übrigen glaube ich, daß Selbsterziehung am ehesten bei mutigen, offenen, kontaktfreudigen Menschen möglich ist. Wenn ich im Schlupfwinkel lebe, kann ich viele Illusionen über mich kultivieren. Stürze ich mich aber ins gesellige, soziale Leben, dann spüre ich meine Mängel. Ich mache Fehler, die Fehler kommen zurück als Schroffheiten der anderen, als Tadel, als Versagen bei irgendwelchen Dingen. Aber nur der Mensch, der sich mit dem Leben einläßt, lernt sich kennen. Ein Einsiedler in der Wüste bleibt ewig ein Tropf oder ein Heiliger. Vielleicht hilft das Alter mit. Da ich selbst alt zu werden beginne, habe ich einige bedeutsame Fortschritte in meiner Selbsterkenntnis gemacht, die ich früher trotz Psychologie, trotz Therapie, trotz Lehranalyse einfach nicht machen konnte. Schon mancher Menschenkenner bemerkte trübselig: Die Weisheit kommt im Alter, wenn die Kräfte zu schwinden beginnen.

Sie haben auf das Pensum hingewiesen, das Erzieher hinsichtlich eigener Studien erfüllen sollten. Mit welcher Lektüre könnte ein Erzieher beginnen?

Das ist wieder ein weites Feld. Ich empfehle immer Alfred Adlers Schriften über Erziehung, sie sind eingängig, schlicht, volkstümlich gehalten und doch sehr tiefgründig. Auch seine Schüler haben gute Bücher geschrieben, Fritz Künkel und Rudolf Dreikurs habe ich schon genannt. Bei Sigmund Freud würde ich die *kulturkritischen Schriften* empfehlen, die haben auch dem Erzieher einiges zu bieten. In ihnen ist Freud zugänglicher als sonst, er ist nicht so intellektualistisch und fachmännisch wie in den anderen Schriften. Dann möchte ich A. S. Neill nennen. Dessen Texte sind humorvoll und von der Liebe zum Kinde durchstrahlt. Auch wenn manches einseitig ist, im großen und ganzen hat dieser alte Schotte auf eine sehr liebenswerte Weise erzogen, wie ein Künstler, wie ein Poet.

Maria Montessori lese ich mitunter auch gerne, obwohl sie mich in ihrem frömmelnden Ton manchmal abstößt. Sie war ja eine fromme Katholikin. Aber sie hat die Kinder geliebt und vor allem die Technik der Erziehung des Kleinkindes in einigen Punkten gefördert. Auch das Buch der Schwedin Ellen Key *Das Jahrhundert des Kindes* ist sehr wertvoll. Sie war eine hochgesinnte Pädagogin und Schriftstellerin. Dieses Buch machte um die Jahrhundertwende Furore. Ich habe es schon als Kind gelesen – natürlich nicht verstanden –, aber es hat mir damals den Idealismus der Erziehung nahegebracht.

Dann könnte man noch Ekkehart von Braunmühl mit seiner *Antipädagogik* empfehlen, obwohl er ein bißchen oberflächlich ist, aber seine Thesen haben Sinn. Alice Miller hat in den letzten Jahren sehr viel Anklang gefunden. Sie malt sehr drastisch, sie ist eine Kämpferin gegen die Schwarze Pädagogik, gegen die Gewaltpädagogik. Manches bei ihr ist hübsch formuliert und lesenswert. Aber ich habe das Gefühl, daß sie etwas zu sehr ins Sentimentale abgleitet. Aus Mitleid mit dem Kind predigt sie eine Erziehung der reinen Liebe, ohne Forderungen, aber das ist vielleicht ein bißchen zu verstiegen.

Der Engländer Bertrand Russell hat sehr schön über Erziehung geschrieben. Sein ganzer freiheitlicher Geist, seine Beziehung zur Menschheit, zur Humanität ist in diesen Büchern enthalten. Und last but not least kann ich auch mich empfehlen. Mein erstes Buch 1957 hieß *Große Pädagogen*. Ich habe damals die Tradition der Pädagogen von Michel de Montaigne bis A. S. Neill aufgearbeitet. Dann kam etwa zehn Jahre später das Buch *Erziehe ich mein Kind richtig?* Eigentlich habe ich in allen meinen Schriften die Erziehung immer wieder thematisiert. Ich glaube, daß wir in der Erziehung ansetzen müssen. Die Tiefenpsychologie führt uns letztlich darauf. Wenn bereits Neurosen, Psychosen, Kriminalität oder Perversionen vorhanden sind, wird es extrem mühsam, den Betroffenen zu helfen. Man kann dann gar nicht mehr so viel tun. Aber wenn wir bei den Kindern ansetzen, geschieht es am rechten Ort und zum rechten Zeitpunkt.

Bibliographie von Josef Rattner

Das Menschenbild in der Philosophie Martin Heideggers.
(Philosophische Dissertation.) Zürich 1952.
Große Pädagogen. München 1957.
Individualpsychologie – die Lehre Alfred Adlers. München
1963.
Kafka und das Vaterproblem. München 1964.
Das Wesen der schizophrenen Reaktion. München 1964.
Psychologie und Psychopathologie des Liebeslebens. Bern
1965.
Psychosomatische Medizin heute. Zürich 1965.
Was ist Schizophrenie? Zürich 1965.
Der nervöse Mensch und seine Heilung. Zürich 1966.
Menschenkenntnis – die Anwendung der Tiefenpsycholo-
gie auf die Probleme des Alltagslebens. Untersiggenthal,
Baden 1966.
Tiefenpsychologie und Humanismus. Zürich 1967.
Erziehe ich mein Kind richtig? Zürich 1967.
Verwöhnung und Neurose. Zürich 1968.
Psychologie der Frau. Zürich 1969.
Psychologie der zwischenmenschlichen Beziehungen.
Olten 1969.
Aggression und menschliche Natur. Olten 1970.
Tiefenpsychologie und Politik. Freiburg 1970
Der schwierige Mitmensch. Olten 1971.
Psychologie des Vorurteils. Zürich 1971.
Psychotherapie als Menschlichkeit. Olten 1972.
Alfred Adler in Selbstzeugnissen und Bilddokumenten.
Reinbek 1972

Psychoanalyse und Gruppen-Psychotherapie der Angst. München 1972.

Gruppentherapie – die Psychotherapie der Zukunft. Bergisch-Gladbach 1972.

Selbsterkenntnis und Menschenkenntnis. München 1973.

Homosexualität – Psychoanalyse und Gruppentherapie. Olten 1973.

Miteinander leben lernen. Olten 1974.

Neue Psychoanalyse und intensive Psychotherapie. Frankfurt am Main 1974.

Vorläufer der Psychoanalyse im 18. Jahrhundert: Lichtenberg – Goethe – C. Ph. Moritz. Berlin 1975.

Heilung durch das Gespräch – Tiefenpsychologie und Sprache. Berlin 1977.

Pioniere der Tiefenpsychologie. Wien 1979.

Wandlungen der Psychoanalyse. Wien 1980.

Der Weg zum Menschen. Wien 1981.

Große Pädagogen im Lichte der Tiefenpsychologie. Wien 1982.

Menschenkenntnis durch Charakterkunde. Hamburg 1983.

Alfred Adler. New York 1983.

Der neurotische Mensch und seine Lebensschwierigkeiten. Hamburg 1984.

Alfred Adler zu Ehren. Berlin 1986.

Dichtung und Humanität – Literaturpsychologische Essays über Shakespeare, Voltaire, Lessing, Schiller und Tolstoi. Frankfurt am Main 1986.

Tiefenpsychologie und Religion. München 1987.

Was ist Tugend, was ist Laster? Tiefenpsychologie und Psychotherapie als angewandte Ethik. München 1988.

Literaturpsychologie – Essays über Nestroy, Heine, Gontscharow, Th. Mann, Kafka, M. v. Ebner-Eschenbach. Berlin 1988.

Klassiker der Tiefenpsychologie. München 1990.

Psychotherapie und Psychohygiene im Geiste Alfred Adlers. Ein Lehr- und Lesebuch. Berlin 1990.

Josef Rattner ist Herausgeber von *Miteinander leben lernen – Zeitschrift für Tiefenpsychologie, Persönlichkeitsbildung und Kulturforschung* sowie des *Jahrbuches für Verstehende Tiefenpsychologie und Kulturanalyse.*

Die Deutsche Bibliothek – CIP-Einheitsaufnahme

Kornbichler, Thomas:
Wahn und Würde des Menschen : acht Gespräche mit Josef Rattner/
Thomas Kornbichler. – Berlin : Verl. Volk und Welt, 1992
   ISBN 3-353-00917-5
NE: Rattner, Josef:

Copyright © 1992 by Verlag Volk und Welt GmbH, Berlin.
Alle Rechte der Verbreitung, auch durch Film, Funk und Fernsehen,
fotomechanische Wiedergabe, Ton- und Bildträger jeder Art,
auszugsweisen Nachdruck oder Einspeicherung und Rückgewinnung in
Datenverarbeitungsanlagen aller Art, sind vorbehalten.
Lektorat: Otto Matthies
Schutzumschlag-/Einbandgestaltung: Lothar Reher
Gesetzt aus der ITC Garamond, Linotype
Satz: deutsch-türkischer fotosatz, Berlin
Druck und Bindearbeiten: Graphischer Großbetrieb Pößneck Gmbh
Ein Mohndruck-Betrieb
Printed in Germany
ISBN 3-353-00917-5